교육에 온기를 더하다

교 육 치 유

교육에 온기를 더하다

교육치유

펴 낸 날 2024년 9월 19일

지 은 이 태진미, 김정혜, 고승현, 김로하, 김보연, 김봉선, 김사라, 김승혁, 김정연, 김희경, 라지숙, 박경미, 박다연, 박진영, 박창민, 박향진, 박현숙, 서양희, 서정임, 신명화, 원은미, 유명주, 윤지현, 이은재, 이주현, 이지영, 이혜경, 정민희, 조희연, 한신실, 한유정

에 디 터 박우주

펴 낸 이 이기성

편집팀장 윤가영

기획편집 윤가영, 이지희, 서해주

표지디자인 윤가영

책임마케팅 강보현, 김성욱

펴 낸 곳 도서출판 생각나눔

출판등록 제 2018-000288호

주　　소 경기도 고양시 덕양구 청초로 66, 덕은리버워크 B동 1708, 1709호

전　　화 02-325-5100

팩　　스 02-325-5101

홈페이지 www.생각나눔.kr

이 메 일 bookmain@think-book.com

• 책값은 표지 뒷면에 표기되어 있습니다.
　ISBN　　979-11-7048-753-1(03370)

교육에 온기를 더하다

교 육
치 유

좌절된 성장본능을 깨우는 인큐레이터

태진미	김정혜	윤지현	라지숙	박향진	박진영
고승현	이지영	정민희	박현숙	김정연
서양희	원은미	김승혁	신명화	한유정
김봉선	조희연	한신실	이혜경	김사라
서정임	김보연	박경미	김희경	이주현
유명주	김로하	박다연	박창민	이은재

생각나눔

서문

표정 없는 교육?
교육에 '온기'가 필요해!

한 10여 년쯤 전이었던가? 서울 호암교수회관에서 식사 겸 회의를 마치고 바쁘게 나오던 중 나의 발걸음을 멈추게 했던 한 작가의 그림이 있었다.

모터가 달린 듯 다음 목적지로 빠르게 내달리던 나의 발이 끈끈이에 덜컥 붙은 것처럼 멈추어 섰다. 나의 눈은 어느새 민재영이라는 화가의 전시 안내 자료에 고정되었다.

'앗! 왜 사람들의 얼굴이 없지?'

「기념 촬영(Commemorative Photography)」이라는 그녀의 작품 속 사람들의 얼굴은 모조리 싹둑 잘려져 있었다. 손과 발만을 포착해 그린 그 그림이 도무지 어색했다. 마치 기념 촬영 타이밍에 자신의 얼굴을 조금이라도 근사하게 담아보려 애쓰는 동안 작가는 미처 포장하지 못한 각 사람의 손과 발을 의도적으로 포착해 그린 것 같은 모양새다.

'그림 속의 사람들은 누구일까?'
'이들은 어떤 기념 촬영을 하는 중이고, 이들의 마음은 어떤 상태일까?'
'왜 작가는 얼굴은 모두 날려버리고 그들의 손과 다리만을 그렸을까?'

'휴일(Holiday)'이라는 또 다른 작품에는 수많은 차로 가득 찬 주차장이 되어버린 도로가 그려져 있었다. 휴일이 주는 여유로운 이미지와 상반되는…. 그러나 인정하지 않을 수 없는 우리 현실 속의 모습….

민재영, 「기념 촬영 Commemorative Photography」, 50×300cm,
한지에 수묵채색 Ink and Color on Korean paper, 2010

민재영, 「休日 Holiday」, 130×170cm,
한지에 수묵채색 Ink and Color on Korean
paper, 2010

민재영, 「歸家 Their Way Home」,
130×175cm, 한지에 수묵
Ink on Korean paper, 2010

민재영(閔才暎 / Jaeyoung Min, 1968)

1990 서울대학교 미술대학 동양화과 졸업
1999 동대학원 졸업
2007 서울대학교 박사과정 미술학과 동양화전공 수료

개인전
2024 장소의 사물 Things in the Place(레이블 갤러리, 서울)
2023 내일이 오기 전 Before Tomorrow Comes(인천과학예술영재학교 보다갤러리, 인천)
2023 Promenade in the City_JAEYOUNG MIN – ARTSY Online Exclusive Show(아트플
로우 기획, 아트시 온라인 개인전 https://ko.art-flow.org/)
2022 배경 背景 the BACKGROUNDS(인디프레스 갤러리, 서울문화재단 시각예술창작발표
기금지원, 서울)
2021 생활의 발견 Hidden Meanings in Everyday Life(성곡미술관, 서울)
2017 언제 어디서 무엇을 When Where What(영은미술관 제4전시실, 경기도 광주시) 외 다수

「귀가(Their Way Home)」라는 작품 속에는 같은 색, 같은 디자인의 교복을 입고 똑같은 가방을 메고 걸어가는 크고 작은 학생들의 뒷모습이 흑백으로 그려져 있다.

'이 학생들은 어디를 향해 일제히 걷고 있는 것일까?'
'집으로? 아니면 학원으로?'
'똑같은 옷을 입고 똑같은 가방을 멘 그들이 일제히 걸어가고 있는 그 길의 끝에는 무엇이 있을까?'
'그들에게 이 길은 어떤 의미일까?'
'작가는 이 그림을 통해 무엇을 말하고 싶었던 것일까?'

요즈음 TV는 정말 실물과 비교해도 손색이 없을 정도로 총천연색의 해상도를 자랑한다. 첨단 기자재들이 등장하고 모든 것이 맞춤형이 되어가는 시대이다. 그런데 이런 총천연색의 세상을 살아가는 우리의 마음은 어떤가? 만일 현재 우리의 교육을 색깔로 표현한다면 어떤 색일까?

'우리 학습자들은 자신이 가진 고유한 빛깔을 알고 있을까?'
'똑같은 규격의 제품을 생산하는 방식의 '공장식 교육', 과연 괜찮은 것일까?'

현재 우리의 교육 체제는 학습자가 자신의 고유한 성장으로써 '컬러'를 찾아가도록 돕는 교육을 지향하기보다는 좋은 학교 입학이나 안정된 직업을 얻기 위한 '지식'이나 '가시적 성과로써의 점수'에 관심이 더 기울어져 있다. 많은 수의 학생이 좋은 대학에 진학하면 그 학교는 좋은 학교이고 이런 성과를 낸 교사는 유능한 교사가 된다(Palmer, 2013). 아이의 미성숙한 생활 태도나 관계 문제에 대해 진지하게 대화하고 지도하려 하면 "왜 아이에게 상처를 주느냐." 하며 선생님과 학교에 항의하는 학부모도 많아지고 있다(김현수, 2023b). 현대의 교수자가 할 일은 학습자를 잘 가르쳐서 좋은 점수를 받게 하고 좋은 학교, 좋은 직업을 얻도록 지식을 전수하는 일이다(Nussbaum, 2016). 때로는 학생의 내면을 보듬고 지도

하려는 교사의 행위가 오히려 매우 위험스러운 일이 되기도 한다(김현수, 2021b). 이러한 교육 시스템에서 다양한 민원에 시달리는 교수자는 무기력 상태에 놓이게 되고 그저 오늘 하루 무사히 지나기를 바랄 뿐이다. 교수자에게 교수법을 연구하는 일보다 '좋은 학생과 학부모를 만나는 행운'이 더욱 중요한 일이 되고 있다.

이렇듯 아이러니하게도 교육 기관에서 교수자와의 만남의 목적이 '교육'이 아닌 '점수' 또는 '외적 성과'를 중심으로 이루어진다. 외적 성과를 매개로 오고 가는 학습자와 교수자, 학부모 간의 대화 속에서 점점 학습자들은 표정을 잃어간다. 그들은 '불안한 애착 상태'로 자라 사회 곳곳을 이루는 구성원이 된다(Riley, 2023). 그렇게 자란 아이들이 부모가 되고 이런 불안한 애착 상태의 부모가 또다시 자녀의 교육에 영향을 미친다. 이렇게 교육은 점점 더 외적인 것들에 매달리게 되고 (Nussbaum, 2016) 이런 악순환 속에서 학생이 자신의 향기(color)를 찾아가도록 내면의 성장과 주도성을 후원해주는 교수자로서의 기능은 점점 줄어들 수밖에 없다(Craig, 2020; Palmer, 2013).

지금 우리의 교육, 안녕한가요?

안타깝게도 최근 많은 통계 자료는 우리 교육이 건강하지 않다는 메시지를 끊임없이 보내고 있다. 정말 많은 시간과 돈, 노력을 교육에 투자하고 있지만, 정작 학습자들은 그 교육을 통해 행복해지지 못하고 있는 듯하다. '되고 싶은 것'으로서의 장래희망(꿈)이 없고 무기력한 상태의 학습자들이 증가하고 있음을 보여주는 교육 통계 자료(정해림, 2023)가 바로 행복하지 않고 건강하지 않은 마음의 상태를 보여주는 중요한 신호(Signal)라고 본다. 꼭 '꿈'이 있어야 한다는 의미가 아니다. 어린 학습자들에게 무엇인가를 해보려는 의지로서 '되고 싶은 것'은 중요한 성장의 동력이 될 수 있기 때문에 '되고 싶은 것'이 없는 '무기력한 아이들'이 점점 늘어난다는 지표는 우리에게 시사하는 바가 크다.

김현수(2021)는 대다수 대한민국의 학습자들이 경험하는 학습 활동에서의 열등감과 괴로움, 자신감과 자존감의 저하를 의미하는 용어로 '공부 상처'라는 표현을 하고 있다. 그럼 교수자는 어떤가? 학교는 점점 시장화되어 가고(Nussbaum, 2016), 점점 가르칠 수 있는 용기를 잃어가고 있다. 요즘 아이들의 학급 집단 심리(김현수 외, 2023)에 대응하며 소진과 트라우마로 고단한 교사들에게 공동체를 해치는 괴물 부모의 탄생(김현수 2023b)은 심각한 수준의 사회 문제가 되고 있다. 본래 '교육', '성과'라는 선한 의도의 행위가 실제로는 수많은 학습자와 교수자들 간에 상처를 주고받는 만남으로 표출되고 있는 오늘날 교육 현장의 상황을 우려하는 목소리가 커지고 있다.

'치유'가 필요한 교육 현장

우리가 만나는 학습자들의 대다수는 피로 사회 속에 태어나 코로나 팬데믹을 겪으며 불안해진 사회 문화 속에 성장하였다. 다양한 복합적 원인으로 '뾰족해진 마음 상태의 학습자들'이 포함된 교육 공간 안에서의 기류는 불안정하고 예민하며 공격적일 수 있다.

섣불리 서로가 서로의 마음에 다가서기도 어렵고 잘못 다가섰다가 호되게 상처 입기도 하는 과정에서 교사도 중재할 힘도 없고 의욕도 없다. 많은 교과 업무를 수행하느라 세밀하게 관심 가지고 소통할 여건도 되지 않는다. 문제가 있음을 느끼면서도 할 수 있는 것이 없는 듯한 이 난관을 어떻게 해결해야 할지 염려만 늘어가고 무기력하게 겨우겨우 하루를 버텨낸다.

더 심각한 것은 상처 입고 상처 주면서도 어디에서 어떻게 위로받을지 모르고 서로에게 힘이 되어주지 못하는 상태로 계속 곪아가고 있다는 사실이다. 그 과정에서 우리의 후대들은 상처 입은 채 자라 어른이 되고 그 어른들이 서로에게 또다른 상처를 주고받는다. 대단한 치유가 아니어도 이런 상처 입은 상태를 자각하고 이러한 마음을 알아봐 주고 함께해주는 것만으로도 큰 치유의 효과가 있다고 전문가들을 말한다(Riley, 2023).

'점수'나 '성과'를 매개로 만나는 사물화된 관계가 아닌 '있는 그대로의 학습자'를 바라보는 '온기 있는 교감'이 일어나는 교육 현장으로 변화할 수는 없을까?

교육 현장에서 학습자가 자신이 가진 고유한 씨앗을 틔워가도록, 자신의 꽃을 피워 아름답게 주위에 향기를 발하며 조화롭게 살아가도록 지원할 방법은 없을까?

우리 교수자들이 학습자의 내면을 지원하기 위해 기꺼이 용기를 낼 수 있도록 어떻게 교육 체제를 보완해갈지 질문해야 할 때다.

이 책은 좌절된 성장 본능을 깨우는 신개념의 교수자로서 인큐레이터의 개념과 역할을 소개하고 있다. 우리 학습자들이 있는 그대로의 자신을 인정받고 배움을 통해 자신의 고유한 향기를 찾아가도록 조력하기 위해 오늘 우리가 할 수 있는 작은 시작으로서의 전략과 현장에서의 실천 사례를 소개하였다.

그간의 교육에 대한 문제의식을 나는 숭실대학교 교육대학원 융합영재교육 전공, 문화콘텐츠학과 문화치유 전공 석박사 과정의 제자들과 공유해왔다. 몇 년 동안 제자들과 함께해온 '사람책모델학교[1]'라는 비교과 활동 과정에서 '인큐레이터[2]'라는 교수자로서의 정체성을 확고히 하기 위해 이 책을 집필하였다.

---

1 사람책모델학교는 "사람이 책이 된다."라는 덴마크의 사람책도서관 무브먼트에서 착안해 동서고금의 위인을 선정해 삶의 롤모델로 삼을 수 있도록 소개하는 온라인 기반의 학습 공동체이다. 실제 삶은 지식이나 전문성만이 아닌 다양한 인생의 역경을 극복하며 살아가는 지혜가 필요하다는 측면에서 사람을 책 삼아 학습자들이 어떻게 자신을 이해하고 자신의 잠재력을 잘 꽃피워 갈지 배울 수 있도록 함께 연구하고 성장해가는 학습 공동체 활동을 하고 있다.

2 인(人)큐레이터는 미술관에서 작품을 전시하기 위해 큐레이터가 다양한 자원을 수집하고 선별해 분석하고 새로운 가치를 부여해 전파하는 행위를 하듯 사람의 잠재력을 큐레이션하는 역할을 수행하는 전문가를 의미한다. 인큐레이터는 창의적으로 사람의 잠재력을 큐레이션한다는 측면에서 창의진로컨설턴트라고 볼 수 있으며 에듀 테라피스트, 에듀 코치, 에듀 크리에이터의 기능이 결합된 신개념의 교수자 전문성을 말한다(제2장 참조).

제1부는 왜 이 시대에 인큐레이터가 필요한지(제1장), 인큐레이터는 도대체 어떤 역할과 기능을 하는 사람인지(제2장), 교육 치유자로서 인큐레이터들이 행하는 인큐레이션의 전략과 방법, 기대 효과(제3장)에 관해 소개하고 있다.

제2부는 인큐레이터로서 살아가고자 하는 교육자들이 본인의 삶에 영향을 주었던 작은 거인을 소개하고, 자신에서부터 시작해 인큐레이터로서의 삶을 살아가고자 도전하는 노력을 소개하고 있다.

나는 이 책을 준비하는 과정에서 교수자의 길을 걷는 우리들 스스로가 '인큐레이터'로서의 정체성을 확고히 하고자 의도하였다. 작은 시작이지만, 이 책을 읽는 독자들과 우리 교육에 '온기'와 '생기'를 불어넣고, 결국 우리 학습자들이 그들이 가진 고유한 '향기'를 찾아가는 시작을 돕는 '인큐레이터'로서의 삶을 함께할 수 있기를 기대한다.

이 책이 출판되기까지 함께 연구하고 '살리는 교육'을 실천해온 소중한 인큐레이터들과 제자들께 감사의 마음을 전합니다. 평생 배움과 성장의 모델이 되어 주신 선배 연구자분들과 교수님들께도 감사드립니다. 인큐레이터들의 수기를 수집하고 정리하느라 수고해 준 박우주 작가와 김정혜 선생님, 생각나눔 관계자분들께도 감사드립니다.

늘 사랑과 기도로 함께해준 가족들과 믿음의 동역자분들께도 깊은 감사의 말씀을 전하며, 각 현장에서 행하는 우리의 작은 인큐레이팅이 행복한 교육 문화를 만들어가는 소중한 불씨가 되기를 소망합니다.

목차 ents

2부 | 교육자 수기

제1부

교육치유

제1장 Why, 교육에 '치유'가 필요한가?

1. 교육에 대한 '재개념화'가 필요하다!

'우리 교육 이대로 괜찮은가?'의 질문에 많은 교육자, 학부모들은 입을 모아 그렇지 않다는 목소리를 내고 있다. 최근 보도되는 많은 기사들은 교육기관 및 교육자에 대해 불신하는 학부모가 늘어가고 있음을 보여준다. 교육자들 역시 학생과 학부모로부터 교권을 존중받지 못하는 교육현장에 상처받으며 그 어느 시대보다 '가르치는 일(業)'에 대한 두려움과 좌절감을 크게 느끼고 있다(김현수, 2014; 2021b). 이러한 상황은 교육자들이 우리의 미래를 이끌어갈 후대들과 인격적으로 만나고 애정 어린 성장 지원을 하고자 하는 열정을 잃어버리게 하는 중요한 사회문제가 되었다. 이에 다양한 관계자들은 '교육'에 대한 깊은 고민과 재개념화가 필요하다는 각성의 목소리를 내고 있다.

전통적으로 교육(教育)은 '가르치다', '기른다'의 의미를 담고 있다

여기에서의 '교육'은 교육을 받아야 하는 사람을 특정하고 누군가가 그 특정 대상을 가르치고 기른다는 의미이다. 대표적인 예로 동양에서는 '윗사람'이 본이 되어 '아랫사람'에게 적절한 깨우침을 주거나 본받게 한다는 뜻으로 부모나 교사 등은 앞선(성숙한) 사람이라는 의식이 있었다. 따라서 학생은 교수자를 '가르침을 주는 존재'로 여겨 우러러보고, 교수자는 '앞선 자'로서 학생을 잘 이끌고 가르쳐 성장시키는 관계에 있다. '가르치다'라는 말은 마치 손가락으로 나아가야 할 방향을 지시하는 '가리키다'와 같은 어원을 사용해 사람이 나아가야 할 올바른 방향을 지시하고 판단하고 분별할 수 있도록 이끈다는 취지에서 사용하는 용어이다.

그러나 오늘날은 꼭 특정한 사람이 가르치지 않아도 다양한 매체를 통해 스스로 배움을 찾아가는 교육 상황도 늘어나고 있다. 특정 교육자가 아닌 유튜브 등의 오픈소스를 통해 배움을 찾고 성장한 사례도 많이 찾아볼 수 있다. 또한, 가르치는 사람도 과거 시대와 달리 온전히 앞선 사람이라고 보기 어려운 상황이 되기도 한다. 특정 영역에 대해서는 전문성을 가진 교수자일 수 있지만 어떤 영역에 대해서는 얼마든지 학습자의 입장에 설 수도 있는 문화이기 때문이다.

동일 영역 내 교수자 간에도 편차가 클 수 있고 실제로 한 인간으로서 교육자는 완벽한 존재이기 어렵기도 하다. 그간 신성시 여겼던 교육 기관 및 교육자들이 다양한 대중매체를 통해 상품화되고 비교의 대상이 되었다(Nussbaum, 2016). 학습자나 학부모들은 절대적 존재로서 교육자를 인식하기보다는 일련의 교육 서비스를 제공하는 '직업인' 혹은 내 필요를 채울 수 있는 '도움 인력'으로서 얼마든지 교체하거나 불만을 표출할 수 있다는 가치관도 증가하고 있다.

한 예로 대형 온라인 강의에서 만나는 현란한 말발의 유명 강사와 비교하며 내 아이를 지도하는 선생님의 능력을 평가하고 높은 수준의 전문 역량 발휘를 요구한다. 그에 미치지 못한다고 판단하면 가차 없이 불만을 표하고 심지어 교육 기관과 교수자를 바꾸겠다는 의사 표현도 서슴없이 하는 문화가 되었다(김현수, 2023b). 과거 나이나 연륜에 근간을 두었던 교육자의 절대적 권위와 능력에 대한 신뢰는 디지털 기반 사회에서 이미 오래전에 붕괴되었다. 상당수의 나이 든 교수자들에 비해 어린 학습자들이 스마트기기나 SNS를 다루는 등의 특정 부분 및 특정 정보에 대해서는 훨씬 앞서 있기도 하다. 현실이 그러하다 보니 과거 시대 우러러보던 '윗사람'으로서의 교수자나 양육자, 어른(?)의 위치가 공고하지 못하게 되는 것이다.

서양의 경우 오늘날의 '교육학(pedagogy)'을 뜻하는 '페이다고기아(paidagõgía)'라는 용어가 보여주듯이 '아동(páis)'과 '이끌다(ágein)'라는 단어의 합성어로서 아동이 좋은 방향으로 자랄 수 있도록 이끈다는 의미를 담고 있다. '교육(education)'을 뜻하는 '에어지훙(Erziehung)' 역시 '양육하다'의 뜻을 가진 라틴어 '에듀케레(educare)'에서 유래되었다. 특히 서양의 에어지훙은 에어(er, 밖으로)와 지헨(ziehen, 이끌다)이 합쳐진 단어로서 한 인간이 성숙한 인격체로서 성장하기 위해 내면에 있는 잠재력을 발휘할 수 있도록 밖으로 이끌어 준다는 개념이다.

동양은 서양에 비해 훨씬 수직적이고 권위적인 관계를 중시한다. 교육하고자 하는 바를 정해두고 외부로부터 학습자에게 전수하는 교육적 접근이 주요하다 보니 일방향적 교육이 될 수 있는 한계점이 있다. 그럼에도 빠른 시간 내 많은 양의 정보를 전수할 수 있다는 장점도 있다. 그에 비해 서양은 특정 지식을 학습자에게 전수하기보다는 '학습자가 스스로 배움을 깨우쳐가도록 이끌어주는 기능으로서의 교육자 역할'을 강조하고 있다. 그런 면에서 동양의 교육적 접근에 비해 서양의 교육적 접근은 상대적으로 학습자를 존중할 수 있는 철학적 토대가 내재되어 있다고 볼 수 있다.

한편 동양과 서양이 교육의 출발점을 어디에 두는지 그 차이는 있을지라도 공통으로 '성숙한 사람(예, 교육자)'이 '미성숙한 사람'을 가르치고 이끌어서 그 잠재력을 잘 발휘하도록 이끈다는 면에서는 동일하다. 즉 가르침(teaching)이라는 의미가 표방하듯, 전통적인 교육관에서는 '교수자'의 역할과 기능이 매우 중요하게 강조된 것에 비해 배우는 '학습자'의 역할과 기능에 대해서는 크게 고려하지 않은 '교수자 중심'의 개념이라고 볼 수 있다.

2. '코칭'은 '티칭'의 대안이 될 수 있을까?

교육자의 가르침(teaching)이 있으면 학습자들은 모두 좋은 배움을 얻을 수 있을까?

만일 교육자가 이끄는 대로 모든 학습자들이 잘 성장할 수 있다면 아마도 우리 사회의 교육 문제는 크게 고민하지 않아도 될 주제일지 모른다. 교육자들만 잘 기능해주면 학습자들의 성공적 성장은 보장될 테니 말이다. 그러나 안타깝게도 우리가 이미 알고 있듯이 '학습자'는 결코 수동적인 존재가 아니다. 교육자가 가르치는 대로, 이끄는 대로 백지처럼 그대로 흡수하지 않는다. 저마다 가진 고유한 특성에 생각과 경험이 더해져 교육자가 전하는 지식에 대해 스스로 선택하고 판단하며 수용 여부도 학습자가 결정한다(폴김 외, 2020). 마치 물감이 든 컵에 물을 부으면 순수한 물의 상태가 아니라 원래의 컵에 담겨 있던 물감과 섞인 혼합물이 되는 것과 같은 이치이다.

그래서인지 최근에는 교육의 성과를 결정짓는 데 '학습자의 역할'이 매우 중요하다는 인식에서 '학습자가 자신의 성장을 견인할 교육에 능동적으로 참여할 수 있도록 돕는 조력자로서의 교육적 기능'을 강조하는 새로운 용어들이 등장했다. 그 대표적인 용어가 바로 '코칭'이다(폴김, 함돈균, 2020; Gallway, 2022).

원래 '코칭'이라는 용어는 '말이 끄는 마차(Coach)'라는 뜻으로, 16세기 헝가리 도시인 'Kocs'의 마차에서 유래된 용어이다. 마치 마부가 마차에 탄 손님들을 그들이 희망하는 목적지까지 안전하게 잘 이끌고 가듯 코치는 코치이(고객)가 가고자 하는 목적지를 질문하고 그 목적지까지 잘 도달할 수 있도록 도움을 준다는 취지에서 생긴 용어이다. 특히 1880년대에 스포츠 분야에서 '코치'라는 용어를 사용하기 시작했는데 이후 기업 경영 관리, 라이프 스킬 코칭, 교육 분야에 이르기까지 폭넓게 활용되고 있다. 학습자는 배제하고 교수자가 판단해 목적지를 정하고, 그 목적지를 향해 학습자를 이끌어가는 전통적 교육 방식으로써 가르침(Teaching)은 분명히 한계가 있다. 그렇다면 코칭은 티칭의 대안이 될 수 있을까?

많은 선행 연구 및 문헌을 토대로 종합해보면 '코칭'은 학습자 스스로가 자신에게 맞는 목표를 수립하고 성취하기 위해 필요한 자원을 찾고 조절해가는 프로세스다. 대표적으로 운동선수들이 자신에게 맞는 목표를 수립하고, 그 목표에 도달하기 위해 적절한 운동 방법을 찾고 지속해가도록 전문적으로 제공하는 조력을 예로 들 수 있다. 코칭 분야의 대가 티모시 골웨이는 자신의 대표 저서 『Inner Game(이너게임)』에서 코칭은 결국 코치이 스스로가 자신을 코칭할 수 있도록 돕는 것(Timothy Gallway, 1974)이라고 했다. 코치의 역할은 코치이가 배우고(Learn), 개선하며(Improve) & 즐기도록(Enjoy) 도와주는 것이다.

이러한 맥락에서 코칭을 교육 분야에 적용해 보면, 에듀 코칭(educoaching)은 학습자와 밀착되어 학습자 스스로가 주도적으로 자신의 배움을 설계해 가도록 돕는 코칭 활동을 말한다. 교수자는 학습자가 희망하는 목적지가 무엇인지를 먼저 질문하고 그 목적지에 이르기 위해 어떤 방법이 있는지를 떠올려보게 할 것이다. 그 과정에서 어떤 방법과 전략이 효과적일지도 함께 고민하는 과정을 거칠 것이다. 관련해 ICF(International Coaching Federation) 국제 코치 연맹은 전 세계에서 활동하는 코칭 전문가들의 국제적인 단체이다. ICF(2024)가 제안하는 코칭 관련 국제적 지향 방향을 필자가 교육 분야에 적용해 제시하면 다음과 같다.

첫째, 윤리적 실천가로서 에듀 코치는 코칭 마인드셋을 일관되게 유지하고 구현한다. 매사 개방적이고 호기심을 가지고 학습자 중심적인 코칭 마인드셋을 구현한다.

둘째, 에듀 코치는 학습자와 파트너가 되어 학습자가 이 만남을 통해 달성하고자 하는 것을 확인하고 학습자에게 중요하고 의미 있는 목표를 합의하에 도출하고 이를 다룬다.

셋째, 에듀 코치는 코칭 과정에서 학습자의 고유한 재능, 통찰력 및 그들이 하는 일을 인정하며 존중한다. 코치는 학습자에 대한 지원, 공감 및 관심을 보여주며 학습자의 내면에서 시작된 성장을 지원한다.

넷째, 에듀 코치는 적극적인 질문과 경청을 통해 학습자가 누구인지 학습자의 상황이나 특성(사고 방식, 느낌, 가치관, 필요, 욕구, 신념, 행동 등)을 알아차린다.

다섯째, 에듀 코치는 학습자의 성장을 촉진하는 파트너로서 학습자와 협력하여 학습자 자신을 위한 최상의 책무 방법을 설계하고 유지하도록 조력한다.

독자들의 이해를 돕기 위해 필자가 전통적인 교육에서 교수자의 역할과 코치

등 관계있는 주요 용어를 비교해 표로 정리해보았다. 교육 현장에서 활동하는 교수자, 멘토, 코치, 상담사, 치료사의 역할을 비교해보면 학습자들이 각 전문가들과의 만남을 통해 어떤 조력을 얻게 되는지 생각해 볼 수 있다.

구 분	역 할	전문적 조력 (관계)의 목적
교수자 (Teacher)	교수자는 '교육'을 제공하거나 지도하는 사람을 지칭함. 교사, 강사, 교육자, 교육 전문가 등의 용어를 사용함. 교수자는 학교, 대학, 교육 기관, 학원, 기업 등 다양한 환경에서 활동하고 있음. 학습자들이 특정 지식과 기술을 습득하도록 도와주는 역할을 수행함. 교수자는 다양한 교육 방법과 전략을 활용하여 학습자들의 이해를 촉진하고 학습 경험을 향상시키는 데 기여함.	특정 지식과 기술의 습득
멘 토 (Mentor)	멘토는 특정 분야 관련해 경험과 지식이 풍부한 개인이나 전문가를 말함. 상대적으로 경험이 부족한 개인이나 그룹을 지도하고 지원하는 역할을 수행하는 사람을 말함. 멘토는 자신이 보유한 좋은 경험과 지식을 멘티에게 공유함으로써 그 사람이 성장하고 발전할 수 있도록 돕는 역할을 담당함. 비즈니스, 학문, 교육, 예술 등 다양한 분야에서 폭넓게 사용되는 용어임.	전문가의 풍부한 경험과 노하우 전수
코 치 (Coach)	코치는 다양한 분야에서 활동하는 교육 전문가로 스포츠 분야나 특정 기술 분야(예, 언어, 경제, 교육 등)에서 개인이나 집단의 목표 달성을 돕는 역할을 수행함. 교육 분야에서의 코치, 즉 에듀코치는 학습자가 자신에게 맞는 학업 목표를 잘 수립할 수 있도록 조언, 학습성과 향상을 위한 동기부여, 스킬 향상 등을 조력하여 개인 또는 그룹의 성장을 돕는 역할을 수행함.	개인/집단이 세운 목표의 성공적 도달 및 성과 향상
상담사 (Counselor)	정신건강, 교육, 직업 등 다양한 분야에서 상담과 지원을 제공하는 전문가. 상담사는 대체로 사람들의 감정이나 관계, 스트레스 등 주로 정서적인 문제 등에 도움을 줌. 교육 상담사는 내담자(학습자)가 자신의 삶을 개선하고 발전시켜 보다 건강하게 교육 활동에 참여할 수 있도록 지원함.	심리적 건강성 회복 및 문제 해결
치료사 (Therapist)	치료사는 환자(치료 대상자로서의 학습자)의 건강을 유지하거나 회복하기 위해 다양한 치료 방법을 제공하는 전문가임. 이들은 신체적인 문제부터 정신적인 문제까지 다양한 영역에서 활동할 수 있음. 예를 들어, 심리치료사나 정신건강 전문가 등이 있음. 교육 분야에서 치료사는 병리적 상태에 있는 학습자의 신체적, 심리적 치료 및 회복을 돕기 위해 다양한 치료 기술을 활용함. 이들은 주로 의료 기관이나 재활센터, 심리치료센터 등의 환경에서 활동함.	신체적, 심리적 치료 및 회복
크리에이터 (Creator)	크리에이터란 무엇인가를 새롭게 '만드는 사람'이라는 의미로 '창작자'를 뜻함. 교육 분야에 적용한다면 사람에게 내재한 가능성의 꽃을 피울 수 있는 진로, 성취를 돕는 창의적인 작업자로서의 전문적 활동을 의미함.	고유한 자아 실현, 성취 조력

〈표 1-1〉 교육과 관계된 전문가들의 역할 및 관련 용어 비교

'특정 지식'과 '기술의 습득'에 초점을 맞춘 전통적 교육의 기능은 생성형 인공지능이 보편화되고 있는 현재의 일상에서 분명히 한계가 있고 앞으로 갈수록 그 한계는 더욱 커질 것이다. 그에 비해 멘토링은 상대적으로 경험이 풍부한 멘토가 경험과 지식이 부족한 멘티에게 현장성 있는 좋은 경험을 나누고 이끌어 준다는 측면에서 더욱 실질적인 도움을 줄 수 있다. 하지만 멘토링 역시 전수하고자 하는 경험이나 지식이 이미 정해져 있다는 점에서 학습자의 주도적 역할은 여전히 제한적이다.

에듀 코치는 코칭 과정에서 학습자(Coachee)가 현재의 사고방식이나 느낌, 가치관, 필요, 욕구를 알아차릴 수 있도록 다양한 질문을 던진다. 자신에 대해 생각하고 느끼며 새롭게 확장된 자기 이해를 도모할 수 있도록 다양한 탐색적 질문을 제공한다. 에듀 코치는 학습자 스스로가 본인이 가진 다양한 자원, 주위 사람들의 지원, 저해 요인 등을 고려해 전략을 설계하도록 조력한다. 결국 '에듀 코칭'은 학습자가 세운 목표를 성공적으로 도달하고 성과도 향상시킬 수 있도록 돕는 활동이다. 이러한 측면에서 코칭은 분명히 전통적 교육의 개념을 상당 부분 보완하는 기능을 할 수 있다. 그렇다면 에듀 코칭을 시행할 때 현재 우리가 겪는 교육 장면에서의 다양한 문제들이 해결될 수 있을까?

1. 다음의 용어들은 어떤 차이가 있을까요?

만일 여러분이 숭실이의 부모 혹은 선생님이시라면 숭실이가 다음과 같이 행동할 때 어떻게 말씀하시겠어요? 숭실이가 보이는 말과 행동에 대해 <u>각 용어의 관점에서 대화 예문을 만들어보세요</u>.

※ 각 용어 속에 내포된 '대상에 대한 대응의 방식'에 대해 생각해보기 위한 활동이므로 자신의 생각을 적은 뒤 발표 및 토론해보세요.

오늘은 기분이 별로야.
학교 가기 싫어.
집에서 게임하며 쉴 거야.

① 교육 ② 훈육 ③ 교정 ④ 치유 ⑤ 상담 ⑥ 코칭

용어별 대응의 예

교육 학교는 공동체 생활과 지식 등을 배우는 곳이니 성실하게 다녀야 한단다.

훈육 학교는 기분 내키는 대로 다니는 곳이 아니야. 반드시 가야 하는 곳이야. 알겠니?

교정 기분이 좋지 않다고 학교 가기 싫다고 하는 것은 나쁜 행동이니 고쳐라.

치유 학교에 가기 싫을 만큼 힘든 너의 마음, 스트레스의 원인을 찾아 회복해보자.

상담 학교에 가기 싫을 만큼 기분이 나빠지게 된 상황에 관해 얘기해 볼까요?

코칭 숭실아, 네가 진짜 원하는 것, 바라는 것에 대해 말해볼까?

2. 나는 평소 어떤 용어와 가까운 방식으로 대응하는 편인가요?
   ✓표 해보세요.

   ① 교육   ② 훈육   ③ 교정   ④ 치유   ⑤ 상담   ⑥ 코칭

3. 내가 선택하는 대응의 방식에 대해 학습자는 어떤 반응을 보일 수 있을까요?

   현실에는 매우 다양한 유형의 학습자가 혼재되어 있는데, 최근 교육 장면에서 자주 접하게 되는 <u>숭실이와 같은 상태의 학습자라면 나의 대응 이후 어떤 결과가 예상되나요?</u>
   그렇게 생각한 이유에 대해 함께 토의해 보세요.

　　최근 교육 장면에서 상담이나 치료 등의 용어가 사용되는 사례가 급증하고 있다. 형식적 교육 환경 및 제도에 적응하지 못해 어려움을 겪는 학습자 사례, 정서적 미성숙에서 비롯된 또래 간의 갈등 문제, 다양한 정서적 신체적 폭력 문제로 인해 교육 현장에 전문가의 상담이나 치료적 개입이 필요한 학습자들도 아주 많아졌다. 한편 학습자들만 이런 상태에 있는 것이 아니다. 많은 교사들의 자살, 사직, 이직, 우울감 관련 통계자료 등은 교수자들 역시 치유와 회복이 절실한 상태임을 보여준다(김현수, 2021b; Riley, 2023).

　　교육 기관은 대부분 개별 학생이 아닌 여러 학생으로 구성되어 있고, 현재의 교육 기관은 그 어느 시기보다 다원화되었다. 다양한 특성과 교육적 요구, 사회 정서적 문제를 가진 학습자들을 교육하는 과정에서 발생하는 문제는 때때로 심각한 수준의 심리적 갈등과 폭력성으로 표출된다(김현수, 2023b). 과거와 같이 획일적으로 학습자들을 지도할 수도 없고 다양한 학생 및 학부모와의 갈등 상황을 오로지 교수자 한 사람의 역량만으로 감당하기 어려운 경우도 많다.

　　수많은 교육 현장에서 만나는 교수자와 학습자들의 상황은 정말 매우 복잡다단하다. 어느 누구도 이상적인 교육 방법이나 성과를 단언할 수 없다. 그러나 현

재의 상태에서 분명하고 확실하게 말할 수 있는 것은 더 이상 우리 학습자들을 일방향적으로 '가르치고 이끄는 교육'만으로 성장시킬 수 없다는 사실이다. 이러한 맥락에서 볼 때 학습자 스스로가 본인이 가진 다양한 자원, 주위 사람들의 지원, 저해 요인 등을 고려해 전략을 설계하도록 조력하는 코칭적 접근은 전통적 교육을 상당 부분 보완할 수 있다고 본다.

그럼에도 불구하고 필자는 여전히 많은 한계가 있다고 판단한다. '코치'가 '코치이'를 코칭하는 절차적 프로세스를 초월해 반드시 빠트리지 말고 코칭 철학에 전제되어야 할 본질적 토대가 있다고 보는 것이다. 그것이 바로 '온기'이다. 가르치려 하기 전에 '씨앗'으로서의 '학습자의 시작점'을 파악하려는 노력이 필요하다. 특히 현대 사회는 다양한 사회문제로 인해 가정에서부터 이미 온전한 시작이 제대로 이루어지기 어려운 상황에 놓인 학습자가 많다(Sandel, 2020). 우리 사회가 생각보다 공정하지 않을 수 있음(김지혜, 2019)에 유의해 온기 있는 지원을 제공하려는 교수자의 노력이 중요하다. 다양한 '학습자들의 씨앗'에 성숙한 조력자의 따뜻한 온기가 더해질 때 자신의 시간표에 따라 각자의 '성장의 싹'을 틔울 수 있다. 마치 번데기 속의 애벌레가 스스로 번데기를 탈출해야 나비가 될 수 있듯이 부모나 교사의 역할은 애벌레 스스로가 탈피할 힘을 준비할 수 있도록 각 애벌레에게 필요한 따스한 온기를 제공하는 것이다. 사랑한다 하여, 안쓰럽다 하여, 더 멋진 나비로 만들고 싶다 하여 번데기(학습자)의 탈피 과정을 침해해서는 안 된다. 오늘날은 '탈피'라는 생명력의 중요 원리를 무시하고 번데기 고치를 두드려 깨거나 찢고 애벌레를 세상 밖으로 끌어내리려는 인위적 형태의 교육적, 양육적 접근을 시도하는 사례가 많이 나타나고 있다.

다음으로 '탈바꿈을 마친 나비'처럼 세상에서의 배움을 시작하는 우리 학습자들에게 필요한 것은 그들이 날갯짓을 시도할 수 있도록 '생기'를 불어넣는 역할이 중요하다. 각 학습자는 자신의 속도에 따라 탈바꿈을 시도하고 날갯짓을 하며 어디로 날아갈지 방향을 정하려는 '성장 본능'이 내재해 있다. 자신이 가진 날개를 힘껏 펼치며 자신이 먹고 싶은 꿀을 얻기 위해 다양한 모양의 꽃을 찾아다니며 자신의 고유한 무늬와 형태를 갖추어가도록 돕는 과정이 바로 교육의 기능이 되어야 한다.

모든 학습자에게는 자신의 고유한 색깔(color)로서의 '향기'를 찾고자 하는 본능이 있고 그것을 실현할 잠재력이 내재해 있다. 한편 이러한 욕구가 건강하게 실현되는 교육의 장이 아닌 경우 우리 학습자들은 번데기 안에서 움츠리고 숨으려 할수 있다. 일정 시기가 지났음에도 세상을 향해 건강하게 탈바꿈을 시도하지 않을수 있고, 자신의 날개를 펴서 이곳저곳을 탐색하며 날아오르려는 시도를 하지 않을 수 있다. '좌절된 성장 본능'은 다양한 불안과 불만, 공격성으로 표출될 수 있다. 이러한 학습자들이 포함된 교육 현장에서 전통적 방식의 교육적 접근을 시도하는 교수자의 영향력은 튕겨 나올 수밖에 없고 좋은 관계로 성공적인 교육 성과를 얻기 어렵다.

따라서, 필자는 우리가 지향해야 하는 교육을 지식을 전수하려는 '가르침(teaching)'의 과정이 아니라 '학습자에게 '온기'와 '생기'를 불어 넣으며 각 학습자가 가진 고유한 '향기'를 찾고 실현해 가도록 돕는 과정'으로 재정의해야 한다고본다. 각 학습자에게 내재해 있는 '인정의 욕구', '자아실현의 욕구'를 건강하게 실현할 수 있도록 돕는 교수자라 느낄 때 우리 학습자들은 그 가르침을 더욱 깊이수용할 것이다. 즉, 이제 '교육'은 교수자와 학습자들이 머무는 교육 공간에서 두주체의 마음과 몸이 회복되고 성장의 에너지가 발현될 수 있도록 조력하는 과정으로서의 재개념화가 필요하다. 그 조력의 방법은 '온기'와 '생기'를 북돋우는 것이며, 궁극적으로는 각 학습자가 '자신의 향기'를 찾는 것이 최종 도달 목적지가 되어야 할 것이다.

교육을 일방향적 가르침(teaching)의 행위가 아닌 문화(culture)로 보려는 시도, '지식의 전수'가 아닌 자신이 속한 공동체 안에서 학습자들이 건강한 개인성의 회복과 조화로운 사회적 존재로서의 공존력, 고유한 향기를 찾고 실현해 가기 위한지속 가능 자기 성장 시스템 구축을 독려하는 전문가[3]로서 교수자를 재정의할필요가 있다. 그러한 맥락에서 볼 때 교육은 '문화적 관점'에서 이해되고 시행되어

---

3 정형화된 교육 목적지가 아닌 고유한 자신의 향기를 찾아가도록 재능 발현, 진로 선택을 조언하고지원하는 전문가로서 인큐레이터는 '창의 진로 컨설턴트(Creative Career Consultant)'로서의 역할을 수행하는전문가라고 볼 수 있다.

야 한다. 물론 이것은 정말 쉽지 않은 일일 수 있다. 그러나 적어도 오늘날 우리의 교육 현장 속에서 행복하게 학습자들을 만나고 각 주요 관계자들(교수자, 학습자, 학부모, 교육 기관 운영자)이 학습자들로 하여금 '자신의 향기'를 찾아가도록 협력하는 교육 문화 치유자로서의 교수자로 기능하기 위해 과거와는 다른 차별화된 전문성의 갑옷과 무기를 장착할 필요가 있다. 나는 바로 이러한 교육 전문가를 인(人)큐레이터(사람을 큐레이션하는 전문가)라 명명하고자 한다.

제2장 What,
'인큐레이터'가 뭐지?

1. '인큐레이터'의 개념

　　　　원래 큐레이터(Curator)는 '보살핀다', '관리한다'라는 뜻의 라틴어 '큐라(cura)', 영어의 '케어(care)'에서 유래한 '감독'이라는 의미의 용어이다. 주로 박물관이나 미술관에서 관람객을 위해 전시회를 기획하고 개최하는 역할을 수행하는 사람을 지칭하는 용어이며, 큐레이션이란 이런 '편집 활동'을 의미한다. 그렇다면 인큐레이터는 어떤 의미의 용어일까?

　인(人)큐레이터는 사람(Human)을 편집(Curation)하는 '창의 진로 컨설팅 전문가'이다.

　큐레이션이란 여러 정보를 수집하고 선별한 뒤 여기에 새로운 가치를 부여해 전파하는 행위를 말한다. 본래 예술 작품의 수집과 보존, 전시하는 일을 지칭하였으나 최근에는 폭넓게 사용되는 용어이다. 따라서 인큐레이션이란 사람(예, 학습자, 내담자)과 관계된 다양한 자원이나 정보, 자료를 수집하고 그 사람이 더욱 효과적으로 사회에 적응하고, 좋은 잠재력을 키울 수 있는 성장 시스템 구축, 그 사람에게 내재한 고유한 매력을 발굴해 전파하는 활동을 의미한다.

오늘날 교육 현장의 문제는 개인적 차원의 교육과 훈육, 교정과 치유, 상담의 수준을 초월한 '문화적 접근'이 필요하다.

사람을 사물화하고 생존을 위해 눌러야 하는 경쟁 대상으로 여기는 교육 문화 속에서 건강한 성장과 행복한 소속감을 기대하기는 어렵다. 공존 의식에 기반한 공동체감은 더더욱 그러할 것이다. 사람은 누구나 있는 그대로의 모습을 인정받고 사랑받고 싶은 본능이 있다. 또한, 자신이 가진 소질과 적성을 발견해 멋지게 펼치고 싶은 자아실현의 욕구가 있다. 그런데 이러한 고유한 본질적 욕구는 안중에 없고 좋은 학교에 들어갈 수 있는 성적이라는 획일화된 물질적 목표만을 향해 아이들을 줄 세우기 한다면 어떤 현상이 일어날까?

모든 사람은 타고난 특성 면에서 차이가 있다. 외모가 다르듯 흥미나 능력 면에서도 분명히 차이가 있다. 장미꽃의 외관이나 향기를 선호하는 사람이 많을 수 있지만, 담장 밑에 핀 개나리나 풀밭 여기저기에 자유롭게 핀 들꽃에게도 고유한 아름다움이 분명히 있다. 만일 장미꽃만 귀히 여기고 개나리나 들꽃은 하찮게 여기며 무시한다면 어떤 현상이 나타날까?

있는 그대로의 존재를 인정받지 못하고 부모나 선생님, 사회의 기대에 부응하지 못하는 '부족한 자신'을 느끼는 아이들의 마음은 늘 불안과 불만족으로 채워진다. 좋지 않은 가스(gas)로 가득 차 언제 터질지 모를 위태로운 풍선 같은 마음 상태에 있는 아이들이 주위 사람들과 배려와 존중의 관계를 맺을 가능성은 현저히 낮다. 자신의 불편감이나 아픔으로 인해 주위 사람들의 마음을 살피고 사려 깊게 대할 수 있는 마음의 여유가 없기 때문이다. 이런 불행한 상태로 적지 않은 세월의 학령기를 보내는 아이들은 높은 스트레스나 우울감으로 인해 자신이나 사회에 대한 적대감이 높아질 수 있다(김현수, 2023a; Womack & Womack, 2016).

자기보다 약한 사람 혹은 상대적으로 편하게 느끼는 사람, 익명의 공간(예, 온라인)에서 불특정 다수에게 자신의 부정적 감정을 쏟아 내거나 공격적인 행동을 취할 수 있다. 주위 사람에 대한 따뜻한 배려와 존중을 교과서에 나오는 박제된 지식이나 구호 정도로 여길 수밖에 없다. 공동체 속에서 건강한 소속감과 따뜻한 연대감을 느끼는 것은 더더욱 불가능할 것이다(김학진, 2022). 그러한 구성원들이 모여 함께 이루게 되는 직장이나 가정, 사회의 모습 역시 불안과 경쟁 의식으로 가득 찰 것이다. 병리적 상태의 공동체 문화 속에서 매일 숨 쉬며 살아가는 개인은 행복감을 누리기 어렵다(장대익, 2023).

오늘날의 교육자는 전문 지식을 전수하는 교수자나 멘토의 기능을 초월해 학습자와 함께 목표를 찾고 정해 성취하도록 조력하는 '에듀 코치'의 역할을 수행해야 함에 대해 전술한 바 있다. 또한, 다원화된 교육 현장 및 병리적 상태에 있는 사회문화 속에서 시행되는 교수 행위에 '치유'와 '회복'의 기능까지도 포함될 필요(Craig, 2020; Riley, 2023)가 있으므로 '에듀 테라피스트'의 기능도 포함해야 한다고 제안하였다. 더불어 교육은 치유나 치료의 수준을 넘어 건강한 자아실현까지도 조력하는 기능을 수행해야 한다(Seligman, 2014; Waqas, 2020)는 취지에서 인큐레이터의 개념을 '에듀 크리에이터(eduCreator)'와도 연계해 생각해볼 수 있다.

각 사람을 위한 교육의 최종 도달 목표는 '건강성 회복'을 넘어 행복한 '자아 실현'이 되어야 한다. 따라서 '교정적 접근'이 아닌 사람의 타고난 본질적 특성에 기초한 '긍정적 가능성'을 깨울 때 효과적으로 활성화될 수 있다는 점을 고려할 필요가 있다. 각 사람에게 숨겨진 좋은 가능성의 씨앗을 발견해 잘 성장시키고 꽃을 피울 수 있도록 돕는 창의적인 작업자로서의 교수자 기능을 담당해야 한다고 본다(Csikszentmihalyi, 2021). 따라서 필자는 인큐레이터의 핵심 가치와 기능을 각 사람이 현재 보유한 좋은 잠재력을 살피고, 그 사람이 가진 잠재력이 잘 발현될 수 있도록 돕는 '창작자(Creator)'로서의 역할도 더해져야 한다고 보는 것이다.

종합해볼 때 오늘날의 교육 전문가(educator)는 인큐레이터(human-curator)의 기능을 수행하는 전문가로 재개념화되어야 하며, 인큐레이터는 에듀 코치, 에듀 테라피스트, 에듀 크리에이터가 수행하는 역할을 수행하는 융합형 전문가라고 볼 수 있다.

에듀 코치(edu-coach), 에듀 테라피스트(edu-therapist), 에듀 크리에이터
(edu-creator)의 기능을 하는 신개념의 교육 전문가로서 인큐레이터는 어떤
전문가를 의미할까요?

1) 각 용어의 의미를 다이어그램을 활용해 설명해보세요.

각 용어의 차별성(지향 방향)은 무엇일까요?

① 에듀 코치 edu-coach

② 에듀 테라피스트 edu-therapist

③ 에듀 크리에이터 edu-creator

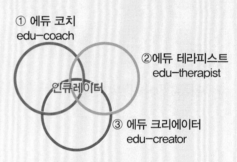

[그림 2-1] 인큐레이터의 핵심 기능

2) 각 용어가 가진 공통점(교집합)은 무엇일까요?

**3) 세 가지의 전문성이 융합된 인큐레이터의 기능, 역할에 대해 생각해 보고
토의해 보세요.**

필자는 우리가 지향해야 하는 교육을 '인큐레이션'의 과정으로 보고 탈피 직전
번데기 상태의 애벌레가 스스로 힘을 가다듬고 고치를 뚫고 나와 멋진 나비로 성
장하는 과정으로 비유하여 설명한 바 있다. 아무리 조급해도 애벌레 스스로 고
치를 뚫고 나와야지 부모나 교사가 고치를 찢어주는 것은 오히려 생명력을 저해
하는 행위인 것처럼 학습자를 대하는 부모나 교육자들의 역할 수행 역시 분명해
야 한다.

이상적인 구호일 수 있지만, 모든 사람은 각각의 고유한 존재로서 인정받고 존중받아야 마땅하다. 학습자가 가진 소중한 씨앗, 본래의 생김새로서 타고난 특성을 인정하는 것에서부터 교육이 시작될 필요가 있다. 나이가 적든 많든 모든 학습자들의 배움은 그 사람이 가진 흥미의 유형과 수준을 고려한 시작점에서부터 설계되어야 하기 때문이다. 오랜 세월 동안 이어져 온 '교육'의 개념 즉, 학습자에게 지식을 전달하고 전수시키는 교수 행위(teaching)가 아닌, 인(人)큐레이션(human curation)의 작업으로서 교육이 재개념화되어야 한다.

2. '인큐레이터'의 역할

에듀 코치, 에듀 테라피스트, 에듀 크리에이터로서의 '인큐레이터' 역할을 전통적인 '큐레이터'의 역할과 비교해 제시하면 다음과 같다.

큐레이션	인큐레이션	
	1단계	
정보 수집 및 선별	edu-therapist	
	사람과 관계된 자원이나 정보 수집 및 선별	온기
	2단계	
새로운 가치 부여	edu-coach	
	개별 학습자에게 내재한 고유한 매력 발굴	생기
	3단계	
전시	edu-creator	
	고유한 재능 발현의 기회 제공	향기

〈표 2-1〉 '커리어 컨설턴트'로서의 인큐레이터의 역할

첫째, Start: **온기** | 시작점을 파악한다

인큐레이터는 각 사람(학습자) 및 그 사람과 관계된 '자원'이나 '정보'를 폭넓게 수집하고 선별하는 역할을 수행한다. 전통적인 교수(teaching)는 가르침 또는 지식의 전수를 강조하는 용어로서 '학습자'보다는 가르침을 주는 '교수자'에게 초점을 맞춘 용어이다. 한편 학습자들은 결코 수동적인 존재가 아니므로 개별 학습자의 자발적인 참여가 배제될 경우 좋은 성과를 얻기 어렵다. 따라서 인큐레이터는 따뜻한 눈과 마음으로 개별 학습자가 가진 흥미(관심사)나 소질의 유형, 그 수준을 파악해 잘 지원하기 위해 '온기' 있는 교육적 중재의 시작점을 찾는 것이 중요하다.

1) 각 사람의 고유한 시작점을 파악한다

인정	시작점 자각	맞춤형 설계
누구나 시작점이 있다.	학습자가 자신의 시작점을 자각할 때 효과적인 성장이 이루어진다.	시작점 파악 및 환경 자원 활용에 대한 설계가 필요하다.

[그림 2-2] 인큐레이터의 역할

또한, 현재 학습자의 생각, 말, 행동 등은 많은 시간 함께해온 부모나 유의미한 주변인, 선행 경험들과 밀접한 관계가 있으므로 생태학적으로 어떤 영향을 주고받는지, 향후 어떤 보완이 필요할지 전략을 수립하기 위해 얻을 수 있는 정보나 자료를 최대한 많이, 상세히 수집한다. 직접적인 교육 대상이 학습자인 것은 분명하지만, 학습자의 교육 활동을 선택하고 지속하는 데 큰 영향을 주는 학부모 등 관련 정보도 중요하게 고려한다. 수집한 정보를 분류하고 선별하여 종합 해석하되, 모든 초점은 '어떻게 하면 학습자가 자신의 고유한 향기를 찾아가는 주도성을 극대화할 수 있을지,' 포용적 시선에서의 전략 수립 기초 자료로 활용한다(Cline & Fay, 2010).

인큐레이터는 각 사람을 큐레이션하는 전문가로서 많은 사람들이 사회적으로 선호하는 '보편적인 성공'이 아닌 개별 학습자가 '자신의 향기'를 찾기 위한 시작점을 찾도록 돕는다는 점에서 차이가 있다. 메타인지적 자기 조절은 성취도를 예측하는 중요 요인으로 손꼽힌다. 상위 인지라고 불리는 '메타인지' 이론은 '자기 객관화 능력'이다. 자신의 능력과 한계를 잘 파악하는 만큼 시간과 노력을 적절하게 안배하는 데 도움이 될 수 있다는 점에서 학습자의 시작점 이해는 학습자와 교육자 모두에게 중요한 의미가 있다(태진미, 2023c; Fisher & Wells, 2016).

이 과정에서 인큐레이터는 학습자가 자신의 성장에 대해 '주도성'을 발휘할 수 있도록 '온기' 있는 조력과 기다림이 중요하다. 마치 번데기가 고치를 찢고 세상 밖으로 나오는 과정처럼 학습자가 가진 흥미, 능력의 수준을 고려해 학습자의 내면에서 시작된 내적 성장 동기를 자극하는 것이다. 부족해도, 다소 엉뚱하고 이색적인 흥미를 가진 학습자여도 학습자 내면에서 진정한 참여를 시도하도록 격려할 수 있는 '예술적인 성장의 코드'를 찾아내기 위한 단계이다. 이 단계에서는 학습자에게 던지는 '질문'이 중요하다(박정길, 2023; Cameron, 2012).

학습자에게 질문을 던짐으로써 학습자는 그 질문에 대해 생각해 보면서 자신에 관한 탐색을 하게 된다. 어떤 활동을 평소 좋아하는지, 어떤 것을 어려워하고 어떤 것을 좀 더 쉽게 익히는지 다양한 질문 과정에서 자신에 대해 다각도로 예술적인 탐색을 시도하는 것이다. 여기에서 '예술적인 탐색'이란 하나의 정답을 찾는 과정으로서의 탐색이 아닌, 다양한 모양과 형태, 있는 그대로의 모습에서 비롯된 매력으로서의 가치를 찾기 위한 탐색을 의미한다(태진미, 2011). 따라서 이 단계에서는 '다양한 정보원(자료)'을 활용하는 것이 큰 도움이 된다. 아이의 성장 과정을 기록한 육아일지, 교육기관에서 선생님이 아이의 생활을 관찰한 일지, 생활기록부, 성적표 등의 기록이나 다양한 심리 검사 결과를 살펴보면서 다른 사람들과 차별화된 아이의 고유한 매력으로서의 특성을 좀 더 예술적으로 파악할 수 있다(태진미, 2023b; Gagne, 2021; Waqas, 2020).

예를 들어, 손흥민 선수, 박지성 선수 등 자신의 재능을 멋지게 꽃피운 인물들의 어린 시절 교사들이 기록한 생활기록부, 성적표 등을 보면 그 속에 아이에게 내재된 잠재력의 특성이 잘 담겨 있다. 두 사람 모두 '축구선수'라는 공통점이 있지만, 그들이 가진 잠재력의 특성은 분명히 차이가 있다. '향기'로 발전시켜갈 '고유한 특성' 및 '매력'으로 보느냐, '고쳐야 하는 단점'으로 보느냐는 정말 큰 차이가 있다(태진미, 2011). 이렇듯 학생에게 내재된 좋은 잠재력을 찾아내기 위해 다양한 정보를 수집하고 '온기' 있는 시선으로 예술적 탐색을 시도하는 것은 정말 중요하다.

평소 어떤 활동이 재미있는지, 닮고 싶은 사람이나 이루고 싶은 꿈이 있는지 질문해볼 수도 있다. 물론 현실에는 '되고 싶은 나'가 없는 아이, 장래 희망에 대해 생각해 본 적이 전혀 없는 아이, '목표'가 무엇인지 그 의미를 모르는 아이, '목표'의 중요성을 알지만, 구체적으로 목표를 어떻게 세워야 하는지 모르는 아이, '주위 사람들이 원하는 나'와 실제 '내가 원하는 나'가 전혀 다른 경우 등 아주 다양한 상태의 학습자가 있을 수 있다. 어떤 상태에 있든지 학습자가 현재의 자신의 모습에 대해 생각해 보는 것은 향후 성장 계획 수립에 중요한 근거가 될 수 있다.

인큐레이터는 "모든 사람은 고유한 잠재력의 씨앗을 가지고 있다."라는 전제하에 관계 맺음을 시작한다. 학계에 최초로 다중지능 이론을 발표했던 Gardner(1983)는 인간은 최소 8개 이상의 독립된 지능의 조합 상태에 있으며, 누구나 상대적인 강점과 약점이 있다고 보았다. 자신이 가진 고유한 지능 조합의 특성을 잘 이해하고 활용하는 것은 그렇지 않은 경우에 비해 훨씬 효과적인 성취를 기대할 수 있다고 했다. 누구나 성장하고 싶고 주위 사람들로부터 인정받는 사람이 되고 싶은 욕구가 있다. 그러나 만일 있는 그대로의 자신을 인정받지 못하고 외면 또는 나의 특성과는 전혀 다른 성장을 추구한다면 어떤 현상이 나타날까?

너는 어떻게 이렇게
공부를 못하니?
(무시)

우리 아이는 쓸데없는 것에
관심을 갖는 것 같아요.
공부 쪽에 흥미를 갖게 할
방법이 없을까요?
(외면)

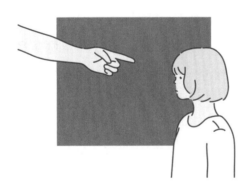

저는 춤추는 것을 좋아해요.
수학을 잘하지 못하고
많이 어려운데 부모님은 제가
의사가 되면 좋겠대요.
저는 어떻게 해야 할까요?
(혼란)

아이들이 흥미를 보이는 영역이 있어도 부모가 볼 때 사회에서 좋은 직업을 얻을 수 있는 분야가 아니면 과감히 무시하거나 외면한다. 어떻게든 좋은 학교 입학, 좋은 직업을 얻도록 유도하기 위해 아이의 생각과 마음을 바꾸려 노력한다.

최근 아이를 낳지 않는 부부, 아예 결혼 자체를 하지 않는 젊은 층이 늘어 사회적 문제가 되고 있다(조영태, 2021). 한편 아이를 낳기로 한 가정의 부모들은 과거에 비해 훨씬 더 전투적인 양육 태세로 돌입하는 경우가 많다. 출산을 결정한 부모는 최대한 아이를 잘 키워 소위 '사회적인 성공'을 이루는 아이로 만들려는 의지가 충천하다. 상황이 이러하다 보니 이 유형의 부모 중 태어나기 전부터 아이의 흥미나 소질까지 디자인하기 위해 전략적인 태교에 들어가는 사례도 많다. 최근에는 모차르트의 음악을 듣는 막연한 태교를 넘어 학교 다닐 때 풀었던 수학의 정석 문제를 풀거나 독서 토론을 하는 등의 구체적인 목적성 태교를 실행하는 임산부도 자주 볼 수 있다.

출생 후에는 원하는 형태의 인재로 아이를 키우려는 부모들의 노력이 더욱 본격화된다. 이러한 원초적인 부모의 욕망이 강해진 사회 문화(장대익, 2023)의 터위에 수요자 중심의 교육이라는 명분으로 교육 기관도 진화하게 된다. 수요자들의 선택을 받기 위해 부모들의 욕망을 자극하고 부추기는 형태로 아이들의 놀이 경험까지 계획하에 제공하는 현시점에서 학부모가 선호하는 형태로 아이들의 교육경험까지 대중화되는 것은 당연한 일이다(Nussbaum, 2016). 비슷한 프로그램의 교육기관에서 몇 살까지는 무엇을 공부하고 어디로 어학 연수를 다녀오며 어떤 자격증을 취득할지까지 프로그램에 따라 움직이다 보니 자소서에 기재할 내용까지 비슷하다.

아이들에게 좋다는 색깔과 모양의 벽지와 침대, 먹거리부터 시작해 듣는 것, 보는 것, 경험하는 것들이 비슷해져 가고 있다(태진미, 2011). 외관상으로는 총천연색의 다양한 자극과 경험을 맞춤형으로 제공한다고 소개하지만, 실상은 최소한의 경비로 최대한 그럴듯하게 포장이 된 획일화된 자극인 경우가 많다. 예를 들어, 아기 때부터 들으면 좋다 하여 아이들에게 부모들이 틀어주고 있는 소리 자극은 무엇일까? 누군가가 좋다고 추천한 회사에서 만들어 낸 대량 생산형 BGM이다. 해당 소리에 대해 중요 주체인 아이가 보이는 반응은 무시되는 사례가 비일비재하다. 남들이 좋다고 하는 것들로 골라 계속 틀어주고, 보여준다. 아이가 가진 고유한 특성을 살피거나 질문하며 아이가 어떤 것에 특별히 관심을 보이고 즐거워하는지 관찰하지 않다 보니 '고유한 잠재력의 씨앗'을 파악할 기회를 얻지 못한다.

아이가 가지고 놀 장난감도 계획하에 제공한다. 다양한 사고와 탐색을 시도하는 매개로 활용되어야 할 놀잇감이 아닌, 어른들이 원하는 흥미와 소질을 자극할 수 있는 특정 형태의 자극만 엄선되어 아이 앞에 놓이는 것이다. 아이와 함께 보내는 여가 시간도 검색을 통해 알아보고 부모가 미리 결정해 시행한다. 가장 중요한 주체인 아이의 특성은 전혀 고려되지 않는다. 이러한 사회 문화 속에서도 간혹 아이의 특성을 고려한 지원을 위해 아이를 관찰하고 흥미를 발견하려는 부모가 드물게 있는데, 주위에서 이들에게 "이 험난한 세상을 아이 혼자 어떻게 헤쳐나가게 하려고 이렇게 부모가 방임하느냐!" 하는 한마디에 소신 있던 것처럼 보이던 교육관, 양육관이 뿌리째 흔들리게 된다.

물질적 욕망에 편승해 철저히 계획하에 자녀의 미래를 디자인하고 실행하는 온실형 양육, 이런 학부모들의 욕구에 기반한 교육의 미래는 어떤 모양일까?

총천연색 컬러인 것처럼 보이지만 우리의 교육 현장에 색깔이라는 것은 허용되지 않는다. 같은 색깔, 같은 모양의 옷과 가방을 메고 일제히 한 방향으로 걷고 있다. 어른들은 아무것도 하지 않고 아이들이 원하는 대로 내버려두어야 한다는 의미가 아니다. 진짜 교육의 출발점이 부모나 교수자가 아닌, 학습자 본인이 되어야 한다는 말을 하는 것이다. 학습자가 가진 고유한 특성을 발견하고 아이가 가진 다양한 자원들에 대해 함께 대화하며 아이 스스로 세상을 향해 자신의 고치를 찢고 나올 수 있도록 온기 있게 조력하는 역할을 해야 한다는 의미이다. 우리 교육자들은 현재의 학습자들이 어떤 가정, 사회 문화 속에서 성장하고 있는지 냉철하게 판단해야 한다. 학습자들과 그 뒤에 있는 부모들에게 진짜 필요한 교육적 지원을 제공하기 위해 각 학습자의 현재를 파악하려는 노력이 매우 중요하다.

둘째, Success: 생기ㅣ성공 경험을 독려한다

긍정심리학의 창시자인 Seligman은 『학습된 무력감(Learned Helplessness)』, 『학습된 낙관주의(Learned Optimism)』 등의 저서를 통해 인간 내면에 어떤 심리 상태가 깊이 자리하고 있는지에 따라 향후 성장에 큰 영향을 주게 됨에 대해 발표했다. 사람의 사고방식은 고정적인 것이 아니므로 개인의 노력이나 마음가짐을 바꿀 수 있다고 보았다(Dweck, 2016; Seligman, 2008). 인큐레이터는 학습자와 사회적 상호작용을 시행하면서 '성공 경험'을 축적할 수 있도록 조력한다(Mentis, Dunn-Bernstein, & Mentis, 2020). 이는 학습자가 평소 사용하는 '말'과 '생각'을 '낙관적'으로 변화시킬 수 있도록 돕는 과정이다(Seligman, 2008; 2014).

2) 성공경험을 독려한다

관계	성공경험
어떤 사람도 혼자 저절로 성장하는 사람은 없다. 따뜻한 관심과 지지 공존력 강화.	새로운 도전, 적극성, 주도성 발휘의 밑거름이 됨.

[그림 2-3] 인큐레이터의 역할

이스라엘 출신의 세계적인 인지심리학자인 Feuerstein도 사람의 '인지적인 구조'는 얼마든지 변화 가능하다고 보았다(Tzuriel, 2021). 모든 사람은 변화하고 배울 가능성이 있다(Mentis, Dunn-Bernstein., & Mentis, 2020). 따라서 이 단계에서 인큐레이터는 학습자의 흥미와 능력 수준을 고려한 과제를 수행하며 즐거운 학습 경험 즉, '성공 경험'을 축적해간다.

어떤 사람도 혼자, 저절로 성장하는 사람은 없다. 누군가로부터 따뜻한 관심과 사랑, 지지를 받으며 성공 경험을 축적할 때 새로운 도전, 위험도 감수할 수 있는 능력이 형성된다. 다양한 문제 상황에 도전하고 적극적이고 주도적인 성장을 견인하기 위한 밑거름이 되는 것이다. 특히 이 단계 인큐레이터는 학습자가 자신의 잠재력을 구체화하고 자신의 매력을 발굴하기 위한 다각도의 시도를 지원하는 '생기'를 불어넣는 역할을 수행한다.

셋째, System: 향기| 자기 성장 시스템 구축을 조력한다

교육이 지향해야 할 궁극적인 목적은 자신의 향기를 찾아 사회 속에서 아름답게 발현하는 것이 되어야 한다. 아무리 사회적으로 성공해 많은 사람들의 부러움을 얻는다 할지라도 만일 각 사람에게 내재한 고유한 잠재력이 아닌, 물질적 성공만을 실현한 것이라면 참된 교육의 성과라고 볼 수 없을 것이다. 따라서 자기 성장 시스템을 구축하되, 궁극적으로 지향해야 하는 목표는 결국 '자기 다움', 즉 자신의 향기를 사회 속에서 긍정적으로 발현하는 것이 되어야 할 것이다.

2) 학습자의 자기 성장 시스템 구축을 구축한다.

성장 시스템 구축	성장 시스템의 작동
교정적 접근의 지원보다는 행복한 성장에 초점을 맞추는 시스템을 구축할 때 중장기적으로 회복력과 여유, 창조적 지혜가 발현될 수 있다.	즉 진정한 성장은 단발적 체험이 아닌 '개인이 환경과 소통하며 성장 시스템'이 작동될 때 가능하다. 따라서 우리의 목표는 '자기 성장 시스템 구축과 작동'이 되어야 한다.

[그림 2-4] 인큐레이터의 역할

한편 일시적인 성공 경험만으로 장기적인 자아실현은 불가능하다. '시스템'이 부재한 상태에서 얻은 교육적 성과는 장기적인 성장으로 지속되기 어렵다(Clear, 2019). 자발적이고 주체적으로 본인의 내면에서 비롯된 '내적 동기'가 중요하다. 이러한 의미에서 자신의 마음과 행동을 통제하며 자신에게 영향력을 행사하는 과정을 셀프 리더십(Self Leadership)이라고 한다. 기존의 리더십은 특정 리더가 구성원에게 영향을 미치는 행위로서 리더와 팔로워가 분리된 관계였다. 한편 셀프 리더십은 본인이 리더이자 팔로워로서 본인이 자신을 이끌고 자신이 따라가는 상태를 말한다.

선행 연구에서 소개하고 있는 셀프 리더십의 개념이나 구성 요소는 조금씩 차이가 있다. 그렇지만 자기관찰에서 시작해 자신에게 맞는 목표를 수립하고 자신의 행동을 점검해 가는 과정은 공통으로 포함되어 있다. 즉, 셀프 리더십은 구체적인 '자기 이해'에서 시작된다. 자신의 삶을 성공적으로 이끈 인물들은 그렇지 않은 사람들에 비해 상대적으로 자신에 대한 이해가 높았고, '자기 설계' 즉, 자신의 특성과 수준에 맞는 목표를 잘 수립하는 경향이 높다(Gagne, 2021). 자기 이해를 높이기 위해 일상에서 다양한 단서, 자료를 활용해 자신을 관찰하고 기록한다(태진미, 2023b). 종합 분석한 결과에 기반해 자신에게 잘 맞는 목표를 수립하는 것이다. 이러한 원리는 앞서 언급했던 '시작점 이해'에서 강조했던 내용으로 자기 성장 시스템의 구축 및 작동에서 가장 밑동이 되어야 하는 것이 바로 자신에 대한 이해라는 점이다.

또한, 목표를 잘 달성하기 위해 자신을 조절하고 긍정적으로 강화하기 위한 '자기 조절' 전략으로써 '보상 전략'이 제안되고 있다(김소연, 2020). '자기 효능감'과 같은 내면의 긍정적인 자기인식은 강력한 근원적 힘이 된다. 자신감 또는 자기 효능감, 학습된 낙관주의, 성장 마인드셋 등으로 표현될 수 있는 긍정적인 마인드셋은 어려운 과제를 시도할 때 기꺼이 도전할 용기를 준다. '내적 보상'은 어떻게 하면 더 즐겁게, 더 잘해낼 수 있을지 자신의 감정이나 자기 조절력을 증진할 수 있는 전략으로써의 보상책을 작동시키는 것이다.

자기성장 시스템의 구축

| 자기이해 | 자기설계 | 자기조절 | 문제해결 |

고유한 잠재력의 발현 및 성취
향기를 찾아가는 과정

결국, 자기 성장 시스템을 구축한다는 의미는 ① '자기 이해'를 토대로 ② 자신의 향기를 찾아가기 위한 '자기 설계'와 ③ 자신이 세운 목표를 잘 실현하기 위해 자신의 마음과 행동을 조절해가는 '자기 조절'이 합쳐져 ④ 종합적인 인생의 문제를 해결해가는 '문제 해결' 과정이라고 볼 수 있다. 이 네 개의 과정은 '자기성찰지능'을 이루는 핵심 구인들로 그간 많은 선행 연구에서 보고했던 바와 같이 좋은 성취를 이룬 인물들에게서 공통으로 발견할 수 있는 핵심적 지능이다.

이상으로 2장에서는 인큐레이터의 개념과 역할을 살펴보았다. 오늘날의 교육 현장에서 나타나는 많은 문제점과 연계해 전통적인 교육 개념의 한계를 지적하며 교육적 행위에 대한 재개념화의 필요성을 제기하였다. 인큐레이터는 '가르치는 전문가'로서의 전통적인 교수자의 역할을 보완하기 위해 에듀 코치, 에듀 테라피스트, 에듀 크리에이터의 기능을 융합한 전문가이다. 학습자가 건강하고 유능한 공동체의 일원으로 성장할 수 있도록 고유한 성장의 '시작점'을 파악하고 '성공 경험'을 축적하며 자신의 향기를 찾아갈 수 있도록 '성장 시스템'의 구축 및 작동을 조력해야 할 '창의 진로 컨설팅' 필요성에 관해 기술하였다.

제3장 How.
인큐레이션의 방법과 기대 효과

필자는 우리가 지향해야 하는 교육이 특정 지식이나 기술을 일방향적으로 전달하는 가르침(teaching)의 과정이 아니라, 학습자에게 '온기'와 '생기'를 불어 넣으며 각 학습자가 가진 고유한 '향기'를 찾고 실현해 가도록 돕는 과정으로 재정의되어야 한다고 전술하였다. 각 학습자에게 내재된 시작점으로서의 고유한 특성을 인정하고, 바로 그 지점에서부터 시작해 학습자의 주도적인 성장과 배움이 일어날 수 있도록 돕는 교육 전문가가 필요하다. 그러한 교육 전문가를 '인큐레이터'라고 명명하였으며 인큐레이터는 에듀 코치, 에듀 테라피스트, 에듀 크리에이터로서의 역할을 수행하는 융합형 교육 전문가라고 밝혔다.

『피로사회』라는 책을 통해 한병철(2012)은 현대 사회의 성과주의에 대해 날카롭게 지적한 바 있다. 생존경쟁으로 가득한 피로 사회 속에서 우리 사회의 구성원들은 상당한 불안감을 느끼며 살아갈 수밖에 없다. 치열한 경쟁 속에서 살아남기 위해 많은 어려움을 겪었던 부모 세대는 자연히 자녀 세대의 미래를 걱정하며 더욱 전투적인 교육을 지향하게 된다(장대익, 2023). 아이들은 부모 세대의 불안을 등에 업고 힘겹게 학업에 내몰리며 경쟁 속에서 불안과 스트레스로 아파한다(김현수, 2021). 불안한 아이들은 뾰족해진 마음 상태로 고슴도치처럼 서로를 찌

르고 경계한다(김현수 외, 2023). 친구라는 이름의 또래 아이들은 비교와 경쟁에서 제쳐야 하는 경쟁자가 된다. 이런 상황에서는 다툼이나 욕설, 폭력이 훨씬 쉽고 자연스럽게 나타난다(Craig, 2020).

미성숙한 발달 단계 아이들의 문제행동의 수위는 점점 높아져 가고 다양한 정서적, 신체적 학대와 폭력 행동에 대한 대응은 학교를 넘어 법적 소송으로 이어지는 경우도 많다. 이러한 과정에서 교육 기관 및 교육자를 대하는 학부모, 학생의 태도 역시 예민하고 공격적이 될 가능성이 크다. 현재 우리가 체감하고 있는 사회적 변화는 이렇게 뿌리 깊게 교육 현장에 영향을 주고 있다. 학생 지도 과정에서 발생하는 복잡한 정서적 갈등은 교권 침해로 이어지고 그 과정에서 상처받고 의욕을 잃어가는 교육자들이 증가한다(김현수, 2016). 도대체 어디서부터 잘못된 것일까?

최근 우리 교육 현장에서 자주 나타나는 이러한 문제는 어디에서부터 해결해야 할지 누구도 답하기 어려운 사회 전반의 총체적 문제가 아닐 수 없다.

그렇다면, 어떻게 중요한 주체인 학습자와 교수자의 마음과 몸이 회복되고 성장의 에너지로 승화될 수 있도록 도울 수 있을까? 우리가 지향하는 교육은 일방향적 가르침이 아닌 '건강하고 행복한 성장 문화 조성'이다(Treffinger 외, 2020). 다원화된 교육 현장, 특히 불안과 경쟁, 불신으로 멍든 교육 공간에서 어떻게 학습자와 교수자, 학부모들은 서로의 입장을 이해할 수 있게 될까? 사랑과 배려, 존중의 관계 회복은 정말 가능한 일일까?

『교사 상처』라는 책(김현수, 2014)을 읽고 남긴 어느 교사의 후기이다.

"교사가 되면서부터 가장 근본적인 질문은 무엇을 가르치는가였다. 어떤 것을 가르치는 것이 즐거운 것일까? 무엇을 가르치는 것이 학생들에게 도움이 될까? 그런데 정작 나는 무엇을 하면 행복한지 잘 몰랐다. 그게 나에게 가장 슬픈 현실이다. 이제부터 나에게 행복하고 아이들에게 행복한 수업을 찾아서 노력해 봐야겠다." (참교육의함성님. 2016. 02. 29.)

기존에 교육자는 교수(teaching) 전문가로서 주로 '가르침'과 관계된 역량을 기르도록 교육받아왔다. 학생을 가르치는 자로서 열심히 준비해왔지만, 정작 자신은 어떤 삶을 살 것인지, 자신은 어떤 때 행복한지 행복한 삶에 대해 생각해 보지 않았다(Riley, 2023; Wallin, 2010). 내면이 채워지지 않은 채 공허한 상태로 학습자들과 만나 지식을 전달하는 직업인으로 사는 경우가 많다. 인큐레이터에게 필요한 에듀 코치, 에듀 테라피스트, 에듀 크리에이터로서의 역량과는 상당히 거리가 있는 상태에 있다고 볼 수 있다. 그렇다면 교육자들은 이러한 전문성을 어떻게 준비할 수 있으며, 이런 전문성 함양이 정말 가능할까?

필자는 이 책을 통해 현재의 교육이 가진 한계를 생각해 보고 향후 우리 교육이 지향해야 할 방향에 대해 공유하는 것 자체로 큰 의미가 있다고 본다. 인큐레이터의 구체적인 역량을 지금 당장 키우기는 어려울 것이다. 현재의 교육이 병리적인 상태에 있다는 점(Craig, 2020)에서는 공감하면서도 그 대안을 찾으려는 노력으로서의 시도는 의외로 매우 부족했다. 다양한 측면에서의 문제 지적에 비해 구체적인 대안에 대한 고민은 적극적으로 이루어지지 못했다. 어느 누구 한 사람의 문제가 아닌, 우리 사회 전반의 총체적인 난국이기에 정확한 해답이라는 것 자체가 존재하지 않는다(장대익, 2023). 그럼에도 불구하고 우리가 시도해 볼 수 있는 오늘의 노력은 분명히 있다. 너무나 미력할지라도, 우리가 지향해야 할 거시적인 방향을 제안하는 기회로 삼고자 이 책을 집필하였으므로 본 고를 기점으로 다양한 후속 연구가 현장에서 다각도로 이루어지기를 소망한다. 이러한 맥락에서 인큐레이션의 전략과 방법에 대한 본 고에서의 제안은 앞으로 우리 사회가 건강한 교육 문화를 조성해가기 위한 다양한 도전과 시도의 일환이다.

1. 인큐레이션의 전략과 방법

개인의 재능 발현과 관련해 학자들은 매우 다양한 원리와 방법을 제안한 바 있다.

필자는 교육대학원에서 융합영재교육전공 교수로 재직하면서 한 사람이 어떻게 자신의 영재성을 잘 발현해가는지에 대해 연구할 기회들이 많았다. 영재교육

이론은 꼭 '영재'라는 특수한 개인만이 아닌 일반인들의 재능 발현 과정에도 많은 영감을 줄 수 있다는 믿음을 갖게 되었다. 잠재적 소질의 정도, 즉, 능력의 '수준'과 '깊이' 면에서는 차이가 있을지라도 영재성을 발현해가는 과정은 유사한 원리가 작동된다고 보기 때문이다(Gagne, 2021).

따라서 본 고에서 제안하는 인큐레이션의 전략과 방법은 상당 부분 영재교육 이론에 근간을 두었음을 밝힌다. 또한, 독자의 이해를 도모하기 위해 예시로 소개한 구체적 사례들은 현재 필자가 활동하고 있는 인큐 연구소에서 이루어진 실제 상담에 기반한 재구성 자료이다. 실제에 기반한 인큐레이션 전략이면서도 익명성이 보장되어야 하므로 부득이 소개 자료를 재구성하게 되었다. 다양한 교육 현장의 특성에 맞는 전략을 고안하기 위한 기초 자료로써 유용하게 활용되기를 기대한다.

1) 3S 인큐레이션

▶ 용어 정리

구분	설명
인큐레이터 Human −Curator	사람(Human)을 편집(Curation)하는 전문가 대상(예, 학습자, 내담자)과 관계된 다양한 자원이나 정보, 자료를 수집하고 그 사람이 더 효과적으로 사회에 적응하고 좋은 잠재력을 키울 수 있는 성장 시스템을 구축함(에듀 코치, 에듀 테라피스트). 그 사람에게 내재한 고유한 매력을 발굴해 전파(에듀 크리에이터)하는 활동을 의미함. 에듀 코치, 에듀 테라피스트, 에듀 크리에이터의 역할 수행.
인큐레이션 Human'- Curation	미술관이나 박물관에서 전시 전문가로서 '큐레이터'가 제한된 전시 공간에 어떤 작품을 어떻게 전시할지 결정하듯이 사람(예, 학습자)과 관계된 다양한 자료나 정보, 자원을 어떻게 선별해 의미와 가치를 부여하고 다른 사람들과 공유할지 결정해 실행하는 창의적 작업을 의미함. 전문가 또는 본인 스스로 자신을 큐레이션하기도 함. 예) 파슨스 입학 시험에 제출한 배상민 교수의 작품

생각해 볼까요?

교수자가 왜 굳이 인큐레이터가 되어야 하는 걸까?

인큐레이션은 모든 사람에게 필요할까? 필요하다면 그 이유는?

인큐레이션을 할 경우 하지 않을 때에 비해 어떤 점이 좋을까?

필자는 효과적인 인큐레이션을 위한 전략으로 3S 시스템을 제안하고자 한다.

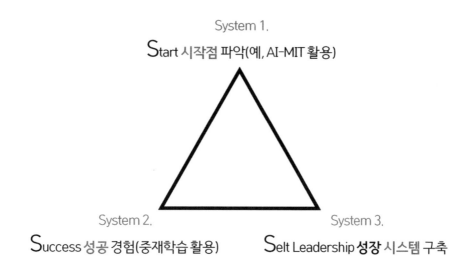

[그림 3-1] 3S 인큐레이션 전략

시스템 1, 2, 3은 서로 유기적인 관계에 있다.

첫째, 시스템1(Start): 학습자의 시작점을 파악한다

이 단계에서는 최대한 다양하고 구체적인 자료를 수집해 학습자에 대한 깊은 이해를 도모하는 단계로써 학습자에 대해 평소 잘 알고 있는 관계자의 관찰 자료, 생활 기록 자료, 심리 검사 결과 등을 폭넓게 활용할 수 있다. 학습자의 시작점 파악을 위한 대표적 자료로 본 고에서 소개할 사례는 인큐 연구소에서 개발해 국내와 해외 교육 현장에 보급하고 있는 인공지능 기반 다중지능 검사 결과 자료이다. 한편 AI-MIT(AI based Multiple Intelligence Test) 검사는 어떤 검사일까?

다중지능 이론(Multiple Intelligence Theory)은 하버드 대학의 교육대학원 교수인 Gardner 박사가 1983년 저서 『마음의 틀(Frames of Mind: The Theory of Multiple Intelligence)』에서 소개한 현대의 지능 이론이다. 다양한 근거 자료를 제시하며 그는 기존에 알려진 언어나 논리수학지능에 한정된 지능 개념이 많은 오류와 한계가 있다고 지적하고 있다. 지능은 절대 단일하지 않으며 매우 다양한 영역으로 구성되어 있다고 밝혔다. 현재까지 검증된 지능은 최소 8가지 이상이며, 각 지능의 영역은 상호 독립적이면서도 서로 다른 지능을 보완한다고 밝혔다. 특정 지능 영역에서의 우수성이 다른 영역 지능의 우수성까지 의미하지 않는다고 했는데, 이는 그간 오랜 시간 지속되어 왔던 학습자의 지능 특성 파악에 큰 파장을 불러일으켰다.

언어나 논리수학지능과 밀접한 관계에 있는 학습 활동 결과에 기반해 학습자의 지능을 평가해왔던 오랜 관행을 깨고 공부를 잘하지 못하지만 다른 지능은 우수할 수 있음에 대한 가능성을 연 이론이라고 할 수 있다. 이해를 돕기 위해 예화로 설명하면 보람이는 언어지능은 부족하지만 음악지능이나 신체운동지능은 높을 수 있다. 즉, 언어와 음악, 신체운동을 수행하는 데 발휘되는 지능은 독립적이므로 언어와 관계된 활동을 잘하지 못해도 음악과 관계된 활동을 잘할 수 있다는 것이다. 그러나 그동안의 지능 이론에서는 학습 활동 중심으로 학습자의 잠재적 가능성을 평가해왔기 때문에 학습 활동에서 저조한 성적을 보이는 학생들은 낮은 지능을 가진 학습자로 폄하되었고, 모든 학습 활동이 언어나 논리 수학에 기반해 구성됨으로써 학습 수행에 다양한 불이익이 발생한다는 점을 지적하였다.

Gardner 박사의 발표 이후 1980년대 후반에 국내에 다중지능 이론이 소개되었고, 그의 이론에 기초해 Shearer 박사가 개발한 다중지능 검사 도구가 국내에 소개되었다. 한편 해외 자료를 번안해 사용하거나 표준화 시점이 오래되어 현재 국내 학습자들에게 적용하기에 한계가 있었다. 이에 태진미(2023a)는 최근 발전하는 생성형 인공지능 기술을 도입해 국내 교육 현장에 적용할 수 있도록 AI 기반 다중지능 검사를 개발해 적용하였다. AI 기술을 활용함으로써 검사에 응시한 피험자들의 데이터를 훨씬 폭넓고 정교하게 분석할 수 있는 장점이 있다.

특히 AI-MIT 검사에서는 실제 전문가들을 대상으로 검사를 시행한 후 그들 중 ① 현재 자신의 직업이 적성에 잘 맞는다 ② 현재의 직업이 자신에게 행복하고 만족스럽다 ③ 이 직업에서 보이는 자신의 수행에 대해 주위 사람들이 긍정적으로 평가한다 등의 세 질문 중 두 개 이상의 질문에 대해 '우수하다'라고 체크한 데이터만을 엄선해 일반 학습자와 비교해 유사도를 제시하고 있다. 이는 다중지능은 소질과 적성으로서의 잠재력으로 이것이 현실의 직업에서 잘 발현되는 전문가들의 데이터와 비교해봄으로써 해당 직업에 대한 본인의 적성 여부를 판단하는 데 유용한 참고 자료가 될 수 있기 때문이다.

또한, AI가 피험자가 가진 다중지능 프로파일의 상태를 정교하게 분석한 뒤 피험자와 가장 유사한 패턴을 가진 전문인들의 데이터를 추천함으로써 향후 진로 선택에 참고할 수 있도록 조력한다. 현재 보편화된 AI 분석 기술을 적용해 한국형 다중지능 검사를 개발함으로써 한국의 다양한 연령층의 학습자들이 다중지능 이론을 통해 자신의 소질과 적성을 파악할 수 있도록 지원한다.

한편, 본 고에서는 AI 다중지능 검사를 학습자를 이해하기 위한 하나의 평가 도구로 소개하는 것이므로 세부 구성 및 분석 원리 등은 생략하고 효과적인 인큐레이션을 위해 활용하는 자료로 소개하고자 한다(※ AI-MIT의 구성에 대한 세부 사항은 https://www.aimit.co.kr/ 참조).

① 별 그래프로 본 학습자의 시작점 차이

AI-MIT 검사결과에 나타난 학급 학생들의 다중지능 그래프

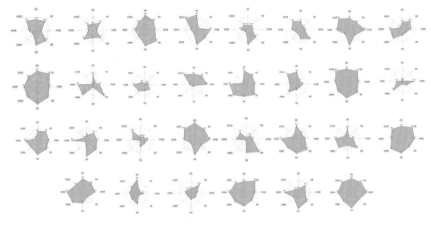

[그림 3-2] A 고등학교 한 개 학급 내 학생들의 다중지능 별 그래프

전통적인 교실에서의 교육은 동일 연령 학생들에게 동일한 교육 내용을 전수하는 형태로 시행된다. 한편 [그림 3-2]의 자료는 한 개 학급 내 학생들이 얼마나 다른지를 여실히 보여준다. 모든 사람의 지문이 각각 다른 것처럼 한 교실에 속한 서른 명 학생들의 다중지능 프로파일이 어떤 학생도 동일하지 않고 모두 고유한 형태로 나타난다. 어떤 학생은 언어지능이 높고, 어떤 학생은 언어지능이 낮다. 물론 다른 지능 영역들의 고유한 조합 면에서도 큰 차이가 있다. 어떤 학생의 그래프 크기는 전체적으로 크지만 어떤 학생의 그래프는 매우 작다. 그래프의 모양 면에서도 편차가 큰 학생이 있는가 하면 영역별 편차가 크지 않고 고루 분포된 프로파일로 나타나는 학생도 있다.

단편적인 예시일 뿐이지만, 한 교실 내 30명의 학생은 전혀 다른 지능 프로파일을 가지고 있음을 보여준다. 물론 많은 학생을 지도하는 현실 상황에서 개별 학생 한 사람 한 사람의 특성을 고려해 교육을 설계하고 운영하기는 어려울지라도 적어도 학습자가 가진 특성이 어떠한지에 관해서는 관심을 기울일 필요가 있다. 무엇인가를 가르치고자 한다면, 그 가르침을 받을 학습자가 어떤 상태에 있는지, 어떤 특성을 갖고 있는지에 대해 자세히 들여다보고, 그 학습자의 소리를 귀담아들으며, 그 학습자에게 의미 있는 시작점, 전략을 모색하기 위한 파트너십이 형성되어야 한다. 여기서의 파트너십은 '일방적인 이끌어 냄'이 아닌 학습자 스스로 자신이 입고 있는 '고치(Cocoon)'를 뚫고 세상을 향해 나오도록 '온기' 있게 격려하는 것이다.

② 메타인지 점검을 통한 학습자의 자기 이해 상태

다음에 제시된 이미지는 학습자에게 자신의 다중지능 특성에 대해 예상해보도록 하는 활동지와 실제 수행 사례이다.

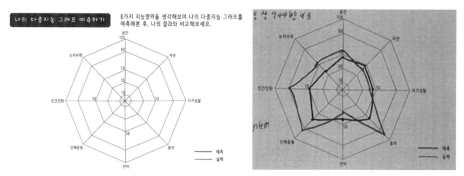

[그림 3-3] 나의 다중지능 그래프 예측하기(좌: 활동지, 우: B 학생의 예시 자료)

학습자가 자신에 대해 잘 알고 있을 경우 그렇지 않은 경우에 비해 훨씬 자신의 노력이나 행동에 대한 조절 면에서 효율성을 높일 수 있다. B 학생은 예측한 것에 비해 실제 검사 결과가 좀 더 높게 나타난 경우라 볼 수 있는데, 이런 학생은 실제 자신의 잠재력에 비해 자신을 좀 더 과소하게 평가하고 있을 가능성이 크다. 물론 이와 반대의 경우도 적지 않다. 자신에 관해 과대평가하는 사례도 많은데, 이는 현재의 상태에 맞는 실효성 있는 목표 설정에 큰 저해가 될 수 있다. 어떤 학생의 경우 자신의 강점, 약점에 대해 전혀 생각해보지 않아 스스로에 대해 평가하는 것을 매우 어려워하는 모습을 보이기도 한다. 자신에게 어떤 강점이 있는지 또 어떤 약점이 있는지 잘 모르는 상태에서 수립하는 인생의 목표는 추상적이고 모호하여 성취 도달 가능성이 현저히 떨어지기 쉽다.

학부모에게 이 활동을 수행하도록 했을 때도 재미있는 현상이 나타난다. 자녀에 대해 과대평가하는 학부모도 있고, 과소평가하는 학부모도 있으며, 자녀의 특성에 대해 전혀 잘 모르는 경우도 있다. 물론 자녀에 대한 평가는 결코 쉽지 않다. 다양한 반응 편향성의 문제도 배제할 수 없으며, 문항에 관한 이해를 하지 못하는 경우도 있으므로 자기평정형, 혹은 부모평정형 검사들이 가지고 있는 한계는 분명히 있다. 그럼에도 불구하고 객관적인 자료들은 학습자의 특성을 보다 다각도로 심층적인 이해를 도모하기 위한 근거 자료로서 유용하게 활용될 수 있다. 검사 결과에 대해 맹신하는 것은 절대 바람직하지 않다. 그러나 왜 어떤 이유로 이렇게 평가를 하고 있는지 학습자, 학부모들의 인식 상태에 대해 파악하는 것은 큰 도움이 된다.

　'한편 교육 활동을 통해 우리 학습자, 우리 학부모들이 얻고자 하는 것은 무엇일까? 그들의 마음속 깊이 자리한 근원적인 바람, 욕구는 무엇일까?'

　에듀 코치로서 인큐레이터는 학습자와 학부모의 근원적 바람 및 욕구에 주목할 필요가 있다. 오늘날 교육 현장에서 발생하는 많은 불통의 문제, 불신의 문제를 좀 더 깊이 들어가 보면 학습자와 교수자, 학부모 간에 '상호호혜적인 관계'가 충분히 형성되지 못한 상태인 경우가 많다. 숨겨진 바람, 욕구를 모르고 알려고 노력하지도 않는 관계, 서로의 욕구가 충족되지 않는 관계는 만족감을 줄 수 없다. 누적된 불만족은 곧 부정적인 정서로 이어지기 쉽다(박상미, 2020).

　물론 교수자만 학생이나 학부모의 내면을 살펴야 하는 것은 아니다. 학습자나 학부모도 교수자에 대한 존중과 존경이 전제될 때 교육자도 훨씬 기쁜 마음으로 교육을 펼쳐갈 수 있을 것이다. 한편 교수자는 '배움의 상태'에 있는 학습자 및 학부모와 비교할 때 훨씬 앞선 수준의 전문가이며 학습자의 성장을 이끌어 내는 일을 수행하는 직업인이다(Palmer, 2013). 즉, 교수자와 학습자 둘의 관계에서 누가 먼저 더 아량 있는 마음과 태도로 손을 내밀어야 할 것인지를 논한다면 그 대답은 분명 교수자일 것이다. 학습자에게 잠재된 좋은 가능성의 씨앗을 찾아내고 잘 발현시키기 위한 전략에 대해 교수자로부터 도움을 얻을 때 숨겨진 욕구가 채워지며 더 좋은 관계로 이어질 수 있다는 의미이다.

대다수의 교육자들은 상당 기간 성공적인 교수 활동을 실현하기 위해 심리학, 교육학 등의 이론과 실무를 경험한 교육 분야의 전문가들이다. 특히 최근에는 교직 이수 과정에서 다양한 학습자와 학부모들과 효과적으로 소통하고 정서적으로 지원하는 데 필요한 '상담' 전문성도 과거에 비해 훨씬 폭넓게 키울 수 있고 현직 교육에서도 많은 배움의 기회가 주어진다. 학기 중 혹은 방학 기간을 활용해 대다수의 교육자들은 많은 연수를 받으며 노력하고 있다. 한편, 성공적인 교육 활동을 위해 '학습자에 대한 이해를 도모하기 위한 전문성' 측면에서 실질적인 역량을 키우고 있는지에 대한 점검이 필요하다(김현수, 2023a). 만일 이런 전문성이 충분히 준비되어 있다면 교육 장면에서 교수 행위 이전에 학습자 특성에 맞는 의미 있는 교수 설계를 위해 학습자의 시작점에 대한 파악의 노력을 실행하면 된다. 그러나 만일 이런 전문성이 부족하다 판단되면 학습자의 잠재적 특성 즉, 소질과 적성을 파악하기 위한 노력을 기울일 필요가 있다.

어떻게 대화하고 어떻게 학습자나 학부모의 심리 상태를 고려해 소통할지와 관련된 보편적인 상담 이론이나 실무 능력은 분명히 중요하다. 그러나 교육 활동의 중요 주체인 학습자, 학부모가 가장 근원적으로 원하는 것은 객관적이고 과학적인 데이터에 기반한 전문적 학습자 이해이다. 학습자의 특성을 파악하기 위해 최신 이론 및 과학적 테크놀로지를 다각도로 활용해 오늘날의 학습자, 학부모의 높아진 교육 욕구에 부응하는 전문가로서의 성장을 기울일 필요가 있다. 교육계에서 회자되는 말 중에 학습자를 위한 교사의 노력보다도 더 근본적으로 중요한 것이 '좋은 학습자', '좋은 학부모'를 만나는 것이라는 보고가 있다(김현수, 2014). '좋은' 수준까지는 아닐지라도 '상식적인' 수준에서 교수자와 소통하는 학생, 학부모를 만나는 것을 진심으로 감사해 하는 시대이다(김현수, 2023b). 그럼에도 불구하고 우리가 소위 불편해하는 과도한 수준의 학습자, 학부모를 가만히 들여다보면 그들 나름의 상처가 크다(Amstrong, 2019).

보듬음을 받지 못한 인간은 마음의 상처로 인해 가시와 독을 뿜어낸다(김현수 외, 2023; Craig, 2020; Holmes, 2005; Riley, 2023; Wallin, 2010). 자신의 생각에 대해 되짚어보고 성찰을 통해 더 나은 선택을 떠올릴 수 있는 메타인지를 작동하기 어렵다(Fisher & Wells, 2016; Kahneman, 2018). 건강하게 자신의 삶을 살아가는 책임감 있는 사람, 주도적인 사람이 되기 위해 유능한 성인의 모델링과 전문적인 조력이 필요하다(Gallway, 2022; Mentis, Dunn-Bernstein, & Mentis, 2020; Seligman, 2008; Womack, & Womack, 2016).

따라서 모든 학습자가 보이는 행동 모습 및 성적과 같은 객관적 데이터에 대한 교수자의 해석은 '온기'의 터 위에서 이루어져야 한다. 대다수의 일반인들은 보여지는 점수로서의 수치에 집착하고 얼마나 점수가 높은지 낮은지를 중심으로 결과를 제한하는 경우가 많다. 학습자를 이해하기 위한 통로로 활용되는 다양한 유형의 자료들은 항상 교수자의 '살리는 시선', '가능성의 시선'에 의해 종합될 때 생명력을 발휘하게 된다. 이러한 맥락에서 학습자가 보이는 자신에 대한 이해, 학부모의 자녀 이해 상태 등을 파악해 향후 어떻게 하면 학습자의 내적 동기를 강화해 주도적인 성장을 시도하게 할지 전략 수립을 위한 근거 자료로 활용하게 된다.

③ 백분위 그래프로 본 학습자의 지능 활성화 상태

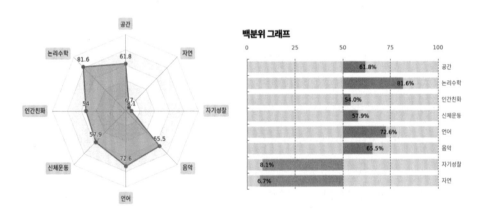

[그림 3-4] C 학생의 다중지능 프로파일(좌: 별그래프, 우: 백분위 그래프 예시 자료)

백분위 그래프는 학습자가 현재 보이는 다중지능의 활성화 상태를 보여준다. 타고난 특성으로서 학습자의 영역별 다중지능 분포나 상대적인 위치를 참고할 수 있다(태진미, 2023a). 한편 다중지능의 사회 문화적 특성, 즉 환경과의 상호작용 특성에 대해 언급한 Gardner(1985)의 견해와 연결해 생각해 볼 때 학습자의 다중지능이 현재 어떻게 활성화되어 있는지를 살펴보는 지표로 삼을 수 있다.

예를 들어, [그림 3-4]의 좌측 그래프는 C 학생의 현재 다중지능의 영역별 발현 상태를 보여준다. 전체적으로 지능의 영역이 어떤 발달 상태에 있는지 모양, 크기, 형태를 보며 학습자의 특성을 파악할 수 있다. 반면에 우측에 있는 백분위 그래프는 전국 동일 집단 학습자들과 비교한 상대적인 위치를 보여준다. 백분위 점수가 25보다 낮으면 해당 지능이 낮음을, 75보다 높으면 동일 집단에 비해 높은 상태라고 해석할 수 있다. 이러한 결과는 C 학생이 논리수학지능 영역에서는 또래 집단에 비해 높은 수준으로 활성화되어 있지만, 자기성찰이나 자연지능 면에서는 낮은 활성화 상태에 있음을 보여준다.

④ 세부 요인별 다중지능 평가 결과로 본 학습자 특성

이 학생을 상담하는 과정에서 이러한 본인의 다중지능 영역별 활성화 상태에 대해 어떻게 생각하는지 질문해보았다.

학생은 평소 '논리수학지능'과 관계있는 활동을 주로 많이 하고 있으며 자연지능과 관계된 활동은 거의 수행하지 않고 있다는 말을 하였다. 이 학생은 검사 당시 고등학교 3학년에 재학 중이었는데, 대학 전공 선택 시 생화학과로 진학을 계획하고 있었다. 한편 생화학은 생명체에서 일어나는 생명 현상을 분자 또는 원자 수준에서 연구하는 학문 분야로 상당 부분 '자연지능'과 관계가 높은 학과이다.

C 학생은 고3이라는 진로 선택의 중요한 기로에서 자신의 특성을 전혀 고려하지 않은 학과 선택을 하고 있음을 볼 수 있었다. 그런데 C 학생이 보이는 현상이 특별한 것일까? 안타깝게도 현재 우리 교육에서는 학생이 자신에 대해 느끼고 알아가며, 자신에 맞는 진로를 생각해볼 기회가 충분히 주어지지 못하고 있다(최용환, 2022). 최근 초·중등학교에서 다양한 형태로 진로 교육을 활성화하고 있지만, 학생 스스로에 대한 깊은 이해를 도모하는 교육이라기보다는 유망한 직업을

소개하는 형태이거나 성적에 맞춰 진학할 수 있는 학교, 학과 선택 관련 피상적 진로 교육인 경우가 많다. 더욱 문제인 것은 일회성으로 진로 교육이 이루어져 심도 있게 학습자의 실제의 삶과 연계해 자신의 특성에 맞는 진로 설계의 기회를 제공하지 못하는 것이다(김보배, 2022; 정해림, 2023).

프로파일을 세부적으로 살펴보면 특히 '자기성찰지능'이 매우 낮게 나타났는데, 하위 요인의 발달 상태를 점검해 본 결과, 자기 이해가 부족한 상태에서 열심히 '자기 설계'를 하고 있었다. 즉, 자신에 대한 이해가 부족한 상태에서 시작된 자기 설계는 많은 노력을 기울이더라도 그 결과가 좋지 않을 수밖에 없다.

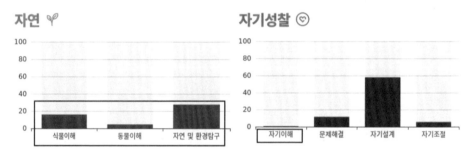

[그림 3-5] C 학생의 다중지능 세부 요인별 평가 결과(좌: 자연지능, 우: 자기성찰지능)

자칫 눈먼 열심이 되기 쉬운 상태인 것이다. C 학생의 사례는 어쩌면 상당수의 학생에게서 찾아볼 수 있는 일반적인 현상이다. C 학생이 열심히 노력하지 않은 것이 아니다. C 학생은 누구보다 성실하게 노력하는 학생이고 C 학생의 선생님 역시 열심히 학생을 지도했다. C 학생의 부모도 애정을 담아 C 학생과 함께 아이의 진로를 고민하였다. '열심'의 양이 부족해서가 아니라 학습자에게 기울이고 있는 열심의 '내용'과 '방법' 면에서 문제가 있다면 그 노력의 결과는 긍정적이지 못할 가능성이 크다. 이러한 맥락에서 세부 요인별 다중지능 평가 결과 역시 학습자의 특성 파악을 위한 근거 자료로 활용할 수 있다.

둘째, 시스템 2(Success): 성공 경험을 축적한다

학습자들은 생각보다 자신의 잠재력에 대해 불신하고 '무기력한 상태'에 놓여 있는 경우가 많다(Clear, 2019; Craig, 2020). 물론 근거 없는 자신감으로 가득 찬 반대의 경우도 있을 수 있다. 분명한 것은 자신에게 내재된 힘을 긍정적으로 인식할 때 그렇지 않은 상황에 비해 더 좋은 결과를 얻을 수 있다(Seligman, 2008). 따라서 학습자와 대화하는 과정에서 인큐레이터는 학습자 스스로가 자신에게 내재해 있는 좋은 가능성을 떠올려볼 수 있도록 질문하는 것이 중요하다(Mentis, Dunn-Bernstein, & Mentis, 2020). 에듀 코치가 학습자에게 평소 잘했던 부분, 자신의 강점에 대해 말해보도록 독려하는 과정에서 학습자 스스로 추락했던 자신의 의지를 상승시키는 스프링을 작동하게 되는 것이다.

박정길(2024)은 학습자 내면에 잠들어 있는 인지, 사회, 정서, 학습의 잠재력을 깨우기 위해 중재 학습 코칭이 필요하며 NLP 질문 기법을 활용해 학생들 내면의 중요한 성공 경험을 일깨울 필요가 있다고 하였다. 학습자에게 의미 있는 질문을 던짐으로써 학습자는 자신을 되돌아보게 된다. 특히 평소 흘려보냈던 일상 속에서 놓쳤던 좋은 성과, 성공의 경험을 짚어보게 함으로써 자신에게는 자신을 성공적으로 이끌어갈 수 있는 '유능성'이 있음을 확인시키는 것이다. 자기 입으로 자신이 잘했던 일, 주위 사람들에게 들었던 긍정적인 피드백을 말하는 과정에서 학습자 스스로 자신에 대한 '긍정적 각인'을 하도록 돕는 것이다.

T: ○○이가 뭔가를 잘해낸 경험이 있나요? 나 자신이 꽤 괜찮았다고 느꼈던 경험에 대해서 떠올려보고 그 경험에 관해 이야기해 보기로 해요.

S: 저는 아름다운 춤을 추는 무용수들이 정말 멋져 보여서 엄마를 졸라 무용 학원에 등록했어요. 근데, 학원에 다니니 실제로 연습해야 하는 것이 정말 많더라고요. 동작도 다 외워야 하고 하나하나 표현하는 것이 생각보다 어려웠어요. 한번은 선생님이 친구랑 같이 연습해서 대회에 나가자고 하셨어요. 작품 하나 만드는 데 진짜 시간이 오래 걸려요. 맨날 연습하고 또 연습하고 하는 게 힘들었고, 어떤 때는 괜히 한다고 했나 후회도 했어요. 근데, 꾹 참고 연습해서 대회에 나갔어요. 어떻게 됐을까요? 글쎄 제가 거기서 큰 상을 받게 된 거예요. 물론 혼자 받은 상은 아니지만, 엄마랑 아빠랑

오빠도 대단하다고 해주고 학교 선생님들도 칭찬해주시고 학교에서도 상을 또 한 번 받는데 진짜 제가 자랑스러웠어요.

T: ○○의 이야기를 들으니 열심히 땀을 흘리며 연습하고 무대에 서서 많은 사람들 앞에 서 멋지게 공연을 하는 모습이 생생하게 그려지네요. 이런 성공을 이루어내기까지 정 말 힘든 일들이 많았을 텐데 이 과정을 이겨낸 거군요. 혹시 이 이후에 일어난 이야 기도 해 줄 수 있나요?

이런 대화는 평소 흔히 나누는 교육자와 학습자 간의 일반적인 대화처럼 느 껴질 수 있다. 그런데 실제 일상에서 학습자들과 나누는 대화의 내용과 분위기 는 사뭇 다른 경우가 많다. 과제를 했는지, 하지 않았는지 등의 '정보성 대화'이 거나 잘했다, 못했다 등의 '평가적인 대화'를 주로 한다. 따뜻한 정서적 지지와 교 감이 부재한 상태에서의 교수자와 학습자의 대화는 서로 간의 관계의 질을 부정 적으로 이끌 수 있다(Riley, 2023). 특히 상대적으로 잘하는 것이 많지 않은 부족 한 학습자들의 경우 이런 성공 경험을 떠올리게 하는 질문이나 대화가 많이 필요 함에도 불구하고 실제로는 '부족한 자신을 각인시키는 대화'가 더 많이 이루어진 다. 의식하지 못하는 사이 교수자의 눈과 생각 속에 편견이 자리할 수 있다(김지 혜, 2019). 공정하다고 믿고 있는 우리 사회의 현실은 생각보다 공정하지 않을 수 있다(Sandel, 2020). 우리는 상대적으로 익숙한 경험에 공감하기 쉽고, 어떤 경우 에는 객관적이라고 믿고 있는? 다양한 평가에서 상대적으로 미흡한 평가를 받은 학습자에 대해 심한 배척과 폄하로 대할 가능성이 있다(장대익, 2023). '느낌'이 아 닌 '의식적 사고'로 학습자의 건강한 성장을 촉진하는 인큐레이터로서의 역할이 필요하다(염운옥 외, 2023; Kahneman, 2018).

이제부터 나와 함께하는 학습자의 뇌가 자신에 대한 긍정적인 성장 가능성을 스스로 인식할 수 있도록(Dweck, 2016) 자각을 촉진하는 질문을 실천해보자. 만 일 이런 경험이 없다면, 학습자가 성공 경험을 해볼 수 있도록 간단한 활동을 구 성해 제공하는 것도 좋은 방법이 될 수 있다(Mentis, Dunn-Bernstein, & Mentis, 2020). 자신에 대한 표상이 부정적일수록 효능감을 자극할 수 있는 '성공 경험'의 누적은 더 필요하다(Seligman, 2008). 이러한 점을 고려한다면 인큐레이터로서 어떤 학습 경험을 학습자에게 제공할지 수업 활동을 설계하는 과정에서 '성공 경험'을 자극하는 형태로 우리의 인큐레이션을 실행할 수 있을 것이다.

셋째, 시스템 3(Self Leadership): 자기 성장 시스템을 축적하는 단계이다

⑤ 자기 설계 점검

흔히들 사회적으로 좋은 직업을 얻거나 경제적으로 윤택하며 많은 사람에게 이름이 알려지는 명성을 얻은 경우 성공적인 삶이라고 생각한다. 그러나 진정으로 자신의 삶을 성공적으로 살아간다는 것은 자신의 특성에 대한 이해를 토대로 자신이 선택한 일이나 목표의 성취를 통해 행복감과 성취감을 누리는 삶을 의미한다. 즉, 자신의 꽃을 피워 자기답게 세상과 소통하며 긍정적인 기여를 하는 인생이 진정한 행복이 될 수 있다(태진미, 2011; Cameron, 2012; Csikszentmihalyi, 2021; Waqas, 2020). 아무리 많은 사람들이 부러워하는 직업을 얻었다 하더라도 자기다움을 잃고 자신이 하는 일을 통해 행복감을 누리지 못한다면 그것은 좋은 선택이라고 볼 수 없다. 따라서 인큐레이터는 학습자의 성공적 성장 지원을 위해 자신의 특성을 잘 알고 고려한 자기 설계인지 그 여부를 확인하고 점검해볼 수 있다.

초등학교 5학년인 B 학생을 상담하는 과정에서 질문했다. B는 꿈이 자주 바뀐다고 했다. 의사가 되고 싶었다가 얼마 전에는 운동선수가 되고 싶었으며, AI-MIT 검사 당시에는 영화감독이 되고 싶었다고 했다. 어린 학습자 중에는 아침저녁으로 꿈이 바뀌는 경우가 많다. 엄격히 말하면 이건 꿈이라기보다는 '관심사'라고 보는 것이 더 적합한 표현일 수 있다. 어쩌면 '꿈'이 꼭 있어야 할 필요가 없다고 생각하는 사람도 있을 수 있다. 그냥 하루하루 살고 싶은 대로 아무런 생각 없이 자유로운 인생을 살아가는 것도 선택일 수 있다. 그러나 만일 커가는 학습자에게 자유롭게 살아가라는 명목하에 어떤 사람이 되고 싶은지, 무엇을 위해 자신의 오늘을 가꾸어가고 싶은지 목적 없이 살아도 된다고 말한다면 어떤 결과가 일어날까? 하루하루 무엇인가를 하며 살아가지만, 아마도 다양한 형태의 흔적들은 파편이 되어 흩어질 것이다. 종국에는 표류하는 인생이 될 수 있다 (Damon, 2012; Warren, 2003).

　　최근 경기도교육연구원에서 조사한 교육 통계에서 의미심장한 결과가 나타났다. 점점 꿈이 없다는 아이들의 비율이 높아지고 있다(정해림, 2023). 청소년들이 자신에 대해 탐색해보고 자신의 소질과 적성을 잘 계발해 세상을 향해 펼칠 수 있는 장을 만들어주는 것이 어른들의 역할이다. 또한, 교육이 지향해야 하는 최종의 목표가 학습자들의 자아 실현 및 건강한 사회와 좋은 문화 창달이라는 점 (국가법령정보센터, 2024)을 고려할 때 학습자들이 자신의 특성을 이해하고 자신이 성취하고자 하는 '꿈'을 향해 나아가도록 조력하는 것은 매우 중요하다.

　　다중지능 프로파일 중 [그림 3-6]과 [그림 3-7]은 B 학생의 다중지능 영역의 조합 형태이다. 좌측은 순위별 차트로 어떤 다중지능 영역이 가장 강점인지, 약점인지를 보여준다. B 학습자를 이루는 전체 지능이 어떤 비율로 조합되어 있는지를 보여준다. 인큐레이터는 차트를 보여주기 전에 B 학생에게 먼저 자신의 다중지능 순위를 적어보게 했다(그림 3-6참조).

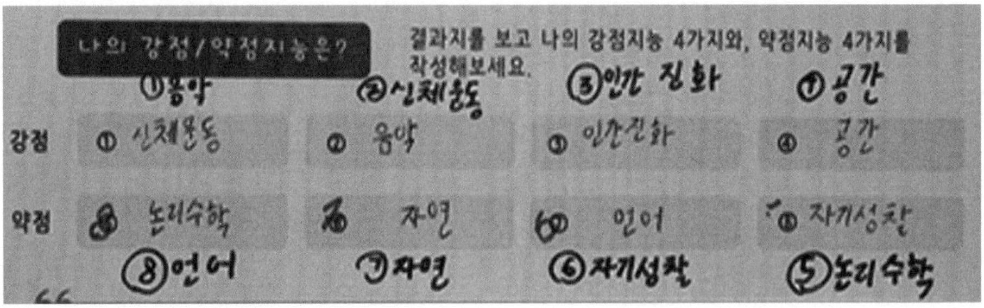

[그림 3-6] B 학생의 강점/약점 지능에 대한 인식 상태

　　B 학생의 경우 대체로 자신의 강점 지능에 대해서는 잘 파악하고 있었고 약점 지능에 비해 본인의 강점 지능을 더 잘 이해하고 있는 상태로 파악되었다.

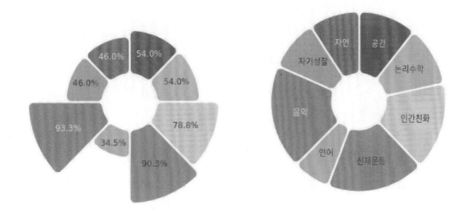

[그림 3-7] B 학생의 다중지능 영역의 조합 형태 예시(좌: 순위별, 우: 비율별 조합)

자신에 대해 객관적으로 파악한다는 것은 생각보다 어려운 일이다. 상당히 많은 정보는 종합적인 근거에 기반하기보다는 특정 영역에 한정될 수 있다. 객관적이고 종합적인 자기 이해를 도모하기 위해서 자신의 특성에 대해 꾸준히 기록하고 그 결과를 종합해보는 것도 좋은 방법이 될 수 있다. 또한, 자신이 가진 다중지능이 어떤 조합 상태에 있는지를 떠올려보고 객관적인 검사 결과와 비교해 그 차이에 대해 생각해보는 것도 좋은 방법이 된다. 그런데 현실에서는 많은 분량의 학교수업, 과제, 학원에서의 수업 및 숙제 등에 시간을 할애하느라 대부분의 시간을 소요한다. 무엇인가 잘했던 나를 떠올려볼 기회보다는 학습 활동에서 보이는 부족한 자신과 마주할 경우가 훨씬 많다.

다음의 사례는 실제 초등학교 학생의 상담 과정에서 학생이 보인 결과이다. 두 학생 모두 수학을 좋아하는 학습자였는데, 외적으로 볼 때 수학을 좋아하는 공통점이 있지만 아이들이 희망하는 진로는 달랐다. 길동이는 IT 개발자를 숭실이는 생명과학연구원을 희망하고 있었다. 프로파일에 나타나듯 학습자들은 저마다 다른 지능의 조합 상태에 있다.

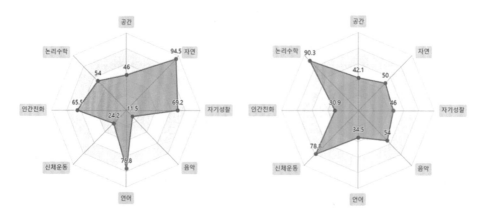

홍길동, 초5, IT 개발자 희망 　　　　 김숭실. 초2. 생명과학 연구원 희망

[그림 3-8] 동일 연령 두 학생의 프로파일

두 아이들과 자신의 다중지능 예측 및 실제 검사 결과를 비교해보고, 실제 본인은 그 결과에 대해 어떻게 생각하는지 자유롭게 대화를 나누어보았다. 프로파일에 나타난 점수 결과는 하나의 매개일 뿐, 그 결과를 보면서 평소 일상에서 느끼는 자신의 특성에 관해 생각해보는 것에 더 중요한 의미를 두었다. 아이들은 자신에 대해 연신 많은 이야기를 들려주었다.

IT 개발자가 되고 싶어 하는 길동이에게 왜 IT 개발자가 되고 싶은지, IT 개발자가 어떤 일을 하는지에 대해 질문했다. 길동이는 "요즈음 AI 관련한 직업이 뜬다고 주위에서 많이 추천해서 IT 개발자에 관심을 갖게 되었다." 했다. 교육부에서 시행한 2023년 학생 희망직업 조사에서도 이전에 비해 4차 산업혁명 관련 직업군의 선호가 눈에 띄게 증가했다고 한다(교육부, 2023). 사회 변화에 영향을 받는 것은 당연하지만 많은 학생들이 IT 개발자가 실제로 하는 일, 어떤 준비가 필요한지에 대해서는 알지 못한 채 막연하게 직업적으로 좋을 것 같다는 동경이나 권유에서 출발한 진로 선택이 많다.

숭실이의 경우는 부모님의 직업을 보면서 '생명과학'에 관심을 갖게 되었는데, 자신의 다중지능 특성에 대해 프로파일을 보면서 대화한 후 생명과학연구원이 하는 일들을 알아가는 과정을 함께하자 훨씬 더 적극적인 모습을 보였다. 어떤 학교 어떤 학과에서 공부하는 것이 필요하고, 그런 학교에 가려면 어떤 공부를 해야 하는지, 자신은 무엇이 좀 약한지 어린 나이임에도 불구하고 제법 진지하게 생각을 말하였다. 자신의 관심인 생명과학 연구원이 되기 위해 구체적으로 무엇을 준비해야 하는지 생각해보게 되었노라고 말하는 아이를 보면서 짧은 시간의 대화로도 학습자에게 큰 영향을 줄 수 있음을 느꼈다.

다양한 학습자들을 만나며 우리는 전달하고자 하는 '지식'을 중심으로 대화하는 경우가 자주 있다. 한편 진짜 교육은 학습자에게 '의미'가 있을 때 내면에서부터 주도성을 불러일으킬 수 있다(김덕년 외, 2023). 물론 학습자들의 연령이나 성향, 발달 상태에 따라 자신에 대한 관심, 배움에 대한 열정이 다를 수 있다. 관심의 정도는 다르지만 각자의 상태에 맞게 그들이 자신의 삶에 의미를 찾고 자신의 진로를 개척해가는 태도와 역량을 키우도록 돕는 것은 정말 중요하다(한국교육개발원, 2022). 생성형 인공지능이 보편화 되는 사회를 살아가는 우리들이 과거 시대에 그랬던 것처럼 단순히 지식을 배우고 습득하는 것에 역점을 두는 것은 큰 의미가 없다(김보배, 2022; 폴김 외, 2020). 지식이나 기술을 내가 왜 배워야 하는지, 어디에 사용하고자 하는지를 알 때 우리의 배움은 활성 지식이 될 수 있다.

⑥ 내면에서 출발한 자기 조절력의 강화

전 세계적으로 대한민국의 학생들처럼 많은 시간 학업에 할애하는 사례는 흔하지 않다. 아이 어른 할 것 없이 참 열심히 공부하고 노력하는 문화 속에 살아가고 있다. 스프링 벅처럼 어딘가를 향해 모두들 열심히 뛰고 있지만 결국 군중심리에 의한 선택은 결코 개인에게 건강한 행복감과 성취감을 줄 수 없다. 스스로 내적 동기에서 시작해 자신의 삶을 설계하고 그 설계한 바를 이루어가기 위해 마음과 생각, 행동을 조절해가는 것이 곧 셀프 리더십이며 이 시스템을 갖춘 사람과 그렇지 않은 사람은 인생의 결과 면에서 큰 차이가 있을 수밖에 없다.

그런 면에서 자기 성장 시스템을 갖춘다는 것은 셀프 리더십을 잘 발휘하는 상태라고도 볼 수 있다. 셀프 리더십에 대해 다양한 학자들의 정의가 있었지만, 자기 이해에 기반한 목표 설정, 자기 관리로써의 행동 통제, 긍정적인 자기 보상과 건설적인 사고 전략의 발휘 등의 요인들을 강조하고 있다. 자신의 세운 목표를 잘 성취해가기 위해서 끊임없이 자신의 마음과 생각을 잘 조절하고 이끌어가는 것이 중요하다.

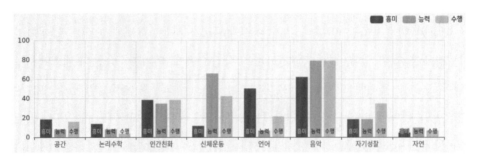

[그림 3-9] 남보라(가명, 성인) 씨의 AI-MIT 3차원 분석 결과

학습자가 자신의 꿈을 정하고 이루어가는 과정은 생각보다 길고 어려운 여정이다. 남보라 씨의 경우 어려서부터 하고 싶은 일이 크게 없었다고 한다. 한 살 한 살 나이는 먹어가는 것이 두려워 이것저것 배우기는 하는데 어디에서부터 시작해야 할지 늘 막막하다고 한다. 유일하게 음악 활동을 좋아했고 그 외에 다른 활동은 해본 적이 없다고 한다. 요즈음과 같이 평생학습 시대에는 성인은 물론 노인에 이르기까지 정말 다양한 학습자들이 있다. 목적도 없고 자신을 이끌어갈 의욕도 없는 상태에 있는 학습자도 많기에 인큐레이터는 다양한 학습자들이 어떻게 자신의 셀프 리더십을 가동시킬 수 있을지 고민하는 것이 필요하다.

다른 사람과 비교하면 상대적으로 매우 미흡한 상태이기는 하지만, 남보라 씨의 경우 음악지능과 신체운동지능, 인간친화지능이라는 세 개의 강점 지능이 프로파일에 나타났고, 상담 과정에서 최근에 시작한 요가를 제법 잘 배우고 있다는 말을 듣게 되었다. 성공 경험을 활용해 혹시 의미 있게 자신이 할 수 있는 일이 있는지 물어보았다. 주위에 운동이 필요한 지인들이 있고 그들에게 좋은 음악과 요가 동작을 잘 매칭해 가르쳐주는 봉사활동을 시작해보면 좋을 것 같다고 말했다. 보라 씨는 다른 사람이 아닌, 자신이 충분히 해낼 수 있고 자신에게 즐거움이 될 수 있는 활동을 떠올려냈다. 자신의 계획을 하나씩 말하는 보라 씨에게서 생기 있는 에너지가 느껴졌다. 크지는 않지만 보라 씨는 자신의 작은 실천을 시도했고, 주위 사람들로부터 요즈음 보라 씨에게 얼굴도 분위기도 너무 좋아졌다는 피드백을 많이 들었다고 한다. 멈춘 것 같았던 삶, 갇혀있던 자신을 한 걸음씩 움직여보며 성장하고 있음을 느낀다고 한다.

⑦ 작은 거인의 인큐베이팅

자기 조절력을 강화한다는 것은 결국 내면에 있는 자신의 힘을 깨우는 것에서부터 시작될 수 있다. 한편 스스로의 힘을 거의 느끼지 못하고 있거나 잊고 있는 상태의 학습자도 많다. 특히 최근 피로 사회를 살아가는 많은 사람들은 서로가 서로에게 상처를 입고 상처를 주며 살아가고 있다(한병철, 2012). 한국 사회에 있었던 오랜 뿌리인 유교적 문화는 긍정적인 면도 있었지만, 가부장적 사회 속에서 자기 표현이 충분히 이루어지지 못해 건강한 소통 방법을 체화하지 못한 경우도 많다(한성열 외, 2015). 모든 사람은 예외 없이 성장 과정 및 다양한 사람과의 관계 맺음 과정에서 수많은 갈등을 경험하며 산다(박상미, 2020). 서로 다른 존재이기 때문에 관계 속에서 겪는 갈등은 너무나 당연한 일인데, 사람에 따라서는 더욱 크게 어려움을 느끼는 경우도 많다.

한 사람이 자신에 대해 알아가고, 자신의 인생을 설계하고 그 목표를 사람들 사이에서 아름답게 실현하기까지 수많은 도전의 시간을 성공적으로 통과하기 위해 정서적 지지와 격려는 그 무엇보다 중요하다. 교수자라 하여 처음부터 마음이 넓은 것도 아니다. 어쩌면 모든 사람이 건강하게 생존하기 위해 예외 없이 따뜻한 온기가 필요한 것처럼 조금은 부족하게 태어났어도 각 사람의 속도대로 잘 성장해가고 무르익어갈 수 있도록 조력자가 필요하다. 나는 이 땅에 온기 있는 교수자, 즉 고치 안에서 자신의 잠재력을 잘 가다듬을 수 있도록 인큐베이팅해주는 인큐레이터가 그 어느 시대보다 필요하지 않을까 생각한다.

많은 사람들은 세상에서 가장 어려운 장애를 입은 사람 중의 하나로 헬렌 켈러를 꼽는다. 보지도, 듣지도, 말하지도 못하는 삼중 장애를 가진 어린 헬렌 켈러를 보면 사실 어떤 성장이 가능할까 아무도 기대하지 못했을 것이다. 우리가 잘 아는 것처럼 앤 설리번 선생님 덕분에 헬렌 켈러는 놀라운 성장을 했고 마침내는 사회 사업가로서 전 세계를 다니며 강연도 하고 많은 사람들에게 선한 영향력을 미치는 위대한 인물이 되었다. 그렇기에 최고의 교육자로 언제나 앤 설리번 선생님을 꼽는다. 물론 필자 역시 설리번 선생님은 정말 위대한 교육자라고 동의한다. 그런데 헬렌 켈러의 성장이 있기까지 진짜 중요한 역할을 했던 또 다른 교수자에 대해서 간과해서는 안 될 것이다. 바로 헬렌 켈러의 어머니 케이트 켈러이다.

우리에게 잘 알려진 바와 같이 헬렌 켈러는 어린 시절 생후 19개월 경에 성홍열과 뇌막염에 걸리게 되어 평생 보지도 듣지도 말하지도 못하는 장애를 입었다. 상상해보라. 만일 전혀 듣지도 보지도 못하는 상태라면 계속 암흑 속에서 혼자 갇혀있는 것과 같을 것이다. 불안한 심리 상태에서 거의 동물과도 같은 소리밖에 낼 수 없는 어린 헬렌을 어머니 케이트 켈러는 절대 포기하지 않았다. 찰스 딕슨의 「American Notes」라는 시청각 장애인이 성공적으로 교육을 받은 글을 읽고 즉시로 헬렌을 위한 대장정의 프로젝트를 시작했다. 수많은 전문가들을 만났고, 그 과정에서 청각 장애인을 위해 일을 하고 있던 알렉산더 그레이엄 벨을 찾아가기도 했다. 벨을 통해 펄킨스 시각 장애학교도 알게 되었고 그 학교 교장 선생님이었던 마이클 아나가노스를 통해 앤 설리번이라는 가정 교사를 추천받게 되었다. 결국, 어머니 케이트가 헬렌 켈러를 위해 앤 설리번이라는 성장 시스템을 구축하지 않았다면 헬렌 켈러의 눈부신 성장은 불가능했을 것이다. 구체적인 교수 행위 못지않게 '성장 시스템을 구축하는 것'은 정말 중요하다. 이런 의미에서 헬렌 켈러의 삶에 진짜 큰 영향을 미친 또 하나의 작은 거인이 바로 어머니 케이트 켈러라고 생각한다.

필자는 본 고를 통해 '교육'에 대한 재개념화가 필요하다고 밝혔다. 특정 지식을 전달하고 전수시키는 과정으로서의 교육이 아닌, 학습자가 자신의 향기를 찾아가도록 성장 시스템을 구축하는 과정이 되어야 한다고 했다. 피로 사회를 살아가는 현대의 학습자들 중에는 다양한 심리적 상처로 인해 건강한 배움을 시도하지 못하고 오히려 가시를 품고 주위 사람들을 아프게 하는 상태에 있는 경우도 있다(김현수, 2021; Craig, 2020). 따라서 학습자를 배울 수 있는 상태로 회복시키는 에듀 테라피스트, 학습자의 성공 경험을 누적해가며 성장 에너지를 촉진하는 에듀 코치, 학습자가 자신의 강점을 발휘해 행복한 자신의 향기를 찾아가도록 돕는 에듀 크리에이터로서의 기능을 수행하는 '인큐레이터'의 개념을 제안하였다.

총천연색 컬러 TV가 집집이 있고, 고해상도의 사진을 수없이 찍을 수 있는 스마트폰을 다 가지고 있으면서도 우리의 학습자들은 여전히 흑백으로 남아 규격화된 배움 속에 갇혀 살아간다. 인큐레이터의 정체성을 가진 교수자는 '지식 전수' 이전에 따뜻한 온기로 학습자의 '시작점 파악'을 위해 노력할 수 있다. '기술 연마'를 강조하기 전에 학습자의 내면 어딘가에 잠자고 있던 힘을 깨우기 위해 '성공 경험'을 떠올려보게 할 수 있다. 일시적인 '성과 점검'이 아닌 장기적 '성장 시스템'이 잘 구축되고 가동되고 있는지를 체크하고 지원할 수 있다.

우리 사회 속에는 알게 모르게 이런 작은 거인들이 많은 선한 영향력을 베풀어 주었고, 그들의 온기 있는 헌신 덕분에 성장했다. 당연하게 여기고 살았던 모든 것들이 결코 당연한 일이 아니었고, 사소한 친절과 도움이 쌓여 오늘 우리가 누리는 많은 혜택이 되었다. 인큐레이터로서의 교수자가 되기 위해 어쩌면 우리가 그간 받았던 작은 거인의 헌신과 도움을 기억해볼 필요가 있다. 이에 필자는 인큐레이터의 삶을 살아가고자 뜻을 같이하는 소중한 교수자 30명과 함께 우리에게 있었던 작은 거인을 떠올려보고 그들의 헌신에 깊이 감사하며 오늘 우리 자신이 어떻게 일상에서 인큐레이터로서의 작은 시도를 하고 있는지를 적어보기로 하였다.

2. 인큐레이션의 기대 효과

잊고 있었으나 우리의 삶에 깊숙이 영향을 주었던 작은 거인을 떠올려보면 오늘날 우리가 누리고 있는 많은 혜택이 절대 저저 만들어진 것이 아님을 깨닫게 된다. '은혜를 입은 자'임을 깨닫는 순간 우리의 마음은 한결 여유로워진다. 인큐레이터로서의 교수자는 결코 거창하고 대단한 것이 아니다. 그저 학습자를 바라보는 온기 있는 시선만으로도 충분하다. 학습자에게 내재된 씨앗이 잘 싹을 틔울 수 있도록 물과 거름을 주고 햇빛을 주며 기대하는 마음으로 바라보는 것이다.

우리 교육 현장에 인큐레이션이 활성화된다면 나는 가장 먼저 우리 교수자들이 학생과 학부모로부터 돌아오는 기분 좋은 메아리를 듣게 되리라 기대한다. 학습자에게 내재 된 잠재력의 씨앗을 찾고 키워가려는 교수자의 진심을 느낄 때 학습자는 그 온기에 힘입어 좋은 성장을 일으킬 수 있다. 서두르지 않고 강요하지 않으며, 조용히 함께하는 훈훈한 온기 속에 자라는 학습자는 주위의 동료들을 대할 때도 뾰족한 가시나 독을 뿜지 않는다. 차갑게 식어있던 교육 공간이 마음의 여유와 웃음이 흐르는 따뜻한 '정서적 교육 공간'으로 변화하리라 기대한다.

소송과 송사로 깨지고 상처받는 교육 기관이 아닌 이해와 존중, 기다림과 감사의 마음으로 채워지는 교육 기관으로 변화하리라 기대한다. 꿈같은 상상일지라도 이왕이면 죽이는 교육자가 되는 것보다는 살리는 교육자가 되는 것이 더 멋지지 않은가?

살아나는 교육 현장을 꿈꾸며 '인큐레이터'로서의 정체성으로 무장하고픈 바람을 가진 교수자들이 이 땅에 많아지기를 기대하며 부족하지만 간절한 염원의 마음을 담아 글을 맺는다.

참고문헌

교육부(2023). 2023년 학생 희망직업 조사 결과. 세종: 교육부.

경기도교육연구원 교육통계센터(2022). 통계로 보는 오늘의 교육. 2(24), 1-5.

국가법령정보센터(2024). 교육기본법(법률 제14150호, 대한민국).

김덕년, 정윤리, 양세미, 최선경, 정윤자, 위현진, 김재희, 신윤기, 강민서(2023). 주도성. 서울: 교육과실천.

김명희, 김영자, 김향자, 신화식, 윤옥균(2009) 다중지능이론과 교육의 실제. 서울: 학지사.

김보배(2022). 2025 미래 교육 대전환. 입시교육의 붕괴와 고교학점제, 특별한 교육만 살아남는다. 서울: 길벗.

김소연(2020). 초등학생을 위한 다중지능 교수·학습법 활용 셀프리더십 융합교육 프로그램의 개발 및 효과. 석사학위 논문. 한국교원대학교.

김지혜(2019). 선량한 차별주의자. 경기: 창비.

김천수(2023). 어린 시절 기억 속으로 떠나는 심리 여행. 초기기억 강점 찾기 프로그램 워크북. 서울: 북앤정.

김학진(2022). 이타주의자의 은밀한 뇌구조. 인간의 선량함, 그 지속가능성에 대한 뇌과학자의 질문. 서울: 갈매나무.

김현수(2014). 교사 상처. 고단한 교사들을 위한 치유 심리학. 서울: 에듀니티.

김현수(2019). 교실 심리. 행복한 교실을 만드는 희망의 심리학. 서울: 에듀니티.

김현수(2021a). 공부 상처. 학습부진의 심리학: 배움의 본능 되살리기. 서울: 에듀니티.

김현수(2021b). 선생님, 오늘도 무사히! 교사의 소진과 트라우마 치유 심리학. 서울: 창비.

김현수(2023a). 무기력의 비밀. 잠자는 거인, 무기력한 아이들을 깨우는 마음의 심폐소생술. 서울: 에듀니티.

김현수(2023b). 괴물 부모의 탄생. 공동체를 해치는 독이 든 사랑. 서울: 우리학교.

김현수, 구소희, 조교금, 최미파, 하상범(2023). 요즘 아이들 학급 집단 심리의 비밀. 교사가 알아야 할 51가지 학급 운영의 지혜. 서울: 비상교육.

박상미(2020). 관계에도 연습이 필요합니다. 타인으로부터 나를 지키는 단호하고 건강한 관계의 기술. 서울: 웅진지식하우스.

박정길(2023). 중재학습코칭. 서울: 숭실대학교 교육대학원 역량 강화 자료집.

박주호, 송인발(2015). 교사의 전문성 개발 활동이 교과 및 교수 전문성 향상에 미친 효과. Asian Journal of Education, 16(1), 63-83.

염운옥, 조영태, 장대익, 민영, 김학철, 이수정(2023). 인디아더존스. 우리는 왜 차이를 차별하는가. 경기: 사람과나무사이.

윤태호, 하종강, 김현수, 최혁진, 고원형, 강도현, 송인수(2022). 하고 싶은 일 해. 굶지 않아. 서울: 시사인북.

이우경, 이원혜(2019). 심리평가의 최신 흐름. 서울: 학지사.

장대익(2023). 공감의 반경. 느낌의 공동체에서 사고의 공동체로. 서울: 바다출판사.

정해림(2023). 점점 꿈이 없어지는 경기 학생들…"실질적 진로 교육 지원 절실". 경기신문 2023. 01. 06. https://www.kgnews.co.kr/mobile/article.html?no=732341

조영태(2021). 인구 미래 공존. 인구학의 눈으로 기획하는 미래. 서울: 북스톤.

진경엽(2017). 미래교사의 역할 및 교수역량 구인 타당화. 박사학위 논문. 숭실대학교.

최용환(2022). 미래에 대처하는 진로교육은. 한국교육신문 2022. 09. 26. 기사. https://www.hangyo.com/news/article.html?no=97189

태진미(2011). 매력전쟁시대, 창조예술로 플러스하라. 경기: 생각나눔.

태진미(2023a). 인공지능기반 다중지능검사(AI-MIT) 개발 및 타당화 연구 보고서. 서울: 인큐연구소.

태진미(2023b). 달란트 일지. 서울: 사람책모델학교.

태진미(2023c). 메타인지의 치유적 활용 가능성과 전략. 명지대학교 통합치료대학원 연합 학술세미나 발표자료.

통계청(2023). 2022년 초중고 사교육비 조사 결과.

폴김, 김길홍, 나성섭, 함돈균(2020). 교육의 미래, 컬처 엔지니어링. 질문하는 문화를 어떻게 만들 것인가? 서울: 동아시아.

폴김, 함돈균(2020). 교육의 미래, 티칭이 아니라 코칭이다. 경기: 도서출판 세종.

한국교육개발원(2022). 미래역량 함양을 위한 2022 교육과정 개정 방향.

한국문화예술교육진흥원(2022). 학교 문화예술교육 학생·학부모 수요 조사.

한병철(2012). 피로사회. 서울: 문학과지성사.

한성열, 심경섭, 한민, 이뉴미야 요시유키(2015). 문화심리학. 동양인, 서양인, 한국인의 마음. 서울: 학지사.

Amstrong, T. (2019). 증상이 아니라 독특함입니다. 부모와 교사를 위한 신경다양성 안내서. [The Power of Neurodiversity] 서울: 새로운봄. (원전은 2011년에 출판).

Cameron, J. (2012). 아티스트 웨이. 나를 위한 12주간의 창조성 워크숍. [The Artist's Way: A Spiritual Path to Higher Creativity]. (임지호 역) 서울: 경당. (원전은 2002년에 출판).

Clear, J. (2019). 아주 작은 습관의 힘. 최고의 변화는 어떻게 만들어지는가. [Atomic Habits]. (이한이 역) 서울: 비즈니스북스. (원전은 2018년에 출판).

Cline, F., & Fay, J. (2010). 아이는 책임감을 어떻게 배우나. [Parenting with Love & Logic]. (김현수 역) 서울: 북라인. (원전은 2006년에 출판).

Craig, S., E. (2020). 트라우마 공감학교. 상처받은 아이들과 교사들이 함께 공감하는 학교 만들기. [Trauma-Sensitive Schools] (김현수 역) 서울: 에듀니티. (원전은 2016년에 출판).

Cramond, B. (2005). Fostering creativity in gifted students. Waco: Prufrock Press.

Csikszentmihalyi, M. (2021). 몰입의 즐거움. [Finding Flow]. (이희재 역) 서울: ㈜해냄출판사. (원전은 2013년에 출판).

Damon, W. (2012). 무엇을 위해 살 것인가. 스탠포드대 인생특강 목적에 이르는 길. [The Path to Purpose: How Young People Find Their Calling in Life] (정창우, 한혜민 역) 서울: 한국경제신문. (원전은 2008년에 출판).

Duckworth, A. (2016). Grit :the power of passion and perseverance. NY: Scribner.

Dweck, C., S. (2016). Mindset :the new psychology of success. NY: Ballantine Books.

Fisher, P., & Wells, A. (2016). 메타인지치료. [Metacognitive Therapy: Distinctive Features] 서울: 학지사. (원전은 2009년에 출판).

Gagne, F. (2021). Differentiating giftedness from talent : the DMGT perspective on talent development NY: Routledge.

Gallway, T. (2022). 테니스 이너 게임. [Inner game] (김기범 역) 경기: 소우주 출판사. (원전은 1974년에 출판).

Gardner, H. (1985). Frames of Mind: the theory of multiple intelligences. NY: Basic Books.

Haddon, E. (2009). Instrumental and vocal teaching: how do music students learn to teach?. British Journal of Music Education, 26(1), 57-70.

Holmes, J. (2005). 존 볼비와 애착이론. [John Bowlby & Attachment Theory]. (이경숙 역) 서울: 학지사. (원전은 1993년에 출판).

ICF(2024). 국제코치연맹 코리아 홈페이지. http://www.icfkorea.or.kr/pdf/ 검색일: 2024년 1월 16일.

Kahneman, D. (2018). 생각에 관한 생각. 우리의 행동을 지배하는 생각의 반란. [Thinking, Fast And Slow] (이창신 역) 경기: 김영사. (원전은 2011년에 출판).

Nussbaum, M., C. (2016). 학교는 시장이 아니다. 공부를 넘어 교육으로. [Not for Profit: Why Democracy Needs the Humanities] (우석영 역) 서울: 궁리. (원전은 2010년에 출판).

Mentis, M., Dunn-Bernstein, M., & Mentis, M. (2020). 중재학습 인지 잠재력을 열어주는 가르침, 과제 그리고 도구. [Mediated Learning]. (이경화, 박정길, 이동흔, 최태영 공역) 서울: 학지사. (원전은 2007년에 출판).

Palmer, P., J. (2013). 가르칠 수 있는 용기. [The Courage to Teach: Exploring the Inner Landscape of a Teacher's Life] (이종인, 이은정 역) 서울: 한문화. (원전은 2005년에 출판).

Riley, P. (2023). 교사-학생 애착의 심리학. 관계의 교실. [Attachment Theory and the Teacher-student Relationship : A Practical Guide for Teachers, Teacher Educators and School Leaders]. (김현수 역) 서울: 지식의 날개. (원전은 2011년에 출판).

Sandel, M., J. (2020). 공정하다는 착각. [The Tyranny of Merit : What's Become of the Common Good?]. (함규진 역) 서울: 와이즈베리. (원전은 2020년에 출판).

Seligman, M., E., P. (2008). 학습된 낙관주의. [Learned Optimism]. (최호영 역) 서울: 21세기 북스. (원전은 2004년에 출판).

Seligman, M., E., P. (2014). 마틴 셀리그만의 긍정심리학. [Authentic Happiness]. (김인자, 우문식 역) 서울: 물푸레. (원전은 2002년에 출판).

Treffinger, D., J., Young, G., C., Nassab, C., A., & Witting, C., V. (2020). 차이와 다름을 배려하는 재능교육. [Enhancing and Expanding Gifted Programs]. (최호성 역) 서울: 교육과학사. (원전은 2004년에 출판).

Tzuriel, D. (2021). The Theory of Structural Cognitive Modifiability and Mediated Learning Experience (SCM-MLE). Mediated Learning and Cognitive Modifiability. DOI:10.1007/978-3-030-75692-5_2.

Wallin, D., J. (2010). 애착과 심리치료. [Attachment in Psychotherapy]. (김진숙, 이지연, 윤숙경 역) 서울: 학지사. (원전은 2007년에 출판).

Waqas, A. (2020). 폴리매스. [POLYMATH]. (이주만 역) 서울: 로크미디어. (원전은 2018년에 출판).

Warren, R. (2003). 목적이 이끄는 삶. [The Purpose Driven Life]. (고성삼 역) 서울: 디모데. (원전은 2003년에 출판).

Womack, J., W. & Womack, J. (2016). 의욕의 기술. 추락하는 의지를 상승시키는 심리 스프링. [Get Momentum: How to Start When You're Stuck]. (김현수 역). 경기: 다산북스. (원전은 2016년에 출판).

제2부

교육자 수기

고승현 에듀튜닝연구소 대표, 튜닝플레이 연구소 선임연구원

하워드 가드너처럼,
사람을 살리는 교육자

저의 작은 거인 하워드 가드너는, '다중
지능 이론'을 통해 교육의 선입견을 뒤집
는 새로운 관점을 창시했습니다. 저도 이
러한 하워드 가드너의 이론을 바탕으로
학생들을 선입견 없이 이해하고, 존중하
며, 지지하는 치유의 인큐레이터가 되고
싶습니다.

나의 작은 거인,
하워드 가드너

선입견을 뒤집는 다중지능 이론

1943년 7월 11일 펜실베이니아 주 스크랜턴에서 태어난 하워드 가드너는 '다중지능 이론'을 통해 교육계와 심리학계의 일대 반향을 일으킨 인물이다. 가드너는 IQ 검사와 같은 단일 지능 측정으로는 개개인이 가진 다양한 능력을 정확하게 설명할 수 없다고 주장하며, 인간의 지능이 여러 독립된 영역의 상호작용을 통해 이루어진다는 '다중지능 이론'을 개발하였다.

다중지능 이론은 기존에 주목받던 언어나 논리 수학 관련 지능뿐 아니라 공간, 신체, 음악, 자연, 자기성찰, 인간친화까지 8가지 지능 영역을 설명한다. 이들 영역 간의 조합이 개인지능의 특징을 나타낸다는 것이 이론의 핵심이다. 다중지능 이론의 등장은 수십 년간의 지능 이론에 대한 근간을 흔들어 놓았고, 하워드 가드너는 '세계에서 가장 영향력 있는 학자' 100인에 선정될 만큼 큰 인정을 받고 있다.

'어린 시절 어느 날에 받게 된 IQ 점수가 정체성이 되고 성적표에 표시되는 수, 우, 미, 양, 가로 누군가를 정의해 버리는 것을 체험한 나는, 가드너의 다중지능 이론에 완전히 매료되었다.'

이전에는 노래를 잘 부른다거나, 운동을 잘한다거나 하는 것은 시험 성적이 떨어지는 친구들이 가진 작은 재주 정도로 여겨졌다. 다중지능 이론은 이러한 기존의 선입견을 뒤집어 새로운 관점으로 개인의 능력을 바라본다. 이는 교육의 현장에서 더 많은 학생들이 자신의 강점을 알고 미래를 설계할 수 있는, 살릴 수 있는 희망이 된다.

'인큐레이터인 나에게도 다중지능 이론은 한마디로, 희망이다.'

살리는 교육은 존중하는 마음에서부터

독실한 유대인인 가드너는 유년 시절 매주 빠지지 않고 예배를 드렸다. 그런데 한 번은 추운 겨울 회당에 가보니 다른 사람들은 아무도 없고 혼자만 있었다고 한다. 당연히 예배가 취소될 것이라고 짐작했던 그는 집으로 돌아가려고 했다. 그런데 그때, 랍비는 오직 가드너 한 사람을 위해 예배를 시작했다. 랍비가 조금의 망설임도 없이 예배를 진행했던 이유는 그것이 옳은 일이었을 뿐 아니라, 사람 수와 관계없이 가드너를 존중하고 사랑하는 마음이 있었기 때문이다.

한 아이에 대한 존중과, 옳은 것을 실행하는 태도를 보여준 랍비와의 사건은 가드너가 무언가를 헤쳐나갈 힘이 부족할 때마다 마음을 다잡을 수 있는 동력이 되어 주었다. 가드너에게 있어 랍비와의 만남은 인생을 살아가면서 중요한 가치에 대한 기준을 세우게 했을 것이다. 수십 년간 이어져 온 연구 속에서 '한 사람에 대한 존중'을 늘 기억하는 연구자이자 교육자로 살아오지 않았을까 하는 생각이 든다.

살리는 교육, 그것은 존중의 마음으로부터 시작한다. 하워드 가드너의 연구와 다중지능 이론은 모든 이에게 "포기하지 말고 잘 찾아봐, 너에게도 좋은 씨앗이 있어."라는 메시지를 주는 것 같다.

나는 '살리는' 인큐레이터

교사의 말 한마디가 치료약

어린 시절에는 "커서 선생님이 될 거야!"라고 말하는 친구들이 주변에 많았다. 주로 차분하고 공부를 잘하는 학생들이었다. 그래서인지 나는 '절대로 선생님은 될 수 없을 것 같아.'라고 생각했다. 똑똑하고 말도 잘하는 선생님이라는 직업이 나와는 거리가 멀어 보였기 때문이다. 그랬던 내가 지금 학생들과 교사 앞에 강사로 서고 있다. 수업에서 만나는 아이들과 상호작용하고, 성장하는 모습을 보면 뿌듯하고 행복하다. 그 행복이 멀게만 느껴졌던 이 길 위에 서게 해 준 동력이다.

나는 학부에서 음악을 전공했다. 졸업 후 아이들 레슨을 하였지만 어쩐지 크게 만족하지 못했다. 그러던 중 태진미 교수님께서 연구 개발한 음악 기반 영유아 놀이 프로그램 '튜닝 플레이(Tuning Play)'를 접하게 되었다. 아이들이 즐거워하고 행복해하는 모습을 보고 '음악 기반으로 이렇게 영유아들에게 영향을 줄 수 있는 프로그램도 있구나, 이런 수업을 아이들과 나누면 너무 좋겠다!'라는 생각에 가슴이 뛰었다.

요즈음은 몸과 마음에 상처가 있는 아이들을 많이 접하게 된다. 교육을 통해 정서적으로 보듬으며 실제적인 도움을 주고 싶지만 아는 것이 별로 없었다. 이에 교육 전문성을 제대로 갖추고 싶다는 생각이 들었고, 숭실대학교 교육대학원에서 융합영재교육 전공을 하게 되었다. 대학원에서는 학생들의 재능을 발견하고 키우는 방법, 효과적인 상호작용, 창의융합형 교육 프로그램 재구성 방법 등을 익혔다.

　또한, 세계 영재 학회 등 국내외 학회에 참여하고, 영유아에 대한 심도 있는 이해를 위해 유아교육을 공부하는 등의 노력을 거듭했다. 이러한 배움들은 현장에서 고스란히 아이들에게 전달되었고, 나의 수업은 훨씬 더 풍성해져 갔다. 이후 지방자치연구소에서 문제행동지도에 관한 영유아 교사 교육 강의를 의뢰받았다. 아이들이 왜 반복하여 같은 문제행동을 보이는지, 어떤 마음인지, 결국 사람에 대한 이해가 필요했다. 그래서 심리 상담 치료를 다시 공부하게 되었다. 나는 '교육 활동을 통한 치유'를 염두에 두고 아이들을 만나고 있다

　'교사의 따뜻한 말 한마디, 수용적인 표정과 반응들은 불완전 애착을 경험한 아이들에게는 새로운 애착을 형성하게 하는 치료약과도 같다.'

지지를 통해 열리는 눈

나는 기관에서 튜닝플레이 프로그램을 영유아에게 적용하는 수업을 하고 있는데, 학생 중에는 7세 여자아이 지영이(가명)가 있었다. 지영이를 처음 만난 시기는 5세 때였다. 아이는 환하고 밝은 표정이었고, 궁금증과 호기심이 많아 부모님의 상담이 진행되는 동안 끊임없이 놀이방에서 다른 선생님들과 질문과 대화를 이어가며 장난감을 가지고 놀았다. 기관에 있는 다양한 놀잇감과 교재들이 너무 신기했나 보다.

그 후 1년이 지나 지영이와 수업으로 만나게 되었다. 그런데 내가 알던 질문도 많고 밝고 유쾌한 아이의 모습이 아니었다. 아이는 그룹에서 소외된 듯이 앉아 있었고, 어딘가 위축되어 보였다. 말이 없고, 대답도 소극적으로 하였다. 교사들의 이야기를 들어보니 다른 아이들보다 많았던 지영이의 질문들과 큰 호기심을 받아줄 만한 선생님이 준비가 안 된 것 같았다. 전체를 이끌어야 하는 수업 분위기에서 아이의 행동이나 질문은 일단 통제해야 하는 부분이었던 것이다.

하지만 나는 지영이를 통제하고 싶지 않았다. 인큐레이터로서, 하워드 가드너처럼 학생 한 명 한 명을 존중하는 마음으로 수업에 임하고 싶었다. 이에 지영이를 일주일에 한 번 수업에서 만날 때 온정 있는 상호작용과 함께, 아이의 몸짓, 표정, 행동들을 알아차려 반응해 주는 치료적 개입을 시작했다. 수업 후에는 지영이를 따로 불러 "오늘 너의 활동 중에 이런 부분이 좋았어."라고 짧게 피드백을 하고 안아주었다.

튜닝플레이 놀이 수업 자체가 인지적·정서적인 부분을 터치해 주기 때문에 놀이 속에서 역동적이면서 따뜻한 상호작용이 일어난다. 아이들에게 있어서 놀이는 삶이다. 교사가 준비한 주제가 있는 놀이 속에서 아이들은 차츰 자기만의 생각을 언어와 동작으로 표현하게 된다. 때로는 혼자서, 때로는 그룹으로 다양한 활동을 하며 자연스럽게 어우러지고 포용하는 마음들이 생겨난다. 한 사람이라도 소외되는 아이 없이 모두를 돌아보며 함께 성장하는 것을 돕는 것이 인큐레이터로서 나의 역할이다.

그렇게 1년이 넘는 시간을 지난 후 지영이는 수업에 들어올 때 이를 보이며 밝게 웃었고 더 이상 그룹에서 벗어나 따로 앉지 않았다. 또한, 특유의 유머와 창의적인 아이디어로 반 친구들의 박수와 인정을 받기도 했다. 보통 아이들은 본인이 좋아하는 사람에게 본인의 음식을 잘 나누어준다. 작은 간식이지만 조금씩 떼어서 나에게 내밀 때, 지영이의 사랑과 마음이 담겨 있음을 느낀다. 이러한 작은 변화들 속에서 나는 어떤 역할을 했을까 생각해 본다.

비단 지영이에게만 해당하는 것은 아니다. 수업 속에서 항상 아이들이 소외되지 않고 자신의 의견을 충분히 표현할 수 있도록 기회를 많이 주고자 한다. 이러한 소통의 마음들이 아이들에게 전해지는 것 같다.

"인생을 되돌아볼 때 누군가 한 사람, 그 사람이 나를 알아봐 주고 살펴주고, 지지해 주며, 힘을 줬다는 경험은 긍정적 자아상을 형성하는 데 큰 힘이 될 것이라 생각한다. 아이들은 자신을 어떤 눈으로 바라봐 주느냐에 따라 스스로의 자화상을 그려간다."

모든 아이들에게는 각자 다른 가능성이 열려있기에 그것을 찾아가도록 눈을 열어주는 것이 앞으로 내가 지속해서 하고 싶은 일이다.

교육이 곧 치유가 되도록

2005년 참관수업에서 아이들의 행복한 표정을 보고 마음이 따뜻해지는 감동을 받은 때부터 지금까지 교육 현장에 있다. 얼마 되지 않은 것 같은데 벌써 20년이 되었다. 그동안 교육 일선에서 아이들을 만나고 수업하면서 힘들다고 생각한 적은 없다. 초반에는

'어떻게 하면 아이들과 소통하는 수업을 할 수 있을까?'라는 고민에 잠을 설치고 시뮬레이션했었다. 그렇게 하길 몇 해가 지나니 어느 정도 교육자 냄새가 나는 것 같다. 피곤하다가도 수업에서 아이들이 주는 에너지를 공급받아 오히려 더 생생해지는 경험을 수없이 해왔다.

절대로 선생님이 될 수 없을 거라고 못 박았던 어린 시절 기억이 떠오른다. 낮은 자존감으로 가득 차 성공했던 기억보다 실패했던 기억이 더 많았던 시절이다. 하지만 그런 아쉬움과 아픔이 있었기에 소외된 아이들이 더 눈에 들어오고 한 마디라도 더 건네고 싶은 것 같다. 이런 마음으로 아이들을 만났을 때 나는 내가 원하는 교육을 실천할 수 있었고, 살아나는 아이들을 볼 수 있었다. '살리는 교육', 이것이 내가 앞으로 실천하고자 하는 방향이다. 나의 배움들을 융합하여 사람을 살리고 세우는 데 쓰임 받고 싶다.

'교육이 치유가 된다는 믿음으로
아이들과 교사, 학부모를 대상으로 한 '성장 시스템'을 만들어
개인의 성장을 돕는 일을 하고 싶다.
살리는 교육자! 고승현!'

(주)숲딱유아숲지도사 / (사)숲생태지도자협회 숲해설사　**서양희**

파브르처럼,

전지적 학습자 시점의 교육자

저의 작은 거인 곤충학자 장 앙리 파브르
는, '철학자처럼, 예술가처럼, 시인처럼'
사유하고 전지적 곤충 시점으로 세상을
바라보던 한결같은 열정의 소유자입니다.
저도 그의 가치관을 본받아 전지적 학습
자 시점으로 교육 현장을 바라보고자 합
니다.

나의 작은 거인,
장 앙리 파브르

눈을 바꿔라

나의 작은 거인, 장 앙리 파브르(Jean Henri Fabre, 1823. 12. ~ 1915. 10.)는 프랑스의 교수이자 시인, 생물학자, 곤충학자, 교육 운동가이고 『파브르 곤충기』의 저자로 유명하다. 프랑스 남부 생레옹의 산속 마을에서 태어난 그는 어려서부터 자연에 유난히 관심이 많았다.

가난한 집 맏아들로 태어나 생활고에 시달리던 어린 시절 환경의 영향도 있었으나 타고난 호기심과 탐구심, 기억력으로 자연에서의 예리한 관찰력, 손의 세심한 감각과 두뇌를 키웠다. 대자연의 섭리에 대한 깨달음으로 역경의 삶을 이겨낼 수 있었고 수학, 물리, 화학 등의 기초과학을 스스로 깨치는 남다른 재능을 가지고 있었다. 또한, 파브르 곤충기에서도 알 수 있듯이 사물을 감각적으로 표현하는 문학적 재능은 노벨상 후보에 오를 정도로 뛰어났다. 『파브르 곤충기』는 단순한 곤충 관찰 실험 연구 결과물이 아니다. 개인적으로도 필독서로 권하고 싶은 책으로, 세상의 곤충들이 파브르의 눈과 마음을 통하여 전지적 곤충 시점으로 새롭게 소개되고 있다.

파브르를 작은 거인으로 선정하게 된 큰 이유는 파브르 평전의 내용에서 보이는 그의 생각과 말과 표현과 행동이다. 철학자처럼 생각하고, 예술가처럼 관찰하며 시인처럼 느낀다. 그의 글에는 동물에 대한 이해와 생명 존중의 자세가 드러나고, 곤충들의 생김새와 기능들을 섬세하게 살피어 표현하였다. 곤충을 그저 관찰 실험 대상이 아닌 하나의 소중한 존재로 인식한 것이다. 92년의 삶 대부분을 자연과 곤충에 집중하며 어떤 곤충학자보다도 위대한 관찰자였던 파브르, 세기의 거인과 같은 인물이다.

"나는 꿈에 잠길 때마다 단 몇 분 만이라도 우리 집 개의 뇌로 생각할 수 있기를 바랐다. 모기의 눈으로 세상을 바라볼 수 있기를 바라기도 했다. 세상의 사물이 얼마나 다르게 보일 것인가!"

다른 곤충학자의 글에서는 볼 수 없었던 전지적 곤충 시점으로의 파브르 철학이 나에게 감동으로 다가왔으며, 학습자에 대한 나의 방향성을 확실하게 정할 수 있었다.

파브르의 다중지능

장 앙리 파브르의 타고난 재능을 알기 쉽게 다중지능을 기준으로 하여 본다면 '자연지능 + 논리수학지능 + 언어지능 + 공간지능 + 자기성찰지능'을 꼽을 수 있다. 또한, 타고난 호기심과 탐구심, 기억력도 재능을 키워주는 요소였다. 개인 내적 요소와 환경적 요소도 인생의 과정에 매우 큰 영향을 주었다.

개인 내적 요소를 살펴보면 파브르는 자기성찰지능이 매우 높아 어려운 환경임에도 가족과의 사랑으로 본인의 상황에서 할 수 있는 일을 찾아가며 성찰과 성장을 꾸준히 하였다. 곤충들의 시점으로 보고 생각하며 관찰, 연구, 실험한 집념에 진심과 신념이 더하여 인생 후반기, 당시 별 관심이 없었던 생태학계에서 세기를 넘어서는 30년 대작, 『파브르 곤충기』를 완성해 낼 수 있었던 것이다.

환경적 요소로는 가난한 농부의 아들로 태어나 조부모와 함께 어린 시절을 보낸 시간이 있었다. 어린 시절을 조부모와 함께 지내며 할머니의 재미난 이야기를 들은 것과 조부모의 바쁜 일상으로 자연을 친구 삼아 놀았던 관찰과 탐구의 시간들은 자신의 타고난 재능을 빛낼 수 있었던 기회가 되었다. 다시 부모와 살게 되었지만 가난에서 벗어나기는 힘들었다. 학교에 다니기도 힘들 정도였으나 일을 하면서 독학으로 공부하며 교사가 되었고, 자신의 꿈을 향해 나아갔다.

힘들게 일하며 공부했던 시간들도 자기성찰에 긍정적으로 영향을 주었고, 현재 이름만 들어도 아는 파스퇴르, 다윈 등과의 교류는 서로의 연구와 생태학계의 성장을 이루었다. 파브르 곤충기 작업 중에 아들의 죽음을 겪게 되었으나 매우 슬퍼하면서도 아들의 뜻을 생각하며 이를 담은 힘으로 작업을 계속해 나갈 수 있었다.

'파브르를 공부하며 인큐레이터로서 본받고 실천해야 할 가장 중요한 한 가지를 뽑는다면 바로 '전지적 학습자 시점'이다. 세상을 보는 시선을 달리하는 것, 파브르의 삶과 철학이며 동시에 인큐레이터로서 가장 중요한 부분이라고 생각한다.'

파브르는 꾸준하고 세심한 관찰력으로 세상을 보았다. 인큐레이터로서 학습자를 세심하게 이해하고 알맞은 방법들을 전지적 학습자 시점으로 제안하고 싶다.

나는 '학습자 시점'의
인큐레이터

학습자의 눈으로

학습자들은 모두 자기다움의 소중한 씨앗들이다. 다중지능의 8가지 지능과 연결하여 그 씨앗이 꽃을 피우고 열매를 수확하기까지 긴 여정의 어느 부분에서든 함께해주고 스스로 걸어갈 수 있도록 학습자에게 효과적인 지혜를 키워주고 싶다.

또한, 학습자의 씨앗에 어떠한 재능들이 꿈틀거리고 있는지 관찰하며 다양한 시각과 분석으로 바라보고자 한다. 자기다움을 찾아 키워가는 아이들이 되기를 진심으로 바라는 마음이다. 아이의 사고와 말의 방향성을 활짝 열어 두어 지금 상황과 맞지 않더라도 아이의 생각이 어디로 연결될 수 있는지 흐름을 이어주어야 한다.

글이나 그림으로 생각을 표현할 때 생각을 옮기는 시간이 필요한 친구들이 있다. 하나의 단어나 그림에서 무언가를 더 확장하지 못하고 있을 때 인큐레이팅이 필요하다. 그 안에 있는 생각과 연결고리를 만들어 꺼내어 주며 같이 표현해 나가도록 시작을 도와주면, 어느 순간 학습자 스스로가 술술 공간들을 채워감을 경험했다. 내면이 열려야 다음 과정이 진행되고 사고의 확장이 이루어지므로 인큐레이터로서 학습자의 문을 함께 열어주는 것이 매우 중요하다고 생각한다. 앞으로도 통찰력을 더 키워 학습자의 성장에 도움을 주는 인큐레이터가 되고자 한다.

한결같은 성실함으로

'인큐레이터'라는 개념을 처음 접하게 된 것은 태진미 교수님의 교육 프로젝트 중 하나인 사람책모델학교를 통해서다. 사람책모델학교는 위인의 성장 과정을 소개하고 다양한 창의 융합형 문화예술 활동을 통한 재능 발현 프로그램으로, '인성+창의+진로 교육'이 함께 어우러지며 성장을 인큐레이팅 한다는 목표가 있는 프로젝트이다.

학습자와 함께 하는 전문가로서 배우고 또 갖추고 싶은 모습이었다. 그렇게 인큐레이터의 길이 한 걸음 한 걸음 시작되어 많은 위인들을 만나며 그들의 삶과 실패, 성공을 통하여 간접적인 인생 공부를 하게 되었다.

나의 작은 거인 장 앙리 파브르, 그의 생애는 마치 사명과 같다. 그는 92년의 인생 동안 자연과 생태계 연구에 모든 것을 쏟았고, 이를 기록으로 남겨두었다. 나 역시 파브르와 같은 성실함으로, 인큐레이터로서 자세를 갖추고 학습자들을 대할 수 있도록 성찰과 노력을 꾸준히 해 나갈 것이다. '전지적 학습자 시점'으로 말이다.

대학에서 사회복지학을 가르침, 사회복지학 박사 **김봉선**

낸시 엘리엇처럼,
영재를 이해하는 교육자

저는 저의 작은 거인 낸시 엘리엇처럼, 영
재에 대한 깊은 이해를 바탕으로 영재들
을 위한 차별화된 교육 치유를 실천 중입
니다. 훗날에는 영재 양육 프로그램을 만
들고자 합니다.

나의 작은 거인,
낸시 엘리엇

우주에서 온 우리 아이

"우리 아이는 우주에서 왔다. 지구인들은 우주에서 온 우리 아이를 때로는 신기하게, 때로는 낯설게 바라보기도 했다. 지구 출신 부모로서, 우주에서 온 내 아이를 지구에 무사히 정착시키고자 한다."

아이가 우주에서 왔다고? 도무지 무슨 이야기인지 감이 잡히지 않는 사람들도 있을 것이다. '우주인'이라는 표현은 영재성을 가진 아이들을 빗대어 표현해 본 말이다. 영재성이 있는 아이를 키우는 엄마로서, 그리고 인큐레이터로서 나는 이들만을 위한 차별화된 양육 방식을 취해야 한다는 것을 깨달았다. 이에 미국의 발명가이자 사업가 토머스 에디슨(1847~1931)의 어머니인 낸시 엘리엇(Nancy Matthews Elliott, 1810~1871)을 작은 거인으로 선정했다.

에디슨은 어려서부터 넘쳐나는 호기심으로 질문이 많았지만, 친구들이나 선생님으로부터 그것이 재능이나 장점으로 받아들여지지 못했다. 에디슨의 선생님은 어느 날 에디슨의 어머니 낸시 엘리엇에게 편지를 한 통 전하였다. 선생님의 편지를 읽은 낸시는 눈물을 흘리며 에디슨에게 "우리 아들이 너무 훌륭하고 똑똑해서, 지금 다니는 작은 학교에서는 너를 가르쳐 줄 마땅한 선생님이 없다고 하는구나."라고 전하였다. 그리고 훗날 에디슨은 그 편지에 쓰여 있던 말이 사실 "당신의 아이는 지적 장애가 있어 일반 아이들과 함께 가르칠 수 없습니다. 더 이상 아이를 학교에 보내지 않으셨으면 합니다."였다는 것을 알았다고 한다.

선생님으로부터 "더 이상 당신의 아들을 가르칠 수 없다."라는 편지를 받았을 때 에디슨의 어머니는 어떤 마음이었을까? 하나밖에 없는 아들이 다른 사람들에게는 마치 '우주인'으로 보인다는 사실을 처음 알게 되었을 때의 나의 심정과 비슷했을 것이라 짐작한다.

아이가 학교 친구들 사이에서 배제당한다는 것을 알게 될 때 부모가 느끼는 좌절감은 상당하다. 그리고 그 이유가 특별한 문제가 있어서가 아닌, 그저 사고방식과 감수성이 다르기 때문이라면 더욱 그럴 것이다. 교육에서, 특히 영재나 장애아동 교육에서 '부모의 역할'이라는 주제를 논할 때 낸시 엘리엇이 자주 소환되는 이유는 자녀가 우주인처럼 보이는 순간에도 묵묵히 기다려주고 든든한 울타리가 되는 당연하지만 쉽지 않은 역할을 해냈기 때문이다.

우주인의 찬스가 되는 부모

에디슨은 어린 시절부터 만물에 대한 호기심이 많아 당시의 정규 교육에 적응하는 데 심한 어려움을 겪었고, 3개월 만에 학교에서 쫓겨났다. 그러나 결혼 전 교사로 일했던 어머니는 아들을 위해 과학 책을 사주고, 실험실을 만들어 주는 등 홈스쿨링(home-schooling)이라는 개념도 없던 그 시절 아이의 관심사에 맞는 분야를 꼼꼼하게 가르쳤다.

영재성과 재능의 차별화 모델(Differentiated Model of Giftedness and Talent)에 따르면 타고난 '능력'이 '재능'으로 발현되기 위해서는 적절한 능력 개발 과정을 거치지 않으면 안 된다(Gagne, 2000). 에디슨에게는 뛰어난 지적 능력과 창의력, 그리고 호기심이 있었다. 물론 이는 그를 학교에 다닐 수 없게 만든 어려움이기도 했지만, 그에게 잠재되어 있던 좋은 씨앗이라고 할 수 있다. 여기에 더해 반복적인 실험을 가능하게 했던 성실성 또한 에디슨의 능력이다. 그러나 무엇보다 이 모든 것을 가능하게 했던 것은 개인적 능력과 '기회(chance) 요인'들의 결합이라 할 수 있다.

부모는 아이에게 그 자체로 환경이면서 기회 요인의 창출자가 되는 경우가 많다. 영재 아이를 키우는 부모는 아이만큼 외롭다. 내 아이는 다른 아이와 다르기 때문에 성장 과정을 다른 사람들과 나누기 어렵다. 어떨 때는 아이가 똑똑하다는 것을 자랑하는 모양이 되고 어떨 때는 내 아이가 이상하다는 것을 부모가 먼저 이야기하는 게 되고 만다.

그러나 성장 과정에서 자녀의 다름을 가장 가깝게 이해하고 재능 개발을 지원할 수 있는 사람은 오직 부모밖에 없다. '원래 똑똑한 아이들은 호기심이 많은 거야.'라며 아이를 지지했던 에디슨의 어머니, 그녀가 없었다면 에디슨은 아마 평생 어딘가에 자리 잡지 못하고 별나라를 떠도는 낯선 우주인으로 살았을지도 모를 일이다.

"부모는 아이가 재능을 발휘하기까지 함께 성실히 기회를 만들어 가야 한다는 것, 그것이 내가 인큐레이터로서 낸시 엘리엇에게 구체적으로 본받을 점이다."

나는 '우주인을 만난' 인큐레이터

영재를 이해하는 과정

아이가 학교와 친구들 사이에서 낯선 우주인으로 자리매김한다는 것은 어느날 '툭!' 하고 일어나는 일이 아니다. 아이는 꽤 오랜 시간 동안 왜 이런 일이 일어나는지, 나는 왜 다른 아이들이 좋아하는 것이 하나도 즐겁지가 않은지, 내가 무슨 문제가 있는 것은 아닌지 계속해서 불안해하고 위축된다.

어느 날 아이의 영어 학원 선생님은 내게 이렇게 이야기했다. "어머니 제가 교육학 전공인데, 아이가 단순 기억력은 높은 거 같은데 언어적인 감각은 매우 부족하고 수업에 집중하지 못해요. 조용한 ADHD인 거 같아요. 혹시 알고 계세요?"

실제 지능 검사에서 언어지능이 상당히 높은 아이였음에도 학원의 수업 방식이 흥미를 끌지 못한 것인지, 아니면 학원 자체를 싫어했기 때문인지 아이는 도무지 적응하지 못하고 있었다. 한참 후에야 이 사실을 알고 상담을 하게 되었을 때 선생님은 이미 아이를 ADHD로 단정하고 있었다. 아이가 ADHD로 단정된 이후부터 학원에서 어떤 처우를 받았을까? 아이는 선생님의 눈빛을 어떻게 경험했을까? 더 이상 가만히 앉아서 아이의 적응을 기다릴 수는 없었다. 이제는 학원 선생님에게도, 학교 선생님에게도 아이를 위한 대변자가 되어야 했다.

아이를 더 적극적으로 돕기 위해서는 바른 이해가 무엇보다 중요했다. 감정적인 이해가 아닌 체계적인 이해가 필요했던 것이다. 그래서 택한 것이 바로 대학원 진학이다. 숭실대학교 교육대학원 융합영재교육전공에 진학 후 영재 아이들의 비동시적 발달, 완벽주의, 회피반응, 불안, 학습한 내용의 체계적인 정리와 관리의 어려움 등을 알게 되었고 이것이 어떤 뇌신경학적 경로에 의해 나타나는지 이해하게 되었다. 또, 영재 상담을 공부하면서 어떤 접근이 필요한지에 관해서도 차차 알아갔다.

이러한 이해와 함께 특별히 노력했던 부분은 아이의 감정적 동요와 불안에 대처하기 위한 학습이었다. 영재 아이들은 감각적으로 다른 사람들보다 훨씬 민감하다. 이 때문에 쉽게 '대뇌 편도체'가 활성화되고 '전전두피질'은 비활성화되어 합리적이고 이성적인 판단보다는 감정적 불안에 휩싸이게 된다. 이에 나는 아이에게 뇌과학 기반의 인지 치료 기법을 공부하여 불안한 순간에 사용할 수 있는 호흡법을 가르치고 스스로를 진정시키도록 했다. 또 직접적으로 영재들의 특징에 대해 교육하고, 영재라서 느끼는 외로움을 즐기는 방법에 대해 많은 이야기를 나누었다.

즐겨그리는 민화

호작도 (2020년 11세)
(한지에 동양화물감)

문자도 (2022년 13세)
(한지에 동양화물감)

모란도 (2021년 12세)
(한지에 동양화물감)

또한, 낸시 엘리엇이 그랬던 것처럼 나도 아이의 관심 분야에 몰입하기 위해 신경을 썼다. 예를 들면 또래 친구들이 좋아하는 놀이동산과 같은 장소를 우리 집 우주인은 선호하지 않았다. 대신 아이는 성장할수록 우리의 역사, 문화, 고미술 등으로 관심 분야가 집중되었다. 관심을 공유할 수 있는 친구가 없으니 자연스럽게 그 역할은 부모의 몫이 되었고, 전국의 사찰, 박물관, 미술관 등을 찾아다녔다. 이렇게 엄마로서, 그리고 인큐레이터로서 아이의 영재성에 맞는 교육 치유의 꽃을 피우기 위한 노력을 지속하고 있다.

영재 양육 프로그램을 구축하는 날까지

나는 영재 우주인 아들을 키우는 엄마이면서, 대학의 사회복지학과 교수로 재직하고 있다. 사회복지학에서 가장 강조하는 개념 중 하나는 "인간은 그를 둘러싼 환경과 밀접하게 상호작용하는 존재이며, 이 둘은 분리될 수 없다."라는 것이다. 그리고 이 개념을 자녀 양육에 적용해 보면 부모의 양육 태도, 부모의 경제적 상황, 부모의 경험 정도를 비롯한 모든 것은 아이에게 환경으로 작용한다.

요즘 여러 육아 프로그램들을 보면 결국 문제의 원인은 '부모'인 경우가 많다. 아이는 하늘에서 뚝 떨어진 존재가 아니기에 부모를 통해 어떤 환경을 제공받았느냐에 따라 다르게 성장하기 때문이다. 비교적 많은 수를 차지하는 보통의 아이들, 그리고 지적 능력이 다소 낮은 장애아동에 대한 부모교육은 많은 전문 영역에서 시도되어 왔다. 그러나 영재성이 있는 아이들은 아직도 그 특성을 이해받지 못하는 경우가 매우 많다. 그 특성을 이해하지 못하는 부모, 선생님, 친구와 함께 생활하며 평균을 추구하는 교육 환경에 쉽게 적응하지 못하기도 한다. 너무나 안타까운 일이다.

나 역시 아이의 영재성을 검사를 통해 확인한 이후에도 학습을 열심히 시키는 것 외에는 어떻게 가르쳐야 하는지 배우기가 쉽지 않아 막막했다. 가만히 두면 창의적인 영재로 재능을 크게 발현시킬지 모르지만, 지구별에 적응하기 어려운 우주인이 된다. 그렇다고 지구인으로 훈련시켰다가는 특별한 재능이 사라지게 될까 염려되었다.

그래서 우리가 선택한 전략이 바로 '우주인 지구 정착기'이다. 낸시 엘리엇이 그랬듯 아이에게 정규 교육 과정이나 학원 적응을 무리하게 강요하지 않는다. 하지만 지구인으로서 갖추어야 할 자세나 태도는 꾸준히 그리고 천천히 가르친다. 아직 우리 집 우주인이 성공적으로 정착했는지 알 수 없지만, 앞으로도 계속해서 아이의 특성에 맞는 교육 방법을 찾고 지원하는 삶의 체계 구축자가 되려고 한다.

"많은 부모들이 어려워하는 영재 양육 교육 프로그램을 만들고, 이를 확산시키는 것이 제2의 인생 계획이다."

서정임 피아노 및 예술융합교육 전문가 , 피아노 학원 운영

손웅정 지도자처럼,
빛 된 삶으로 이끄는 교육자

저의 작은 거인 손웅정 지도자는, 세계적
인 축구선수 손흥민 선수를 훈련시킨 아버
지로서 훌륭한 지도자로서의 면모를 보여
주고 있습니다. 이같이 저도 실력과 인성을
함께 기르는 빛 된 삶의 교육 치유를 예술
지도를 통해 이루어 나가고 싶습니다.

나의 작은 거인,
손흥민 선수의 아버지 손웅정

세계적인 지도자의 철학

내 안의 작은 거인은 축구선수 손흥민의 아버지 손웅정 지도자이다. 그는 1962년생으로 충청남도 서산에서 태어났다. 아들과 마찬가지로 축구선수로 활동했던 그는 1986년 국가대표팀으로 발탁되었으나, 부상으로 1990년 이른 은퇴를 하게 되었다. 이후 생계를 위해 일용직과 막노동 일을 찾아 하면서도 축구만을 생각했다. 그 덕분에 손흥민 선수의 남다른 축구 감각을 발견하고 그 누구보다 애정을 담아 훈련시킬 수 있었다. 자신의 실력을 반추하며 아들을 세계적인 축구 선수로 훈련시킨 손웅정과 같은 지도자가 되고자 그를 작은 거인으로 선정했다.

손웅정은 아들 손흥민 선수에게 기본, 겸손, 정직을 강조하였다. 단순히 기술을 가르친 것뿐 아니라 선수로서 탄탄히 자리 잡을 수 있도록 내면의 훈련, 즉 인성과 마음가짐도 함께 지도했다. 그는 지도자로서 아래와 같은 남다른 철학을 가졌다.

"첫 번째, 마음가짐에서 몸가짐이 나오고 몸가짐에서 마음가짐이 나온다.

두 번째, 기본, 겸손, 정직

세 번째, 나의 발자국을 보고 누군가가 따라올 때 잘못된 길을 가면 그것이 본보기가 될 수 있기 때문에 눈 덮인 들판을 걸어갈 때 함부로 걷지 말 것.

네 번째, 대나무는 땅밑 뿌리 작업만 5년이다.

다섯 번째, 백 리를 가는 사람은 구십 리를 반으로 생각한다.

여섯 번째, 마음의 창 가능성의 창을 열어 두어라.

일곱 번째, 마음과 욕심을 버리고 승패를 떠나 행복하게 경기하자."

성과보다는 행복을, 스킬보다는 기본기를

손웅정 지도자는 선수 생활 은퇴 후 막노동도 마다하지 않고 컨테이너 박스에서도 살았지만 아들에게 축구를 시켜야겠다는 생각은 하지 않았다. 그는 '자유라는 연료가 타야 창의력이 나온다.'라며 강요하지 않고 자연스럽게 해야 한다 생각했고, 어려서부터 공을 좋아한 손흥민 선수는 자연스럽게 축구선수가 되겠다고 결심하게 되었다.

손웅정 지도자는 책을 연간 100권 넘게 읽을 정도로 인문학을 즐기며, 삶의 성찰을 중요하게 생각하는 사람이다. 그의 소신과 철학에서 볼 수 있듯이 운보다는 노력을 강조하고, 성과보다는 행복을 먼저 생각하여 자신의 모습을 가꾸며 청렴하게 산다.

손흥민 선수는 '나의 축구는 아버지의 작품'이라고 말할 만큼 아버지의 수고와 노력을 존경하는 모습을 보였다. 자녀에게 받는 존경은 부모로서 최고의 찬사라고 생각한다.

손웅정은 손흥민 선수에게 기본기 훈련만 7년을 시켰다. 이는 지도자의 확고한 철학이 없다면 쉽지 않은 일이다. 대부분 예체능에서는 기본기 이후 바로 플레이를 위한 훈련을 시킨다. 빠른 성과를 기대하는 경우가 많기 때문이다. 오랜 기본기 훈련은 눈앞에 보이는 성과보다 제자의 미래를 진심으로 생각하고 사랑하는 마음이 있기에 가능한 것이다. 먼 길을 돌아간 것처럼 보이지만 결국에 가장 정확한 길이다.

나는 '예술로서 빛 된 삶으로 이끄는' 인큐레이터

빛 된 삶으로 이끄는

사람책모델학교를 만난 지 3년이 되었다. 인큐레이터라는 용어도 처음 들었고 과연 피아노 학원에 적용해서 풀어나갈 수 있을까 의구심도 생겼지만 태진미 교수님께서 "교사는 아이의 빛을 찾아줄 수 있어야 한다."라고 말씀하신 것이 내 마음을 울렸다.

코로나로 인해 학원 문을 닫는 시간이 많아지고, 앞만 보며 달려왔던 나에게 큰 두려움이 찾아왔다. 하지만 바로 그 예상치 못한 여유 속에서 나의 일에 대한 정체성을 찾기 시작했다. 손웅정 지도자도 마찬가지였을 것이다.

손웅정 지도자는 부상을 입어 삶의 전부였던 축구를 하지 못하게 되었다. 그러나 일용직을 하며 컨테이너 박스에 살면서도 축구에 대한 열정만큼은 놓지 않았다. 나도 그와 마찬가지로 코로나 시기에 많은 선생님들이 이직하고 다른 자격증을 공부하는 가운데서도 피아노에 대한 사랑을 저버릴 수 없었다. 이에 나는 내 직업에 대한 정체성을 찾아 공부하기 시작했고, 직업에 대한 철학을 사람책모델학교에서 태진미 교수님 강의를 들으며 정립하기 시작했다.

그동안은 피아노를 잘 치게만 만들면 실력 있는 선생님으로 추앙받고 학원이 성장한다는 단순한 시장경제 논리만을 생각했다. 그러나 이후 내가 힘들고 우왕좌왕할 때 나의 좌표가 되어주신 태진미 교수님과 사람책모델학교 활동을 통해 나의 나아갈 방향을 다시 잡기 시작했다. 아이 한 명 한 명의 소중함을 알고 정서적 지지와 지원을 해주며, 내면의 힘을 이끌어낼 수 있는 그런 빛 된 교사가 되고 싶다는 목표를 잡았다.

"코로나는 모두에게 힘든 시기였지만 나는 그 시기를 금같이 사용했고, 어려운 상황 속에서도 나의 교육적 가치를 알아봐 주는 학부모님들과 아이들로 하나하나 채워지기 시작했다."

인큐레이터! 얼마나 값진 사명인가? 사람의 씨앗을 관찰하고 지지와 격려를 통해 내면의 힘을 이끌어 내고 성장하도록 지원해 주는 일이야말로 빛 된 삶이라 생각한다. 나는 왜 피아노 선생님이란 직업을 가지고, 왜 아이들을 지도하는가? 단순히 돈을 벌기 위한 수단이 아니라, 아이들을 피아노라는 도구를 통해 빛 된 삶을 살도록 이끌어 주고 관심 있게 지켜보며 인큐레이팅하고 있다. 나를 가르치는 선생님의 행동, 눈빛, 언어, 따스함, 이 모든 것이 아이의 삶의 지표를 바꿀 수 있다. 나는 인큐레이터로서 아이들에게 빛 된 삶의 교육 치유를 지속할 것이다.

선순환을 만들 인큐레이터

나의 소중한 제자 중 떠올리면 정말 마음 따뜻해지는 제자가 있다. 초등학교 5학년 때 만난 남자아이인데, 이 친구는 초등학교 2학년 때부터 피아노를 배웠다. 학원에서 말썽도 많이 부리고 연습도 잘 하지 않아 부모님께 죄송할 정도로 성장하지 못했다. 한번은 연주회 당일 얼마나 떠드는지 선생님께서 아이를 야

단치시며 혼내셨다. 그 모습을 보는데 아이가 느낄 수치심과 속상함이 나에게 전해졌다.

'과연 이 아이도 변할 수 있을까?' 많이 생각했다. 나는 그 친구를 만나면 손을 꼭 잡아주었고 긍정적인 이야기를 해주었다. 항상 만나면 환하게 웃으며 인사했고, 어깨를 두드리며 사랑한다는 말도 자주 했다. 음악 학원은 단순한 음악적 지식만 넣어주는 교육기관이 아니다. 감정을 다루어 표현하도록 보여주고 느끼게 해주는 감정 훈련소라고 생각한다. 그렇게 아이의 감정을 터치하는 인큐레이팅을 지속하다 보니 나의 긍정적인 면이 아이에게 스며들어 가는 것을 느꼈다. 대충 보던 악보를 자세히 보기 시작했고, 악보에 있는 내용에 대해 궁금해 가며 연구하기 시작했다.

사실 남학생이 피아노 학원에 꾸준히 다닌다는 건 쉽지 않은 일이다. 중학생이 되면 당연히 예체능 학원과 멀어진다. 그러나 이 친구는 이때부터가 시작이었다. 철이 들면서 악보를 읽기 시작했고 엉덩이를 붙이고 앉아있는 시간이 길어지기 시작했다. 한 곡을 완벽하게 연습하기 시작했고 연주를 해도 될 만큼 성장하기 시작했다. 장난꾸러기 같던 외모는 지성이 흘러넘치는 매력적인 아이로 성장했고 까불며 뛰어다니던 친구가 점잖아지기 시작했다. 한번은 장난치는 초등학교 후배에게 "나도 너처럼 어렸을 땐 연습 안 했다. 그런데 지금은 피아노가 좋아."라고 이야기를 하는 모습을 보았다. 꾸준한 교육과 사랑 그리고 관심이 이토록 사람을 바꿔놓을 수 있다니 놀라웠다. 아름다운 음악이 내면에 쌓이고, 거기에 선생님들의 사랑이 한 스푼 더해져서 아이가 변화되는 모습을 본다는 것. 교육자로서 너무나 뿌듯하고 뭉클함을 경험하는 시간이다.

지금도 마음이 벅차고 행복한 미소가 지어진다. 지금 이 친구는 연주회를 준비하며 얼마 전 전공하고 싶다는 포부를 나타내었다. 그 말을 듣는데 마음이 뭉클해졌다.

아이가 마음을 바꾸지 않고 확고히 한다면 나는 손웅정 같은 지도자로 이 아이 앞에 설 것이다. 나를 희생하지 않고 내 마음을 주지 않고 아이를 성장시킬 수는 없다. 손웅정 지도자가 그러했듯 아이를 내면이 강하고 긍정성이 높은 아이로 거기에 인성과 실력까지 겸비하며 나 자신을 강하게 훈련하는 음악인으로 키울 것이다. 이 아이가 성장해서 나처럼 교사가 되었을 때 또 다른 제자를 키워내서 이 세상이 아름다운 선순환을 이루도록 아이들의 빛 된 삶을 찾아주는 인큐레이터로 따뜻하게 품어주며 함께 걸어갈 것이다.

스며드는 예술가

나는 단순히 피아노를 기능 교과적인 측면으로만 배우고 아무런 감흥과 감동 없이 스쳐 가는 피아노 선생님이 되고 싶지는 않다. 교육보다 더 강력한 효과는 스며드는 것이다. 피아노라는 도구를 통해 아이가 긍정성을 학습하고 몰입과 자기 효능감, 그리고 회복 탄력성을 기른다면 어떤 미래와 어떤 상황을 만나도 분명 흔들리지 않는 뿌리를 갖게 될 것이다. 손웅정 지도자가 손흥민에게 그랬듯이, 나도 아이들에게 훈련을 통해 내면의 힘을 길러주고 더 나아가 예술적 정서가 녹아 나를 사랑하고 예술을 사랑하는 그런 지성인이 되도록 마음을 다해 지도할 것이다.

나를 단련하는 도구로 기능을 익히고, 익혀진 기능을 기반으로 나의 내면을 표현한다면 이 얼마나 아름다운 일인가? 이렇게 교사가 깨어서 한 명 한 명 아이들을 인큐레이팅한다면, 이 세상이 더없이 아름다워질 것이다. 나의 제자들이 받은 사랑과 따뜻함을 통해 세상을 이롭게 하는 마음으로 또 누군가를 섬기는 것. 그것이 내 꿈이고 인큐레이터로서의 포부이다.

뮤즈음악전문학원 원장, H.E.M 연구소 대표 **유명주**

레나 마리아처럼,
발판으로 만드는 교육자

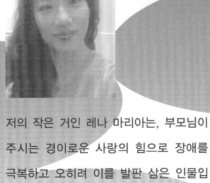

저의 작은 거인 레나 마리아는, 부모님이
주시는 경이로운 사랑의 힘으로 장애를
극복하고 오히려 이를 발판 삼은 인물입
니다. 저도 레나 마리아처럼 교육 현장에
서 학생들에게 희망과 사랑을 전달함으로
써, 문제를 발판으로 만드는 교육 치유를
실현하고 있습니다.

나의 작은 거인,
레나 마리아

경이로운 사랑의 힘으로

나의 작은 거인은 1968년 스웨덴 중남부 하보 마을에서 태어난 '레나 마리아'이다. 그녀는 두 팔이 없고 한쪽 다리가 짧은 중증 장애를 가지고 태어났다. 병원에서는 보호소에 맡길 것을 권유했지만, 레나의 부모님은 그녀를 하나님이 주신 선물로 알고 또래 아이들과 동일하게 양육했다. 덕분에 그녀의 오른발은 비장애인들에게도 쉽지 않은 많은 것들을 해냈다.

레나는 세계 장애인 수영 선수권 대회에서 4개의 금메달을 땄고, 1988년 서울 패럴림픽에서도 좋은 성적을 거두었다. 또 어릴 때부터 좋아하던 음악을 고등학생 때부터 전공하여, 스톡홀름 음악대학에 입학했다. 레나 마리아의 다큐멘터리가 스웨덴 국영 TV에서 방영되면서 많은 사람들에게 영향을 끼치기 시작했고, 현재는 천상의 목소리를 가진 세계적인 가스펠 싱어가 되었다. 그리고 9개국에서 베스트셀러가 된 자서전 『발로 쓴 내 인생의 악보』를 쓴 베스트셀러 작가이기도 하다.

그녀는 자신의 장애를 한 번도 장애로 생각해 본 적이 없으며, 다만 다른 사람과 살아가는 방법이 다를 뿐이라고 했다. 그녀의 신체 조건은 비장애인보다 열악하지만, 내면과 삶은 어느 누구보다도 강하고 열정적이다. 그런 그녀의 배경에는 소중한 영혼을 신체의 열악한 조건과 관계없이 양육해 주신 부모님의 경이로운 사랑의 힘이 있었다.

멈추지 않는 삶의 도전

두 팔이 없고, 한쪽 다리마저 짧게 태어난 그녀가 장애는 그저 남들과 조금 다를 뿐이라는 생각을 가질 수 있었던 것은 생명과 영혼의 소중함을 알도록 가르치신 그녀의 부모님과 한 사람의 삶에 대한 신의 절대 계획을 바라본 결과라고 할 수 있겠다.

현재 그녀는 가수 활동과 함께 음악 교육 또한 병행하며 끊임없이 다른 사람을 세우는 영향력을 보이고 있다. 또 신체적 결함으로 오는 여러 부분에 대한 새로운 도전을 시작했다고 알리고 있다. 다음의 시간표를 위해 노력하는 전인적 삶의 도전을 보여주고 있는 것이다. 이러한 레나 마리아의 이야기를 보며 한 사람의 고귀한 삶 속에 담긴 보배로움이 빛나고 있다는 생각이 들었다.

나는 '약함을 발판으로
만드는' 인큐레이터

새 희망을 선물해 주었던 기억들

나 스스로를 돌아보았을 때, 나의 신체가 약하기 때문에 다른 사람을 돕는다는 건 거의 생각해 본 적이 없었다. 하지만 레나 마리아의 조건은 나와는 비교할 수 없을 만큼 열악하다. 그러한 그녀가 자신의 장애를 장애라고 생각하지 않고 살아왔다는 사실은 큰 충격으로 다가왔다. 또한, 나도 그녀처럼 '많은 사람에게 긍정적인 영향력을 줄 수 있을까?'라는 생각을 하게 했다. 이후 나의 작은 거인처럼 약함을 발판 삼아 건강한 신체를 위해 꾸준한 운동을 하고, 다른 사람을 이해할 수 있도록 인간친화지능을 넓히며, 나의 삶을 기쁘게 감당하면서 타인의 일도 돕는 사람이 되어야겠다고 생각을 전환했다.

먼저 가족 모두 서울대학교를 졸업한 인재 집안의 둘째 딸인 지은이(가명)가 떠오른다. 초등학교 3학년 시기에 만났을 때, 부모님은 특별한 재능이 없어 보여 예술 교육을 시작해 보고 싶다고 수업을 요청했었다. 형제간의 분쟁과 낮은 자존감 등으로 자신이 무엇을 잘하는지, 무엇을 하고 싶은지도 잘 알지 못하고 있었다.

나는 지은이와의 수업에서 여러 가지 다양한 삶과 분야의 목적, 의미 등을 가르치고 이에 대한 생각을 나누었다. 수업이 진행되면서 지은이는 자신을 보는 시각과 공부의 이유, 예술을 사랑하는 마음, 목표 의식 등이 확고하게 자리잡혀 갔다. 시간이 지나 지은이가 고등학생이 되었을 때 부모님은 예술과 학업 쪽에서 교내에서 가장 큰 성취를 이루게 되었다고 전달해 주었다. 그리고 나와의 만남이 지은이에게 최고의 만남의 축복이었다고 말씀해 주셨다. 나는 지은이를 인큐레이팅하는 과정을 통해 한 개인의 내적 성장과 인지적 변화를 도와주는 것이 인큐레이터로서 얼마나 자랑스러운 일인지를 깨달았다.

또 다른 학생인 초등학교 1학년 민우(가명)는 대인관계에서 감정 조절이 되지 않아 폭력적 태도와 분노가 조절되지 않고 있었다. 그리고 부모님의 맞벌이로 인해 종일 학원에 다니며 피곤해했고, 충분한 보살핌과 애정표현, 신체운동 능력도 많이 떨어졌다. 민우는 놀이치료와 리듬인지 치료를 병행했다. 음악 수업을 통해 음악을 듣고, 노래를 부르며 안정을 찾아가고, 마음을 조절할 수 있게 격려했다. 시간이 지나면서 민우가 자신감과 리듬감, 다른 친구들과의 대인관계도 배워 나가며 안정적인 마음 상태를 회복해 가는 것을 볼 수 있었다. 음악 수업을 도구로 학생의 귀한 삶에 기본적인 안정성 회복을 돕게 된 것이다. 부모님은 민우의 내적 성장을 도운 부분에 대해 많은 감사를 표현해 주셨다.

'학생들의 구체적인 삶의 성장을 지원하는 예술가로서, 인큐레이터로서, 어려움을 발판 삼아 살리는 교육자로서의 삶을 꿈꾸고 실천해가고 있다.'

윤지현 숭실대학교 문화콘텐츠학과 문화치유 박사과정

칼 로저스처럼, 있는 그대로를
수용하는 교육자

저의 작은 거인 칼 로저스는, 학생들의 마음 소리를 들으며 무조건적인 수용과 공감을 보여주어 솔직하게 본인의 이야기를 할 수 있도록 도왔습니다. 저도 칼 로저스처럼 상담 경험을 바탕으로, 있는 그대로를 수용하고 스스로 성장하도록 돕고자 합니다.

나의 작은 거인,
칼 로저스

믿어준다면 반드시 성장한다

미국의 심리학자 칼 로저스는 1940년대 인간 중심 심리학의 창시자이다. 그는 어린 시절 조용히 관찰하고 귀를 기울이는 성격으로, 누군가 말을 할 때 주의 깊게 집중하여 상대방의 마음의 소리를 듣고 진심으로 다가가 도와주는 아이였다.

칼 로저스는 교육분야의 혁신적인 지도자인 굿윈 왓슨 박사의 "학생을 믿어준다면 반드시 성장한다."라는 말을 듣고 이를 상담에 적용하게 되었다. 당시의 기본적인 상담 방법은 사람을 분석하여 그 행동의 원인을 찾고 해답을 제시하는 것이었다. 그러나 칼 로저스는 상대방의 말을 무조건적으로 수용하고, 상대방이 본인의 마음속 이야기를 솔직하게 말할 수 있도록 도움으로써 그들이 스스로 변화되고 성장할 수 있다는 것을 깨닫게 되었다. '진심'이 사람의 마음을 움직이는 것을 보고 체험한 것이다. 그는 아이들의 무한한 가능성을 보고 진실하게 다가가 마음의 소리를 들어 주며, 스스로 성장할 수 있도록 만드는 멋진 상담가이자 교육자의 삶을 살았다.

우리는 성장하는 내내 모든 과목에 뛰어나야 한다고 강요받는다. 나도 그랬다. 물론 요즘은 조금씩 바뀌어 가긴 하지만 아직도 좋은 대학, 특정 좋은 학과에 가야 성공한다고 생각하고 이를 위해 전 과목에서 높은 점수를 받기 위해 노력한다. 그러나 사람은 타고난 강점과 약점이 있고, 모든 사람의 지문이 다른 것처럼 사람마다 잘할 수 있는 것들이 다 다르다. 즉 타고난 씨앗이 모두에게 다르다는 것이다. 누군가 아이들의 씨앗을 스스로 찾을 수 있도록 도와준다면 아이들은 자신의 싹을 틔울 수 있을 것이다. 나도 칼 로저스와 같이 아이들을 있는 그대로 수용하는 상담자가 되어 작은 씨앗을 찾도록 도와주고, 스스로 성장하도록 돕는 사람이 되고 싶다.

나는 '있는 그대로를 수용하는' 인큐레이터

칼 로저스의 마음으로: 경험의 중요성

내가 하고 있는 PCIT(Parent-Child Interaction Therapy) 상담은 2~7세의 문제행동을 보이는 아이들의 양육자들을 코칭하는 상담이다. 이는 '아동 주도 놀이(CDI)'와 '양육자 주도 놀이(PDI)'로 나뉘어 있다. CDI를 통해서 아이의 문제행동에 집중하는 것이 아니라 아이를 따라가면서 잘 놀 수 있도록 지도한다. 양육자가 아이를 잘 관찰하도록 돕고 즐겁게 놀이에 임하면서 양육자의 언어가 달라지며, 애착이 형성되고, 아이의 행동이 달라지게 되는 것이다.

그다음 단계로 PDI를 통해서 아이가 양육자의 말에 따르는 방법을 배울 수 있도록 양육자의 언어를 코칭한다. 놀이를 통해 아이를 있는 그대로 수용하고 받아줌으로써 아이는 새로운 애착을 경험하게 되고 부모의 말을 주의 깊게 듣게 된다.

또한 NKST(North Korea System Trauma) 상담을 통해 탈북민들이 체제 트라우마와 탈북 과정에서 겪는 트라우마를 잘 극복할 수 있도록 상담을 하고 있다. 이에 다문화가정과 탈북민 가정의 양육자들이 문화가 다른 현장에서 아이들을 양육함에 있어서 아이의 문제행동을 잘 다룰 수 있도록 PCIT 상담도 진행하고 있다.

상담은 이론의 공부보다는 실제적인 경험이 중요하다. 그래서 나는 지금도 꾸준히 실제적인 상담을 통해서 함께 공부하는 사람들과 계속 사례 모임을 가지고, 지도 교수님들을 통해서 사례 지도를 받고 있다. 그리고 더 다양한 아이들의 성장을 돕기 위해서 교육대학원에 다시 입학하여 시대에 맞는 교육을 받음으로써 아이들의 성장을 도우려 하고 있다.

현재 숭실대학교 교육대학원 융합영재교육 전공을 통해 영재상담을 공부하며 영재를 구체적으로 이해하여 상담의 범위를 넓히고 AI-MIT를 통해 아이들이 자신에게 맞는 진로를 선택하고 미래를 설계할 수 있도록 하는 상담을 배우고 있다. 시대의 빠른 변화 속에서 아이들을 더욱 구체적으로 성장할 수 있도록 돕고자 한다.

'사람을 있는 그대로 수용하고 공감한 칼 로저스의 마음으로 아이들을 대하고자 노력하고 있다.'

상담 사례

첫 번째 사례는 탈북인 어머니와 아버님이 문화가 전혀 다른 사회에서 5살 어린 딸 양육에 어려움을 겪고 상담을 신청한 사례이다. 아이의 주호소 문제는 물건 집어 던지기, 소리 지르기, 아빠 때리기였다. 아이와 엄마, 아이와 아빠의 놀이 상황을 관찰하면서 두 분을 모두 상담한 케이스이다. 엄마는 아이의 놀이를 따라가면서 아이가 원할 때 개입을 하는 반면에 아빠는 어린 딸을 너무 사랑하는 마음에 다소 과장된 행동과 아이에게 다 맞춰 주려고 하다 보니 아이가 아빠를 무시하고 때리거나 제멋대로 하려는 행동을 한 것으로 보였다. PCIT의 CDI를 통해서 아이를 관찰하고 아이가 원하는 놀이를 도와주며 아빠가 구체적 칭찬, 언어 반사, 행동 묘사를 해줌으로써 아이와 놀이를 함께하되 아이가 존중받는다고 느낄 수 있도록 했다. 이렇듯 부모가 아이에게 긍정적 언어를 사용하고 아이가 원하는 적절한 반응을 해줌으로써 아이의 행동은 3번의 CDI만으로 변화되었다.

북한과 한국은 언어는 통하지만 완전히 다른 문화와 환경이다. 탈북인들은 이렇게 달라진 환경에서 아이들의 양육 방식과 대화에 어려움을 겪는다. 그러나 PCIT를 통하여 언어를 코칭 받음으로써 아이에게 어떻게 얘기를 해야 하는지 알게 되고 짧은 상담을 통해서 양육 방식을 알게 되어 기뻐하신다. 그리고 PCIT를 통해 아이의 문제행동이 변화되는 것을 보면서 기뻐하시는 부모님들을 보면 나는 다시 한번 아이들은 어른이 바뀌면 얼마든지 바뀔 수 있다는 것을 깨닫게 된다.

두 번째 사례는 탈북민 아빠와 중국인 엄마에게서 한국에서 태어난 7살 남자 아이의 상담이었다. 엄마는 상담을 처음 시작할 때 언어의 장벽으로 인하여 아이와 소통에 어려움을 겪는 상태였다. 아이의 호소문제는 집중력이 없고 또래 친구들과 잘 어울리지 못하는 것이었다. 상담을 시작할 때는 통역하시는 분이 계셨지만, PCIT 상담을 통해 언어를 코칭받고 한국말을 배울 수 있도록 복지관 프로그램을 안내해 드림으로써 상담이 마무리될 때는 통역 없이 소통 가능한 단계가 되었다. 아이는 엄마와의 놀이 치유 시간을 통해 애착을 형성할 수 있었다. 즐거워하던 아이의 모습이 지금도 눈에 선하다.

우리는 자녀를 진정으로 위한다. 그러나 언어 전달은 그렇게 되지 않을 때가 많다. 그러면 아이들은 부모가 자신을 사랑하지 않는다고 생각할 수 있고 관심을 보이기 위해서 잘못된 행동을 하기도 한다. 나 또한 아이에게 늘 긍정적 언어를 사용하지 못했다. 그래서 코칭을 통해 실제로 실생활에서 익힐 수 있도록 인큐레이팅하는 것이 중요하다. 이렇듯 부모의 언어와 행동을 통해 아이들에게 부모의 사랑이 전달될 때 아이들은 스스로 성장하고 잘못된 행동들이 수정된다는 것을 이 사례를 통해 또 배울 수 있었다.

있는 그대로, 스스로 성장하도록 돕는

아이들은 있는 그대로 수용하고 믿어주면 스스로 성장할 수 있다. 세상에는 옳고 그름의 기준이 수없이 많이 있다. 그러나 아이들은 타고난 기질도 재능도 다 다르다. 그 기질과 재능을 잘 관찰하고 키워주는 것이 부모와 교사의 역할이다. 하지만 그런 기질을 있는 그대로 키워주기란 결코 쉽지 않다. 우리는 많은 부분에 대해 교육을 받지만 아이들을 있는 그대로 수용하고 공감하는 부분에 대해서는 방법을 알더라도 실제 삶에 적용하기가 어렵다. 나 역시 그렇다. 그래서 양육자로서 이 부분이 어려우면 코칭 상담이 필요하다. 나는 자녀를 양육하는 부모님들의 이러한 부분을 도와주어 아이들이 스스로 성장할 수 있도록 돕는 상담자가 되고자 노력하고 있다.

세상은 성공의 기준을 세워놓고 아이들을 그 기준에 맞추려는 경향이 있다. 그 기준에 맞는 아이는 행복하겠지만 그렇지 못한 아이들은 마음이 병들어간다. 아이들은 자신과 타인을 이해하고 있는 그대로 수용 받고 공감받는 경험이 중요하다. 그리고 자신의 약점과 강점을 알고 미래를 설계하는 것도 중요하다. 자신의 강점을 개발하고 자신에게 맞는 기준을 찾아서 성장해야 한다.

지금 시대는 하루하루가 다르게 변화하고 있다. AI 열풍 속에서 급변하는 교육을 따라가는 아이들도 있겠지만 그렇지 못한 아이들도 있다. 그리고 자신의 강점을 인정받는 교육보다는 획일화된 교육에서 힘들어하는 아이들도 많이 있다.

'그런 아이들을 있는 그대로 수용하고, 공감하고, 자신에게 맞는 강점을 살려 새로운 교육을 받을 수 있도록 안내하는 역할을 하고 싶다. 스스로 성장할 수 있도록 돕는 인큐레이터가 되고 싶다.'

한국음악치료학회 소속 공인음악치료사, 꿈꾸는나무 예술융합센터 대표 **이지영**

정혜선 선생님처럼,
예술 융합 교육자

저는 저의 학창 시절 음악 교사 정혜선 선생님처럼, 음악을 통해 학생들의 내면을 치유하는 인큐레이터가 되고 싶습니다. 이를 위해 '예술융합치료' 분야를 현장에서 적용하고 있습니다.

나의 작은 거인,
정혜선 선생님

참된 교사의 본

낡은 앨범 속에서 그리운 얼굴을 만났다. 나의 작은 거인, 정혜선 음악 선생님이다. 선생님은 1989년 서울 관악구 신림동 나의 모교 미림여자고등학교에 음악 선생님으로 부임하셨다.

선생님을 처음 만났을 때의 모습을 나는 아직도 기억한다. 예쁘게 보조개가 들어가는 하얀 얼굴, 흰 블라우스에 꽃무늬 레이스가 달린 긴 치마를 입고 발그레한 얼굴에 미소를 가득 머금으신 선생님이 음악실로 들어오셨다. 선생님은 이 첫날의 미소를 잃지 않고 우리가 졸업할 때까지 늘 보여주셨다.

정혜선 선생님은 기존의 음악 선생님들이 하시던 이론 지식을 전달하고 평가하는 수업 방식과는 다르게, 음악을 생활 속에서 느끼고 표현할 수 있도록 이끌어 주셨다. 대부분 학생들이 클래식 음악을 자주 감상하지 않는데, 그런 우리들이 음악 감상을 할 수 있는 환경을 마련해 주시기 위해 선생님께서는 방학 과제로 클래식 음악 감상곡 리스트를 뽑아주시고, 개학 날이면 방송실에서 나오는 음악을 들으며 감상 수행평가를 했다. 처음에는 귀찮은 과제, 어려운 과제라며 다들 불평하기도 했지만 방학 동안 매일 음악을 듣다 보니 방학 이후에도 음악을 듣는 것이 일상이 되었고, 이러한 과제들을 통해 나도 점점 클래식 음악을 깊이 좋아하게 되었다.

선생님은 매주 월요일이면 청소를 마치고 야간 자율학습을 시작하기 전 쉬는 시간에, 음악실에 모여서 성경 공부와 기도 모임을 이끌어 주셨다. 지금 생각해 보면 교사로서의 일만 하시기에도 바쁘셨을 텐데 변함없이 학생들의 어려움이나 고민을 들어주시고 함께 기도해 주셨고, 학교 공부에서는 배울 수 없는 가치 있는 삶의 방향으로 이끌어 주시는 참된 교사의 본을 보여주셨다.

삶을 배우는 교육

정혜선 선생님은 부드럽고 따뜻한 성품을 가지고 계셨다. 언행에 있어서도 학생들에게 함부로 말씀하지 않으시고 인격적으로 대우해 주셨다. 학생들이 마음을 열고 다가가기 쉽게 늘 웃는 얼굴로 대해 주셨고 학생들은 그러한 선생님을 신뢰하여 고민이나 어려운 점을 상담할 수 있었다. 나는 선생님에게 받은 격려와 가르침을 통해 신앙적인 성장뿐 아니라, 입시 스트레스로 인한 갈등을 다잡을 수 있었다. 선생님에게 배운 신뢰와 변함없는 태도, 따뜻한 성품은 교사이자 치료사인 나에게도 꼭 필요한 덕목이라고 생각된다.

선생님은 음악 교사로서 음악에 관심을 가질 수 있도록 학생들이 스스로 하기 어려운 부분들은 한번 시도해 볼 수 있게끔 교육적 환경을 만들어 주셨다. 그리고 음악 교과의 평가에 있어 학생들 개개인의 차이가 큰 노래나 연주 같은 재능을 위주로 평가하기보다는 음악을 즐기고 그것을 생활화할 수 있는 감상과 같은 과제를 주셨다. 단편적인 지식 전달이 아니라 의미 있는 경험으로 마음에 남도록 하여 그것을 삶에서 실행하게 하는 선생님의 교육방식을 나 역시 따르고자 한다.

선생님은 입시 위주의 학교 교육 상황에서도 학생들의 인생을 위해 배워야 할 것이 무엇인지를 알려주고 싶으셨던 것 같다. 공부도 중요하지만 무엇보다 마음을 바르게 지키고 다스리는 것이 중요하다는 것이다. 인생을 돌아보면 공부보다 더 중요한 믿음, 정직, 신뢰, 인내, 끈기, 자긍심, 인간에 대한 존귀함, 배려와 같은 덕목들이 우리가 살아가는 데 있어서 꼭 알아야 할 인생의 가치가 아닌가 생각된다. 선생님은 그런 것들을 가르쳐 주었고, 그 과정에서 늘 사랑 어린 관심으로 지켜봐 주시고 적절한 조언과 격려를 잊지 않으셨다. 학생들에 대한 교육자로서의 사명감과 열정이 없었다면 어려운 일이 아니었을까? 선생님의 그러한 모습들이 오래 기억되기에 나도 학생들에 대한 사랑과 교육에 대한 열정을 중요하게 생각하며 아이들을 지도하고 있다.

음악극 프로젝트의 내용

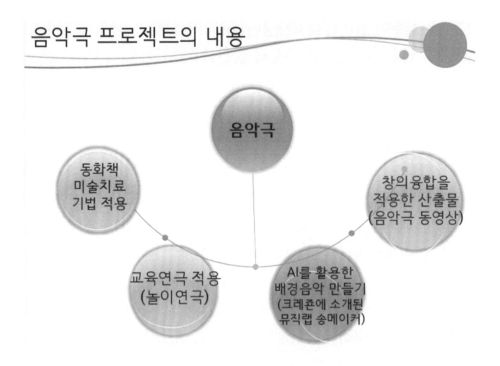

음악극

동화책 미술치료 기법 적용

창의융합을 적용한 산출물 (음악극 동영상)

교육연극 적용 (놀이연극)

AI를 활용한 배경음악 만들기 (크레폰에 소개된 뮤직랩 송메이커)

나는,
예술융합치료 인큐레이터

예술융합치료 교육

나는 10살 때 교회에서 반주를 시작하면서 음악에 재능이 있음을 알게 되었고 피아노를 전공한 뒤, 20대 중반부터 아이들에게 피아노를 가르쳐왔다. 내가 가진 음악적인 재능과 음악의 힘을 가지고 세상을 이롭게 할 수 있는 일이 무엇일까 고민하다가, 30대 초반에 숙명여대 음악치료대학원에 진학하여 공인 음악 치료사가 되었고 지금까지 음악 치료사로 활동하면서 음악 학원을 함께 운영하고 있다.

학원을 운영하면서 어떻게 하면 아이들을 잘 가르칠 수 있을까에 대한 많은 생각과 연구를 했고, 틈틈이 여러 교수님과 유명한 강사들에게 피아노 교수법을 열심히 배우러 다녔다. 몇 년을 그렇게 배우며 조금씩 나만의 노하우가 생겼다. 무엇보다 가장 중요한 것은 아이들 저마다의 강점과 약점, 성향을 파악하고 그것에 맞는 방법으로 가르치는 것이 중요하다는 것을 느끼게 되었다. 재능 있고 지혜로운 아이들에게는 그들의 탁월함과 습득력에 감탄하며 칭찬을 아끼지 않았고, 부족한 아이들은 나의 도움이 더 필요하기에 더 많은 관심과 애정을 주려고 노력했다. 나의 마음이 더해질수록 아이들은 성장하고 향상되었다. 나는 아이들을 가르치며 아이들은 관심과 사랑으로 자란다는 것을 배웠다.

코로나 19 팬데믹으로 나는 빠르게 변화하는 세상을 보면서 '지금까지의 교육 방식으로는 첨단 시대의 아이들을 가르칠 수 없겠다.'라는 생각을 하며 미래 시대에서 요구하는 창의융합 인재를 기르는 교육에 대한 배움의 필요성을 느끼게 되었고, 숭실대학교 교육대학원 융합영재교육전공에 편입하여 예술융합교육을 공부하였다. 이를 통해 새로운 비전을 꿈꾸게 되었다.

나는 많은 사교육과 경쟁에 시달리는 모습 속에서 아이들이 결코 행복하게 자라고 있지 않다고 느꼈다. 이러한 아이들의 정신적, 심리적인 치유와 회복이 필요하다는 시대적 사명감을 느끼며 학교 교육 현장에서 적용할 수 있는 '예술융합치료교육 프로그램'을 만들고자 연구하며 지도하고 있다. 내가 그동안 해왔던 음악 치료와 음악 교육, 그리고 다양한 예술 치료 기법을 융합하는 '예술융합치료교육'은 학교 교육 안에서 기존의 교육이 제공하지 못했던 '의미 있는 예술적인 경험'을 통해 아이들의 심리적인 치유와 회복, 건강한 성장을 도와줄 수 있음을 확신한다.

또한, 그동안 음악 교육자와 음악 치료사로서 살아온 경험을 바탕으로 교육 전문가이자 상담가로서의 역량을 더욱 개발하기 위해 AI-MIT 다중지능 검사 해석 상담사(스페셜 인큐레이터) 과정을 이수하였다. 아이들이 자신이 가지고 있는 씨앗을 발견하고 자기가 잘할 수 있고, 좋아하는 일을 찾아서 계획을 가지고 실현해 나갈 수 있도록 도와줄 수 있는 AI-MIT 다중지능 검사를 통해 학생들을 더욱 잘 파악하고 효과적으로 지도하는 교육 전문 상담가로서도 앞으로 더욱 활발한 활동을 해 나가고 싶다.

내면의 성장을 돕는 예술

정신과 음악 치료 인턴을 하던 시절, 나는 가정폭력으로 인해 아버지와 분리되어 보호소에서 엄마와 생활하며 치료를 받으러 온 두 형제를 만났다. 같은 환경에서 자랐는데 두 아이는 다른 양상을 보이고 있었다. 아버지가 어머니를 구타하는 것을 보고 자라면서 형은 공격적이고 거친 말과 행동을 보이고 있었고, 동생은 가정폭력의 스트레스로 인해 탈모가 되어 어떤 약을 써도 머리카락이 자라질 않았다.

나의 치료적인 접근 방법은 활동의 '구조화'와 자긍심 향상을 위한 '강화'였다. 활동에 집중이 안 되는 아이에게 집중하고 싶게 하고, 성공할 수 있는 과제로 구조화해서 제시하여 그 아이가 음악 안에서 성공의 경험을 통해 '나도 잘할 수 있구나.'를 경험하도록 도와주었다. 형은 세션이 거듭될수록 성취감을 맛보고 잘했다는 칭찬 속에 행동은 점점 밝고 안정되었다.

한편, 동생은 어떤 악기를 주어도 소리를 제대로 내질 못했다. 큰북이나 심벌즈를 주어도 연주의 강도가 너무 약하고 위축되어 있었다. 그러던 어느 날, 악기마다 가족의 역할을 부여해서 진행되는 즉흥 연주에서 심벌즈가 자신의 역할이었는데 계속 약하게만 연주하던 아이가 갑자기 귀가 떨어져 나갈 정도로 크게 내리치는 것이었다. 그러더니 연주를 멈추고 내게 "저도 이렇게 한 번은 소리를 지르고 싶었어요."라고 말했다. 그 세션 이후로 동생은 점점 음악 치료 세션에서 표현이 늘어났고, 반응을 보이며, 우리는 음악으로 교류하게 되었고, 그 과정에서 머리카락도 조금씩 자라났다.

상처를 가진 아픈 마음은 건강한 성장을 방해한다. 아이들은 자신의 내면에 억눌려있는 것으로 인해 말과 행동이 거칠어지고 대인관계에서도 공격성이 나타난다. 심리적인 위축과 불안은 집중력을 흐트러트려 해야 할 것들을 열심히 하지 못하게 하고, 낮은 자존감은 삶의 의욕을 떨어뜨린다. 아이들은 성장하며 크고 작은 상처를 겪게 될 수 있지만, 그때마다 건강한 자신의 모습으로 회복이 필요하다. 학교 공부에만 초점이 맞춰있고 내면의 성장은 잘 알지 못하며, 과정보다 결과에만 관심이 있는 우리 사회가 앞으로 더욱 건강하게 발전하기 위해서는 다음 세대의 내면 성장에 더욱 관심을 갖는 것이 꼭 필요하다.

우리 원에서는 사람책모델학교의 인물 탐구 예술융합 특강을 진행하고 있다. 이 프로그램을 통해 아이들은 훌륭한 인물의 삶을 깊이 살펴보며 무엇이 그들을 성공으로 이끌었는지 알 수 있고, 그러기 위해 어려서부터 가져야 할 좋은 습관과 태도가 있음을 배우고 닮아 가도록 한다. 또한, 그 인물이 강점으로 가지고 있는 다중지능을 개발하기 위한 예술융합 활동을 통해 아이들이 경험적으로 느끼고 내면화할 수 있도록 내용을 구성하고 있다.

음악 학원에서 악기만 배우는 시대는 지났다고 생각한다. 예술융합 교육은 어려서부터 예술적 사고 습관을 통해 창의적으로 생각하고 말하고 표현하며 소통하도록 해주기에, 나는 음악 교육과 예술융합 교육을 통해 미래 시대가 필요로 하는 창의적인 융합 인재를 양성하는데 기여하고자 계속 연구하며 지도하고 있다.

'예술'이라는 선물

요즘 부모님들은 아이들이 스트레스를 받는 것을 대단히 민감하게 생각한다. 악기를 배우는 과정에서 조금만 어렵다고 하거나 힘들어하면 중단하는 모습을 많이 보게 된다. 배우는 과정에서의 스트레스는 어쩌면 필요한 부분이다. 극복해야 하는 과제이고 그것을 통해 발전하는 성장통이기 때문이다. 부모의 보호 속에서 조금의 어려움도 겪지 않고 자란 아이들이 사회에 나가서 부딪히는 문제들로 인해 받는 스트레스를 조절하지 못하고, 관계의 어려움을 겪을 때 극복하지 못하여 소통에 어려움을 겪거나 극단적으로는 삶을 포기하는 것을 보곤 한다. 어려움도 극복해 봐야 성장한다.

그런 측면에서 볼 때 악기를 배우는 것은 어려서부터 도전하고 극복하며 자기 자신을 조절하고 인내하며 성취를 경험하는 좋은 훈련이다. 게다가 그 완성품인 연주곡들은 멋지고 아름답기까지 하다. 어렵지만 도전하고 노력을 통해 목표를 성취하는 것을 배운다. 우리 삶도 마찬가지라고 생각한다. 매일의 삶에서 나에게 다가오고, 내가 해결해야 하는 것들을 최선으로 노력하고 해냈을 때 삶에 대한 의미를 느끼며 성장할 수 있다. 그래서 나는 음악이 우리 아이들을 건강하게 성장하도록 도와주고 평생을 함께하는 좋은 친구가 되어준다고 믿는다. 이것이 음악적 재능의 유무를 떠나 모두에게 음악 교육이 필요한 이유이다.

지난 26년여 동안 많은 아이들을 교육 현장에서 만났다. 학생들이 학교 외에도 너무나 많은 학원 스케줄로 자신의 마음을 돌보거나 자유롭게 놀 시간이 없다고 호소한다. 그러기에 잠깐의 시간이 생기면 당장 손쉽게 접할 수 있는 SNS나 핸드폰 게임, 유튜브 동영상  을 찾는다. 함께할 누군가를 찾지 않아도 언제나 손쉽게 놀 수 있기 때문이다. 단편적인 웃음과 정서적인 소통이 없는 재미는 내면을 채워줄 수 없다. 어릴 때부터 계속되는 경쟁으로 인한 스트레스, 가족이나 친구들과 정서적으로 소통하지 못하는 것으로 인해 많은 학생들이 정신과적인 어려움을 겪고 있다. 이에 나는 교육 현장에 아이들의 마음 챙김과 정서적 지원이 되는 치료 교육의 필요성을 느낀다.

'예술융합치료 교육'은 학생들에게 예술적 경험 속에서 발견하는 자신의 상처나 현재의 어려운 문제들을 건강하게 해석하고, 자신의 감정을 조절하고, 스스로 해결점을 찾도록 도와준다. 나는 이러한 예술융합치료 교육이 아이들의 사회적, 정신적, 심리적 문제를 도와줄 수 있는 효과적인 대안이 된다고 생각한다. 그래서 학교 교사들이나 상담 교사 및 유아, 초등, 청소년 관련 기관들이 활용할 수 있는 '예술융합치료 교육 프로그램'의 개발을 위해 연구하고 있다.

나는 정혜선 선생님처럼 학생들의 마음을 만져주는 선생님이 되고 싶다.

'살아가며 겪는 다양한 어려움들은 인간이기에 겪게 되는 어쩔 수 없는 무게이지만, 하나님이 우리에게 '예술'이라는 삶 속에서 누릴 수 있는 선물을 주셨고, 그것을 사용하여 치유될 수 있음에 감사한다.'

앞으로 음악 교육과 음악 치료, 예술융합 교육을 통해 다음 세대의 치유와 회복, 건강한 성장을 도와주며 우리 사회를 밝히는 인큐레이터로 쓰임 받게 되길 소망한다.

원은미 케이에듀아트 대표, 숭의여자대학교 겸임교수

세종대왕처럼,
시스템을 만드는 교육자

저의 작은 거인 세종대왕은, 이타적 리더십을 통해 백성들을 위한 기구와 정책을 시스템화하였습니다. 저도 세종대왕처럼 교육의 현장에서 이타적 리더십을 가지고 시스템화된 교육 치유를 실현하고자 합니다.

나의 작은 거인,
세종대왕

백성을 감싸 안은 '대왕'

조선의 제4대 왕 세종(1397~1450, 재위 1418~1450) 즉, 충녕은 태종의 세 번째 아들로 어려서부터 책을 읽으며 학문을 익히는 것을 좋아했다. 글공부에만 그치지 않고 의학·음악·과학 등 여러 분야의 공부를 즐겼고 배우기를 좋아하는 성격 덕분에 깊이 있는 지식을 쌓을 수 있었다. 큰형인 양녕이 세자에서 폐위당한 뒤 세자의 자리에 오른 충녕은 조선 제4대 왕이 되었고, 책에서 익힌 다방면의 지식으로 새로운 조선을 만들고자 애썼다.

세종은 나라가 부강해지기 위해 과학과 문화를 키워야 한다고 생각했다. 이에 관련 분야를 연구하여 적재적소에 인재를 등용해 발전시켜 나갔고, 1441년 장영실을 시켜 측우기를 발명해 강우량 측정의 선진국이 되었다. 조선 전기에는 같은 크기의 측우기를 전국에 설치해 전국적으로 강우량을 쟀다. 이러한 전통은 유럽보다 거의 200년이나 앞선 것이었다.

그리고 1443년 집현전 학자들과 함께 자음 열일곱 자와 모음 열한 자로 된 훈민정음을 창제해 백성을 가르치는 바른 소리를 만들었다. 세종은 신하들에게 명령만 내리는 왕이 아니라 함께 고민하고 연구하는 왕이었다. 세종은 과학, 농업, 문화, 예술 등 많은 분야에서 수많은 업적을 남겼다. 혼천의, 자격루, 측우기 등을 통해 조선의 과학 기술을 세계적으로 발전시켰으며, 궁중 음악을 발전시키고 훈민정음을 만들어 조선만의 문화적 뿌리를 내릴 수 있게 했다. 아버지 태종 이방원이 이룬 조선의 기틀 위에 그 뜻을 이어 백성을 감싸 안을 수 있는 왕이 되고자 노력했던 왕이었다.

세종대왕의 재능: 이타적 리더십

세종대왕은 부지런하며 예의가 발랐으며, 호기심과 깊은 사고력을 가지고 있었다. 또한, 고르지 못한 옥돌 때문에 생긴 음의 오차까지 짚어내는 예리함을 지녔다. 이러한 재능을 통해 다른 나라의 것이 아닌, 당당히 우리의 독자적인 과학과 문화를 가진 나라를 만들기 위해 노력했다.

또한, 백성의 마음을 살피는 타인 공감이 뛰어났다. 덕분에 농사를 짓는 백성들을 위해 과학을 발전시켜 기후와 토질에 맞게 농사법을 실시했고, 비가 오는 시기를 예측해 농사에 사용할 물을 미리 준비할 수 있게 하여 농작물의 수확량을 늘릴 수 있었다.

세종의 아버지 태종 임금에게는 네 명의 아들이 있었고, 왕세자였던 양녕에게 많은 관심을 기울였다. 이에 충녕은 아버지의 관심과 사랑을 많이 받지 못했다. 하지만 불쌍한 사람을 그냥 지나치지 못하는 따뜻한 심성과 어진 마음을 가진 충녕을 백성들은 매우 좋아했고, 1418년 태종은 충녕을 세자로 책봉했다. 이러한 세종처럼 이타심이 있는 리더로서의 인큐레이터가 되고 싶다.

나는 '시스템을
만드는' 인큐레이터

교육은 시스템이다

　세종이 통치하던 때에는 고려 말부터 사용해 오던 '과전법'이라는 토지 제도를 그대로 사용 중이었는데 이는 토지의 질에 따라 상·중·하로 나누어 세금을 거두는 제도였다. 그런데 관리들은 이 원칙과 상관없이 세금을 똑같이 거두었고 농민들을 속이기까지 했다. 이에 세종은 가난하고 힘없는 백성들의 어려움을 덜어 줄 세금 제도가 필요하다 생각하였고, 새로운 세금 제도인 '공법'을 만들기 위해 높은 관리부터 평민까지 많은 사람의 의견을 모았다. 관리들은 다섯 달 동안 전국을 다니며 무려 17만 명이 넘는 사람들의 의견을 들었다.

　이러한 노력 끝에 마침내 새로운 세금 제도인 공법이 완성되고 조금씩 실시되기 시작했다. 토지의 좋고 나쁨을 따라 6등급 풍년 흉년을 따라 9등급으로 나누어 세금을 조정하여 백성이 내는 세금은 줄고 나라의 재산은 늘어나게 되었다. 공법으로 땅에 대한 철저한 조사가 이루어지자 공평하게 세금을 납부하게 된 것이다.

이렇듯 세종은 백성들을 위한 제도를 만듦에 있어 모두를 만족시키는 철저한 시스템을 구축했다. 세종의 일화를 비추어 볼 때 어느 한쪽이 아니라 교사, 학부모, 아이들 입장을 모두 고려하여야겠다는 생각을 했다. 이에 나는 세종처럼 시작점부터 달리했다. 아이들의 기질과 성격, 가정 환경 등을 조사하여 그 숨겨진 씨앗을 발견하고 학부모들과 전문적인 상담을 통해 엄마, 아빠가 아이들을 위해 관심을 갖고 움직이게 하도록 어린이집의 교육 시스템을 만들었다.

'원장으로서 조사하고 어린이집에서 연구해 보니 어린이집에서 교육이라는 건 '지속적으로 성장시키는 시스템'이다!'

누구에게나 지지와 격려, 그리고 내면의 힘을 끌어내는 인큐레이팅이 필요하다. 세종과 같이 이타적 리더십을 갖춘 교육자가 되어 사람들의 삶의 성장 시스템을 인큐레이터로서 교육을 통해 도와주고 싶다.

조이언스컬쳐에듀 대표, 다중지능 교육 및 상담 **조희연**

칸딘스키처럼,
기쁘게 사는 교육자

저의 작은 거인 칸딘스키는 본인이 진정
으로 원하는 미래를 향하여 다양한 분야
의 도전적인 성취를 이룸으로써 후회 없
는 기쁜 인생을 살았습니다. 이처럼 저도
진정으로 원하는 삶의 경험을 통해 기쁨
으로 가득한 길을 여는 인큐레이터가 되
고 싶습니다.

나의 작은 거인,
칸딘스키

진정으로 원하는 삶을 향해

추상화의 아버지, 추상 미술의 선구자인 바실리 바실리예비치 칸딘스키 (1866~1944년)는 러시아 태생의 화가이자 판화 제작자, 예술 이론가이다. 그의 화풍은 물리적인 시각으로는 보이지 않는 자신의 내면을 가시화하여 공감각으로 표현하였다는 것이 특징이다. 그런데 그가 처음부터 미술을 공부한 것은 아니었다.

모스크바 대학에서 법학과 경제학을 전공하여 20대 청년의 때에 일찌감치 교수로서 인정을 받은 칸딘스키는 미술과는 전혀 상관없는 삶을 살았다. 그러던 어느 날 한 전시회에 걸린 모네의 「짚단」을 보고 큰 인상을 받고, 또 바그너의 오페라 「로엔그린」에 매우 큰 영감을 얻은 것을 계기로 화가가 되기로 결심한다. 교수직이라는 안정적인 생활을 포기하고 30세에 화가가 되기로 결심한 것은 상당히 모험적이고 파격적인 행보였다. 이후 뮌헨 왕립 아카데미에서 정식으로 미술 교육을 받아 그림에 몰두하며 자신만의 영역으로 최초의 현대 추상 작품이라는 새로운 길을 내었다.

이처럼 자기 자신에 대한 세심한 관심과 그것을 이루기 위한 깊이 있는 전문적 과정에 두려움 없이 도전하는 삶은 내게 용기와 도전의 모델이 되기에 충분하였다. 자신이 진정으로 원하는 것에 대한 귀 기울임, 지금까지 걸어왔던 길과 전혀 다른 분야라도 꾸준한 관심과 과감한 실행력의 열정이 매우 매력적으로 나를 사로잡는다.

나를 이루는 것은, 내가 경험한 모든 것

칸딘스키는 부유한 집안에서 태어났지만 5살 때 부모님이 이혼하신 후 큰이모의 손에서 자랐다. 모든 이혼 가정의 자녀가 정서적으로 불안정한 것은 아니나, 영향이 없다고는 볼 수 없을 것이다. 예민하고 예술적 감수성이 풍부했던 칸딘스키 또한 몸과 마음의 아픔과 내면 세계에 있는 심리적 긴장과 불안을 그림을 그리며 해소했고, 삶의 위안을 얻었다.

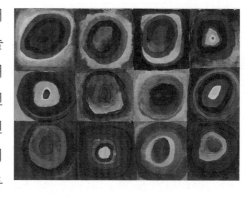

그는 성장하여 화가이자 교수, 저서 집필, 판화 제작자, 무대 연출가, 예술 이론가, 미술 평론가 등으로 활동하며 다양한 분야의 업적을 남겼다. 처음 전공했던 법학과 교수가 아닌 예술과 건축으로 유명한 독일의 바우하우스에서 학생들을 가르치고 새로운 분야의 동료들과 만나게 된다. 예술학의 전문 교수가 되었지만, 그전의 법학과 경제학의 기초가 분명 영향을 주었으리라 생각된다. 또한, 어린 시절부터 음악에도 관심이 많아 아마추어 첼로, 피아노 연주가로 활동하였고, 여행을 좋아하여 베니스, 로마, 피렌체, 코카서스, 크림 반도 등을 다니면서 유럽 문화에 매우 익숙했다. 이와 같은 그가 쌓아온 시간과 경험들은 그의 인생에서 크로스오버되어 융합적인 자산이 되었다. 경험한 모든 것이 칸딘스키의 고유한 예술 세계를 구성하게 된 것이다.

나는 '기쁘게 사는'
인큐레이터

기쁘게 살 권리

나는 성악을 전공한 후 영유아 및 아동들을 지도하다가, 숭실대학교 교육대학원에서 융합영재교육 전공으로 석사 학위를 취득하고 음악심리재활학 박사과정을 수료하며 학문을 이어가고 있다. 현재 '아름다운 삶에 참기쁨을 누린다.'라는 취지로 'Joyance Culture Edu' 문화예술교육연구소를 운영한다. 'Joyance'는 고어로 기쁨을 뜻한다. 스스로 태어날 계획과 의지를 가지고 이 땅에 온 사람은 아무도 없다. 삶이 내게 주어진 것이다. 나는 생명을 가지고 태어난 모든 사람은 기쁨을 누리며 살 권리가 있다고 생각하여 위와 같은 삶의 철학을 펼쳐가고 있다.

나는 예술융합 교육, 교육 연극, 초등학교 영재 캠프 총괄, 찾아가는 공연 및 예술 체험 행사 기획, 공교육 기관 학생들의 심리 정서와 가족 문화 치유, 영유아 교사 스트레스 직무 연수 등의 프로그램 제공과 교육하는 일들을 하고 있다.

동 직종에 종사하는 커리어와 비교하여 비교적 다양한 일을 수행하고 있는데, 나를 믿고 의뢰하는 대상을 거절하지 않고 때로는 다소 낯선 경험일지라도 창의

성을 발휘하는 기회로 삼아 반갑고 기쁘게 그 초대에 응하고, 소중한 만남의 결실을 맺어 간다. 늘 감사함으로 또 하나의 새로운 작품을 완성해 나가듯 보람되고 만족스러운 결실에 행복한 인큐레이터다.

비전과 호기심, 그리고 부지런한 경험들이 나의 정체성이라고 생각하기에 칸딘스키처럼 나의 관심의 여러 감각을 열어 두고 '이거다.' 하는 것엔 정진하고자 한다. 정진할 때에 방해되는 것들은 내가 세운 뜻을 실현할 때까지
최대한 신경 쓰지 않고 목표에 집중하는 편이다.

'마중물이 물을 끌어오듯 즐거운 경험들이 엮어져 새로운 경험을 쌓아가는 기쁨은 나의 내면을 든든하고 배부르게 한다.'

어릴 때부터 나는 예술을 즐기는 데 배고픈 아이였다. 5월 5일 어린이날에 열리는 MBC 창작동요제에 나가 보는 게 소원이었고 이 방송을 보기 위해 모두 다 떠나는 어린이날 축제의 나들이를 가는 것이 싫었다. 나들이를 할 때는 오후 5시를 지켜 라디오에서라도 생중계를 꼭 들어야만 했다. 피아노 학원에 가고 싶었지만, 나의 어머니는 학업 성적에 관련된 학원만 등록해 주셨다. 보통은 어머니 손에 이끌려 오는 어린이 합창단도, 나의 경우 혼자 원서를 접수하고 오디션을 보러 다녀 주변 어른들이 기특해하기도 하셨다. 지금은 아이들을 공연 무대에서 만나고, 그들을 멋진 무대에 세우고 있다.

어떤 형태로든 결핍이 없는 사람은 없다. 칸딘스키도 마찬가지였을 것이다. 오히려 문제 상황을 극복하기 위해 더 간절히 노력하게 되며, 미래의 나를 꿈꾸고 성취해 가며 행복감을 얻게 된다. 우리 아이들은 오늘도 말한다.

"엄마는 일하는 게 재밌어? 정말 신나 보여!"

어디에서 무엇인가를, 또 누구를 만나게 되는 만남의 축복은 매우 중요하다. 칸딘스키가 새로운 진로인 예술 세계로 들어와 분야의 동료들과 여러 업적을 이루었듯이 나도 융합교육을 하며 여러 교육가들과 협업들을 하고 비전을 나누게 되었다. 그리고 나의 세 아이를 컨퍼런스, 회의, 코웍하는 자리에 초대하기도 하고 아이들이 할 수 있는 정도의 일들은 유아기 때부터 기회를 주고 적절한 보상을 주기도 했다. 아이들은 이렇게 현장의 감각에 노출되어 초·중·고·대학생의 성장 과정 동안 각 재능대로 각자의 몫을 해내고 있다. 이러한 다양한 시도들이 자녀들에게 또 한 번의 경험을 주고, 결정적 계기를 만나게 할 것이라고 생각한다.

주저 없는 새 길

입시 위주의 필요한 공부에만 매진하는 학업 분위기 속에, 나는 개인이 진정으로 원하는 삶을 펼쳐갈 수 있도록 조력하는 인큐레이터가 되어야 할 필요를 느낀다. 학년이 올라갈수록 입시 준비에 많은 시간을 투자해야 함을 부인할 수는 없다. 그렇기 때문에 어릴 때 자유롭고 자연스러운 호기심을 따라 관심 분야를 탐구하고 잠겨 볼 기회를 가져보는 것은 큰 행운이라고 생각한다.

나는 1970년대생으로, 내가 어릴 때는 긴 방학 동안 '탐구 생활'이라는 과제를 하는 것이 큰 숙제였다. 학교에서 선생님이 가르쳐 주시는 일방적인 가르침도 필요하지만 난 탐구 생활을 내가 직접 짠 하루 계획에 따라 자발적으로 이행하는 것이 재미있었다. 지금 기억해 보면 언어, 수학, 과학, 인문, 신체, 예능 분야를 아우르는 통합적 내용이었던 것 같다. 뒤죽박죽 엉뚱한 나만의 답을 도출하기도 하고 모든 영역을 완벽하게 하진 못했으나 새로운 문제 해결 방법들에 도전하며 내 수준의 작은 탐구를 이루어가면서 나 자신이 탐색하던 시간들이지 않았나 지적인 추억을 해본다.

지금은 방학 숙제도 그리 강제적이지도 않고 학생들은 대부분 방학 때도 자율적 개인 탐구 시간을 갖기보다는 학기 중과 마찬가지로 학원에서 선행 학습을 하며 지낸다. 방학 때 여행을 하거나 탐방을 하기도 하지만 자칫 체험 정도에서 그치는 정도가 많다. 단순한 체험은 시간이 흐르면 기억에서 쉽게 잊혀지게 된다.

개인 연구는 꼬리에 꼬리를 무는 호기심을 붙잡아 키워낼 기회들을 맛보고, 그것을 포트폴리오로 남길 수 있는 귀한 장점이 있다. 아이들은 그것이 무엇이든지 간에 자신의 관심 영역에 어른들이 함께 관심을 가져 주고 더 알도  록 도와주면 그 자체로 너무나도 기뻐하고 소중한 존재임에 진하게 베어 간다.

'나는 칸딘스키가 자신의 관심 분야에 몰두하고 주저 없이 새 길을 기쁨으로 걷는 예술 선구자가 된 것처럼 나와 나를 만나는 사람들의 내면의 소리·감각·재능을 터치하고 그려내는 예술융합 인큐레이터가 될 것이다.'

김보연 인큐연구소 AI 다중지능검사 연구팀장

바바라 윈프리처럼,
각인을 바꾸는 교육자

저는 작은 거인 바바라 윈프리가 딸 오프라 윈프리의 각인된 상처와 마음을 보듬고 이에 맞는 교육을 실천했던 것처럼, 아이들을 관심의 눈으로 바라보고 차별화된 교육을 하는 인큐레이터가 되고 싶습니다.

나의 작은 거인,
바바라 윈프리

기다림과 사랑으로

나의 작은 거인 바바라 윈프리를 설명하기 전에 먼저 오프라 윈프리(1954~)에 관해 설명하자면, 그녀는 세계적으로 유명한 토크쇼의 여왕이며 흑인 인권 운동가이다. 누가 봐도 찬란한 인생인 오프라 윈프리의 어린 시절에는 사실 큰 아픔이 있었다.

그녀는 태어나자마자 부모에게 버림받아 6살 때까지 할머니의 손에서 자랐다. 이후 다시 친어머니를 만나 함께 살게 되었으나 관심을 받지 못하였고, 학교에서도 따돌림을 당했다. 또한, 사촌 오빠에게 성적으로 학대를 당했으며, 14살 때는 성폭행으로 미숙아를 낳았다. 비행 청소년의 길로 빠진 오프라를 감당할 수 없었던 친어머니는 그녀를 친아버지의 집으로 보내게 되었다. 재혼한 상태였던 아버지는 오프라가 아이를 낳을 수 있게 도왔으나 예정일보다 일찍 태어난 아이는 2주 만에 세상을 떠났고, 당시의 오프라는 죄책감을 견뎌내기 어려워 마약이나 담배에 의존해 현실을 잊고자 했다.

그러나 아버지의 진심 어린 사과와 새어머니인 바바라 윈프리(1930~2018)의 기다림과 사랑은 오프라 윈프리의 삶에 변화를 주기 시작했다. 바바라 윈프리는 가정주부로서 오프라를 키우는 데 헌신적으로 시간을 보냈다. 오프라는 3살 때부터 많은 사람 앞에서 성경을 암송할 정도로 말솜씨가 뛰어나, 주변 이들에게 재치가 있다는 칭찬을 많이 들었는데, 이러한 오프라의 재능을 알아본 바바라는 어린 오프라에게 책 읽기와 독후감 쓰기를 엄격히 시켰다.

새어머니는 오프라가 방황하며 나쁜 친구들과 어울릴 때 혼을 내는 게 아니라 기다려주었고, 어린 시절 많은 것을 경험하지 못한 그녀에게 책으로 간접 체험을 할 수 있도록 성장 시스템 구축을 도왔다. 오프라 윈프리는 독서를 통해 자신의 상처를 치유하며 삶을 바꾸어 나갈 수 있도록 도와주었던 새어머니에게 여러 차례 고마움을 표현했다.

"독서가 오늘의 저를 있게 했습니다. 책을 통해 받았던 위안과 은혜를 사람들에 되돌려 주고 싶습니다. 책은 삶에 희망이 있다는 것을 제게 가르쳐 주었어요. 독서를 하면서 세상에는 내 처지와 같은 사람들이 많다는 것을 알았습니다. 성공한 사람들과 그 사람들이 이룬 업적에 저도 도달할 수 있다는 가능성을 보여주었어요. 독서가 바로 저의 희망이었습니다."

새어머니 바바라의 관심과 사랑의 인큐레이팅이 오프라 윈프리 인생에 제2막을 열어준 것이다.

위기를 기회로 만드는 시선

바바라 윈프리는 어린 시절 경제적인 어려움을 겪었다. 물론 경제적인 어려움은 가정에 영향을 주는 위기이다. 하지만 이러한 바바라의 가정환경은 오히려 훗날 어머니로서 가족을 어떻게 지탱하고 양육해야 하는지에 대한 가치관을 형성하는 데 중요한 기회로 작용하였다. 위기가 곧 기회가 된 것이다.

바바라 윈프리의 긍정적인 태도와 포용력은 가정환경을 더욱 따뜻하고 화합적으로 만드는 것에 기여하였고, 오프라 윈프리의 긍정적 변화에 영향을 미쳤다. 또한, 주변 사람들이 무엇을 필요로 하는지를 살피는 관찰력이 오프라 윈프리에 맞는 학습 방법으로 교육의 가치를 가르치고 미래에 더 나은 삶을 살 수 있도록 기회를 제공하였다.

이러한 점들을 보았을 때 나도 인큐레이터로서 바바라 윈프리처럼 개인에게 무엇이 필요한지 관심을 가지고 한 명 한 명 관찰하고 그에 맞게 차별화된 학습 방법으로 학생들을 지도하는 성장 시스템을 구축해 주고 싶다. 또한, 긍정적인 시선으로 개인의 마음을 보듬어주고 만나는 사람 모두를 살리는 인큐레이터가 되고 싶다.

나는 '각인을 치유하는'

인큐레이터

차별화된 방법으로

지난 6년간 유치원 교사로 일하면서 5, 6, 7세 담임을 맡았다. 이 경험을 통해 아이마다 다른 흥미, 특성, 학습 준비도를 가지고 있다는 것을 명확히 이해했고, 차별화된 교육이 필요하다고 느꼈다.

때로는 같은 활동이더라도 아이들의 흥미에 맞게 다양한 접근 방식을 사용했다. 그림 그리는 것을 좋아하는 아이에게는 그림으로 표현할 수 있는 활동을 제공하고, 말하기를 좋아하는 아이에게는 발표 기회를 주었다. 또한, 글쓰기를 즐기는 아이에게는 글쓰기 활동을 제공하여 각자의 성향과 흥미에 맞는 학습 경험을 할 수 있도록 했다. 또한, 아이들의 학습 준비도가 서로 다르기 때문에, 활동의 난이도를 조절하여 스스로 선택할 수 있는 여지를 주었다. 이를 통해 아이들은 자유롭게 창의적으로 생각하고 자신만의 아이디어로 작업할 수 있었다.

개개인에 맞는 차별화 교육은 아이들에게 학습에 대한 더 큰 흥미를 느끼게 하였다. 아이들은 획일적인 교육이 아닌 개별 맞춤 교육을 제공할 때, 스스로 관심과 사랑을 받고 있다고 생각한다. 이러한 경험을 통해 누구에게나 지지와 격려, 그리고 내면의 힘을 끌어내는 인큐레이팅이 얼마나 중요한지를 깨달았다. 통찰력 있는 관찰로 아이들의 시작점을 확인하고, 차별화된 교육 방법으로 관심을 가지고 지도할 때 삶의 성장 시스템 구축을 도와줄 수 있을 것이라고 기대한다.

잠재력을 발견하는

현재 초등학교 1학년을 대상으로 하는 인문학 수업을 진행하고 있다. 수업 시 학생 A는 늘 집중하지 못하는 모습을 보였으며, 친구들의 반응을 민감하게 캐치하지 못했다. 자신의 행동에 대해 다른 사람이 어떻게 반응을 했으면 좋겠는지에 대한 기대감도 없어 보였다. 이에 대한 이해를 돕기 위해 AI 다중지능 검사를 실시하였고, 그 결과, 인간친화지능 중 사회적 민감성이 부족한 것으로 나타났다.

사회적 민감성은 인간관계와 소통의 핵심이다. 따라서 이 부분을 키우도록 도와주는 것이 학생 A의 미래에 큰 도움이 될 것이라 판단되었다. 이에 A 학생에게 도움을 주기 위해 모든 상황에 대한 매뉴얼을 제공하였다. 보이는 모든 상황에서 어떻게 말하고, 행동해야 하는지 거의 대본처럼 상세하게 설명해 주었다. 처음에는 하나하나 알려줘야 하는 번거로움이 있었지만, 몇 개월이 지나면서 학생이 변화되는 것을 확인할 수 있었다. 이러한 노력을 통해 학생 A는 사회적 민감성이 향상되었고, 학습과 인간관계에 더욱 적극적으로 참여할 수 있게 되었다.

다른 사례로 자존감이 낮았던 학생 B가 있다. 이 학생은 유치원 시절부터 선생님들로부터 칭찬보다는 지적을 많이 받았고, 자신에 대한 믿음이 부족했다. 무엇을 하던 자신의 행동과 말이 맞는지, 잘하고 있는 것인지에 대한 의문을 자주 품었고, 다른 사람들의 눈치를 많이 보았다.

이 학생에게 나는 달란트 일지를 제안했다. 달란트 일지는 일상 속에서 자신의 성장과 긍정적인 경험을 기록하는 도구로, 매일 자신이 한 일 중에서 긍정적인 측면을 찾아 적고, 부정적인 측면 또한 적은 후 그럼에도 감사했던 것을 적는 것이다. 그리고 일주일에 한 번씩 지난주 동안 칭찬받았던 내용과 새로 발견한 달란트를 적는다.

두 달이 지난 후, 이 학생은 놀라운 변화를 나타냈다.

"선생님, 저는 지금까지 제가 바보인 줄 알았어요. 항상 혼나고 잘못된 점을 지적당했거든요. 저는 잘하는 게 없다고 생각했어요. 그런데 달란트 일지를 쓰다 보니 저도 잘하는 게 많다는 것을 깨달았어요."

위와 같은 사례들은 내게 모든 학생들은 아직 피우지 못한 멋진 씨앗과 잠재력을 가지고 있다는 것을 상기시켰다. 따라서 내가 만나는 모든 아이들의 잠재력을 발견해 주고, 자신감을 키워주는 것이 인큐레이터의 중요한 역할임을 깨달았다. 만약 내가 위 두 학생에게 관심을 기울이지 않고 지나갔다면, 학습의 기회를 놓친 채로 또는 자존감이 낮은 채로 성장했을 것이다.

각인을 치유하는 교육자

나는 인큐레이터로서 후대에 대한 비전이 있다. 어린 시절 잘못 각인된 것들을 치유하고 회복시키는, 살리는 인큐레이터가 되고 싶다. 행복한 기억, 힘든 기억, 절대 잃고 싶지 않은 기억, 이 모든 것들이 사람을 통해서 일어난다. 따라서 그 어떤 만남이든 모든 만남은 큰 의미가 있다고 생각한다.

오프라 윈프리의 경우처럼 어린 시절 받은 상처와 그 상처로부터 나온 성격들은 만남을 통해 생겨난다. 반대로 그 어두웠던 삶을 치유할 수 있는 것도 축복된 만남을 통해서이다. 이에 인큐레이터로서 나와의 만남이 아이들에게 축복된 만남이 되길 원한다.

'오프라 윈프리와 바바라 윈프리의 만남이 오프라의 선택을 바꿔주고 올바른 성장의 시스템을 구축해 주었던 것처럼, 나도 아이들을 관심의 눈으로 바라보고 그에 맞는 차별화된 교육을 하는 교육자로 살아가고 싶다.'

김로하 숭실대학교 융합영재교육 석사과정

신사임당처럼, 솔선수범하여
보여주는 교육자

저의 작은 거인 신사임당은, 자녀들에게 솔선수범하는 모습을 보이며 스스로 빛나고자 하는 성숙한 어른이었습니다. 저도 이러한 신사임당의 자세를 본받아 솔선수범하는 인큐레이터로서 사회적 발전에 기여하고 싶습니다.

나의 작은 거인,
신사임당

스스로 바른 사람이 되는 것

조선 최고의 학자인 아들 율곡 이이를 비롯하여 일곱 남매를 훌륭하게 키워낸 신사임당의 자녀 지도법은 내게 깊은 인상을 남겼다. 신사임당의 본명은 '신인선'이다. '사임당'이라는 호는 더욱 겸손해지고 바르게 행동하기 위해 본인 스스로 지었다. '사(師)'는 '본받다'라는 뜻이고, '임(任)'은 옛날 고대 중국 문왕의 어머니이자 당시 최고의 여성상으로 꼽히던 '태임(太任)' 부인을 의미한다. 따라서 인선은 문왕의 어머니 태임을 닮기 위해서 호를 '사임(師任)'이라고 한 것이다.

신사임당은 자녀들에게 솔선수범함으로써 정신적인 멘토가 되고자 했다. 그녀는 매일 아침 일찍 일어나 책을 읽은 뒤 뜻깊은 문장을 하나씩 종이에 적어 집안에 붙여놓았는데, 이는 실제 생활 속에서 학문을 닦는 모습을 자연스럽게 자녀들에게 보여주고자 한 것이다. 덕분에 아이들은 자연스럽게 신사임당의 모습을 보고 배우며 책과 가까워질 수 있었다.

또한, 신사임당은 자녀 교육에 있어 가장 중요한 것 중 하나가 소통이라고 여겼다. 이에 그녀는 아이들의 관심사에 귀를 기울이며, 이야기 나누는 것을 항상 즐겼다. 아들 율곡 이이와 학문적인 내용을 편지로 주고받으며 친구처럼 소통한 일화는 유명하다. 이는 스스로 생각하는 힘을 기를 수 있도록 하기 위한 신사임당만의 방법이었다. 자녀 교육과 동시에 솔선수범의 자세를 유지하며 학문적 동지로서의 마음을 담았기에 가능한 효과적인 지도였다. 자녀들은 어머니 신사임당과의 소통과 교감을 통해, 부모와 자식의 관계인 동시에 인생의 스승이자 친구로서 서로를 본받아 성장했다. 그 결과, 조선 최고의 천재 학자인 율곡 이이, 조선 3대 여류화가로 꼽히는 맏딸 이매창, 거문고와 서예의 대가 막내 이우까지 한 시대를 대표할 만한 인물들이 되었다.

'자신의 재주를 나눌 줄 알고
생명의 소중함을 지킬 줄 알고
부모님과 어른을 공경할 줄 알고
잘못했을 때는 인정을
칭찬받았을 때는 감사를
그리고 후회되는 일을 했을 때는
금방 인정하고 고칠 줄 아는 사람'

숨기거나 피하거나 화를 내거나 부끄러워하는 것이 아니라 그 모든 것을 받아들여 더 나은 사람이 되는, 신사임당은 바로 그런 사람이었다. 그녀는 누군가의 엄마나 아내보다는 스스로 바른 사람이 되기 위해 애썼다.

자녀 교육은 물론, 자신의 꿈도 하나씩 그려나갈 수 있었던 신사임당이 나에겐 시대를 초월하여 성숙한 어른의 역할을 한 위대한 작은 거인이다. 신사임당처럼 함께 공부하고 이야기하며 우리 아이들의 능력을 높여 주고 싶다.

나는 '솔선수범으로
성장시키는' 인큐레이터

엄마, 정말 행복해 보여요!

우리 가족은 딸 세 명에 아들 한 명이며, 남편이 직업 군인인 관계로 1년에 한 번씩 강원도 골짜기로 이사와 전학을 다녀야 했다. 교육 환경 면에서는 그야말로 최악의 조건이라 해도 과언이 아니었다. 하지만 나는 학군에 크게 개의치 않았다. 신사임당이 그랬던 것처럼 내가 먼저 아이들에게 솔선수범하는 모습을 보이면 된다고 생각했다.

나는 시간이 나면 어김없이 책을 폈다. 아이들에게 '공부해라.'라고 말하기보다는 내가 먼저 공부했다. 보고 배우라고 일부러 그런 것도 아니었다. 그저 내가 좋아서 하는 공부였다. 늘 스스로 빛나고자 했다. 글과 지식은 아무도 빼앗아 갈 수 없는 깊은 양식이다. 그렇게 밤낮으로 책과 공부를 가까이하던 어느 날, 화장실을 가려고 자다 깬 첫째 딸이 내게 다가와 말했다. "엄마 나도 엄마처럼 공부할래요. 공부하는 엄마의 모습이 정말 행복해 보여요!" 딸의 말을 듣고 나까지 행복해졌다. 나는 자녀들이 마치 나 스스로가 그런 것처럼 배움 자체가 즐겁기를 원했다. 그렇게 첫째 딸부터 막내아들까지 우리 가정은 점차 행복한 공부 시간을 만들어 갔다.

내가 솔선수범의 모습만큼이나 중요하게 생각한 것은 바로 '대화'였다. 하루에 한 시간씩 네 명의 자녀와 매일 대화를 했다. 신사임당이 자녀들의 말에 항상 귀를 기울였던 것처럼 말이다. 아이가 어떤 재능이 있는지, 어떤 분야에 관심이 있는지, 어떤 생각을 하는지 파악하는 것은 부모로서 매우 중요한 일이다. 단순히 지식 전달로서의 교육이 아니라 아이들의 특색과 재능을 함께 발견해 가는 것이다. 나는 사랑하는 아이들이 자신이 가게 될 길을 사랑하기 원했다.

가정에서부터 만들어진 '끊임없는 대화 속 행복한 공부 문화'는 그 어떤 외부 교육 환경 속에서도 흔들리지 않았다. 그렇게 네 명의 아이들은 각자의 꿈을 위한 행복한 여정을 걸어가고 있다.

첫째 딸 소라는 가야금으로 한예종 영재교육과정을 거쳐 한국학중앙연구원에서 국제정치학 석사과정을 마치고, 변호사를 준비 중이다. 가야금을 통한 공공외교라는 독보적인 행보를 걷고 있다. 둘째 딸 청라는 SOAS 영국 런던대 한국학과 석사과정에 있고 영국에서 대금 공연을 통해 한국 문화를 전달하고 있으며, 해금을 공부한 셋째 지연이는 베트남에서 국악 공연을 선보이고 있다. 이렇게 세 명의 딸 모두 국악을 통해 한국을 전 세계에 알리는 역할을 하고 있다. 그리고 넷째 아들 태욱이도 미국 유학을 다녀온 이후 독일 교환학생을 준비하는 등 세계로 도약하는 미래를 준비하고 있다. 엄마인 나 역시 아이 넷을 키운 경험을 바탕으로 숭실대학교 교육대학원 융합영재교육전공 석사과정을 공부하며 교육 분야에서의 미래를 준비하고 있다. 늘 그랬듯이 행복한 공부를 이어나가는 중이다.

슬럼프를 이기게 하는 지혜

1) 첫째 딸 소라의 사춘기

첫째 딸 소라는 강원도 원주에서 서울로 혼자 가야금 레슨을 받으러 다녔는데, 중학교 3학년이 되면서 사춘기가 왔다. 연습에는 진전을 보이지 않았고 시간이 지날수록 반항심이 커졌다. 선생님과의 상담에서 소라가 국악고 입시를 앞두고 게으른 모습을 보인다는 이야기를 듣고 큰 결단을 내려야만 했다. 어떻게 하면 딸이 마음을 다잡도록 할 수 있을지 한참을 고민하다가 말을 건넸다.

"소라야, 목표를 성취하는 것보다 중요한 것은 바로 성실과 인성이란다. 딸이 꿈 앞에 바른 인성으로 성실한 사람이 되었으면 좋겠구나."

나는 딸이 간절히 원하고 깨달을 때까지 기다렸다. 내가 한 말의 의미를 진지하게 고민할 수 있게끔 기다려 주었다. 아이는 마침내 마음을 다잡고자 하는 의지를 보였다. 그날 이후 나는 직접 운전해서 서울 레슨에 함께 참여했다. 동영상을 찍어 불을 모두 끄고 자신의 가야금 소리를 영혼으로 듣게 했다. 가야금을 마음으로 느끼며 성실히 임하는 딸의 모습이 감격스러웠다. 이러한 결단과 노력 끝에 소라는 전국대회에서 1등을 했고 무사히 국악고에 합격할 수 있었다.

2) 셋째 딸 지연이를 선생님이 포기하셨던 선생님

국악고 입시를 앞두고 있던 셋째는 중학교 3학년 때 레슨만 가면 선생님의 모진 소리에 눈물 바람이었다. 선생님은 아이가 말을 안 듣는다며 언성을 높이셨다. 레슨에 직접 참관해서 지켜본 후 나는 큰 결단을 내렸다. 국악고 입시를 5개월 앞둔 위험한 시점이었다.

"선생님, 아이가 진도를 못 따라가서 죄송합니다. 하지만 국악고를 못 간다는 것을 상상해 본 적이 없어 엄마로서 최선을 다해보고 싶습니다."라고 말한 후 아이를 학원에서 데리고 나왔다. 얼마 전까지만 해도 '지연이 잘하고 있다, 걱정 말라.' 하던 선생님의 돌변이 황당하기까지 했다. 주변에서는 이 시점에 그만두면 어쩌냐고 걱정했지만 내 생각은 달랐다. 나는 딸이 얼마나 재능이 있는지를 알고 있었고, 시작한 이상 딸을 믿어주기로 마음먹었다.

"교육이란 아이가 100명이면 기술도 100가지가 필요한 것이다."

나도 교사 생활이 20년이 넘는지라 레슨 방법에 있어서 당시의 선생님이 아이를 끌고 가기에 역부족이라고 판단했다. 그 후 신중에 신중을 거듭하여 선생님을 물색하고 입시를 본 결과 셋째도 당당히 국악고에 합격했다. 모든 과정에서 엄마의 역할이 중요하다고 생각한다. 누군가 해주기를 기대하기보다는 현실 직시와 정확한 판단을 위해 아이와 선생님을 관찰해야 한다. 교육은 '부모-아이-선생님' 삼박자가 맞아야 비로소 좋은 결과를 얻을 수 있고, 이중 어느 것 하나라도 기운다면 결코 성공할 수 없을 것이라 확신한다.

이제는 사회 전체를 위해

신사임당은 조선 시대의 유명한 여성학자로, 뛰어난 지식과 지혜를 가지고 있었다. 당시 여성들이 교육을 받지 못하는 상황에서도 자기 계발에 힘써 왕실에 충고를 제공하고, 나아가 나라와 백성을 위해 기여하였다.

자녀들을 양육한 경험을 통해 나는 인큐레이팅과 교육 치유의 중요성을 깨달았다. 신사임당처럼 교육은 개인의 성장과 사회적인 기여를 위한 핵심적인 요소라고 믿는다. 교육은 사람들에게 자기 실현의 기회를 제공하며, 사회 전반에 긍정적인 영향을 미칠 수 있다.

인큐레이터로서의 나의 포부와 꿈은, 필요한 교육과 지원을 제공하여 많은 이들의 아이디어를 현실로 이끌어 낼 수 있도록 도와 사회적인 변화와 성장을 실현하는 것이다.

"공부할 때 가장 행복한 나는, 인큐레이터로서 먼저 솔선수범하여 학문과 배움을 지속하는 것이 중요하다고 생각한다. 이제는 자녀 교육을 성공적으로 이끌었던 경험을 바탕으로 사회 발전에 기여하고 싶다."

김정혜 숭실대학교 교육대학원 겸임교수, 피아노 및 예술융합교육 전문가

어머니 정춘자 여사처럼,
인생의 선물 같은 교육자

저의 작은 거인 어머니 정춘자 여사는, 제게 스스로를 다스리고 삶의 가치를 아는 사람이 되라 가르치셨습니다. 이러한 어머니의 마음가짐을 닮아 학생들의 성장에 도움을 주는 인생의 선물과 같은 교육 치유를 실천하고 싶습니다.

나의 작은 거인,
어머니 정춘자 여사

가치와 염치를 아는 사람으로

내 안에 작은 거인은 사랑하는 나의 어머니 '정춘자' 여사다. 어머니는 언제나 내게 이렇게 말씀해 주셨다.

"너는 무엇을 하든 결국 잘 해낼 거야. 그러니 늘 본보기가 될 수 있게 자신부터 잘 다스리고 다른 사람의 마음을 살피는 사람이 되어야 한다."

나는 현재 82세이신 우리 어머니의 엄격하면서도 따스한, 그리고 믿음 가득한 가르침이 없었다면 지금처럼 성장하지 못했을 거라고 확신한다. 내가 가진 능력이 무엇이든 그것을 갈고닦을 수 있도록 격려해 주셨으며, 목표에 도달하지 못해도 실망하지 않고 다시 도전할 수 있는 회복 탄력성을 키워주셨다. 내가 성공하면 나보다 더 기뻐해 주셨고, 실패했을 때는 나보다 몇 배는 더 아파하셨지만 절대 티 내지 않고 '너는 성공할 수 있다.'라는 믿음과 자신감을 불어넣어 주셨다.

어머니는 주변의 힘든 사람들을 돌아볼 수 있는 넉넉함 또한 보여주셨다. 초등학교 때 신장병을 앓고 있던 동급생의 도시락을 챙겨주시면서 긴 병간호로 지쳐 있던 친구 부모님의 일손을 덜어드리고 위로해 주기도 하셨다. 자신에게 쓰는 돈은 한 푼이라도 절약하고 아끼면서도, 기부를 하거나 의미 있게 돈을 써야 할 때는 계산 없이 내어주셨다. 몇 년간 지방에 근무하시던 아버지께 갈 때는 고속버스비를 아끼느라 가락국수 한 번을 사 드시지 않았지만, 비싼 피아노 레슨비는 단 한 번을 아깝다고 하지 않으셨다.

특히 어머니는 자식들을 모두 손수 가르치시며 구체적인 학업 멘토링을 해주셨다. 평소 예·복습 외에 시험 일정이 발표되면 가장 어려운 과목부터 시작하고 개념과 내용 복습, 문제집 풀기 시작하는 기간, 틀린 문제 복습, 그리고 마무리 시간의 일정을 같이 계획해 주시는 등 학업을 구조화할 수 있는 능력을 키워주신 것이다.

하지만 어머니께서 공부보다 중요하게 가르치신 것이 인성이다. 항상 "너 스스로 가치 있는 사람이 되어야 한다." 하셨고, "도움을 준 사람에게 감사한 마음을 가지고 보답할 줄 아는 것이 최소한의 인간 된 도리다."라고 말씀하시며 자녀들이 신의를 지킬 줄 아는 사람으로 성장할 수 있도록 하셨다.

스스로 자신의 삶을 돌아보며 가치 있는 사람으로, 그리고 염치를 아는 사람으로 성장하도록 키워주신 나의 어머니는 인큐레이터의 모습 그 자체라고 생각된다. 슬하 세 자녀 각각의 재능을 파악하고 앞길에 대한 조언을 주시면서, 반듯하게 삶을 가꾸어 나가도록 키워주신 나의 어머님을 본받아 나도 타인의 성장에 도움을 주는 선물 같은 인큐레이터가 되고 싶다.

어머니가 주신 사랑처럼

나의 어머니 정춘자 여사는 6·25 전쟁 당시 이북에서 피난을 나오셨다. 홀어머니 아래 10남매 중 8번째 딸로 태어난 그녀는 강한 맏언니와 남자 형제들 사이에서 자신의 의견을 주장하기 어려우셨다. 옛 어른들이 그러셨듯 나의 외할머니 역시 남아선호사상이 강하셨던 양반가 여인이셨기 때문에, 삼촌들의 학업은 중요하게 생각하셨지만 막내딸인 어머니가 학업을 하는 것에는 관심이 없으셨다.

그럼에도 스스로의 가치를 찾고 더 나은 삶을 살고 싶다는 의지로 혼자 돈을 벌고 아껴서 그 시대에 대학까지 졸업하셨다. 그런 단단한 강철과 같은 의지로 삶을 견디고 지탱해 오시면서 자식들을 올바르게 키우기 위해 모든 정성을 다 쏟으셨다.

혹독한 시집살이와 어려운 살림에도 불구하고 자식들에게 어려움 없는 학업 환경을 만들어 주기 위해 자존심을 굽힐 때는 굽힐 줄 알고, 결단이 필요할 때는 강한 어머니의 모습을 보여주셨다. 경제적 관념보다는 삶의 여유를 더 중요하게 여기셨던 아버지로 인해 가정경제 전반의 모든 계획과 실행까지도 어머니의 몫이었지만 자식들의 미래를 생각하며 기꺼이 해내셨다.

이렇듯 쉽지 않은 환경 속에서도 어머니는 늘 웃음과 유머를 간직하고 계셨다. 힘든 일 속에서도 재미있고 보람 있는 부분을 찾아내어 즐겁게 그 일을 해낼 수 있도록 이끌어 주셨다. 그 덕분에 우리 삼 남매는 화려하진 않아도 큰 어려움을 겪지 않고 자랐고 따뜻하고 반듯하며 자신의 삶을 가꿀 줄 아는 선량하고 긍정적인 성인으로 성장했다.

나는 어머니 덕분에 따스한 마음으로 타인을 바라볼 수 있게 되었고, 재능을 키웠으며, 그 재능을 타인의 성장을 위해 활용하고자 하는 꿈을 꾸게 되었다.

'내가 어머니로부터 받은 사랑과 가르침을 기억하며 다른 사람들의 삶에 따스한 영향을 주고 싶다.'

어머니가 베풀었던 사랑은 나의 인생에 가장 큰 선물이고 인큐레이터로서 내가 본받아야 할 점이다. 또한, 자신이 가진 어려운 환경을 최선을 다해 극복하고 꿋꿋하게 자신의 단정한 모습을 지키려고 노력하신 그 위대한 의지에도 존경을 보낸다.

나는 '선물 같은 교육 치유'의
인큐레이터

바른 삶이 바른 교육을

나의 어머니는 늘 "내 삶의 모습이 바르게 되어 있어야 자식에게도 바른 삶을 가르칠 수 있다."고 하셨다. 이것은 아이들에게 피아노와 예술융합을 가르치는 나에게 나침반과 같은 말씀이다. 우리 어머니의 가르침과 삶의 모습이 내게 선물로 여겨졌듯이 내가 가르치는 아이들에게도 나의 인큐레이팅이 선물과 같기를 바란다.

내가 올바른 삶의 모습을 가꾸고 아이에게 맞는 교육을 하기 위해 노력해야 그들에게 좋은 선물을 줄 수 있다고 생각한다. 때로는 지치고 힘들어 나의 모습이 흐트러질 때도 있지만 어머니의 말씀을 떠올리며 다시금 나를 돌아보고 아이들에게 설렘과 행복한 배움을 주기 위해 마음 자세를 가다듬게 된다.

나는 예술을 넘어 문화적 환경 속에서 창의적 표현을 통해 몸과 마음이 치유되기를 바라는 마음에서, 숭실대학교 일반대학원 문화콘텐츠학과 문화치유전공 박사과정을 공부하고 있다. 나는 늘 무엇보다 먼저 아이들 개개인의 특성과 재능을 파악하여 미처 표현하지 못하는 문제점이 있는지 살펴보았는데, 이것은 박사과정의 공부와 연결이 되는 지점이었다. 또한 어린 시절 우리 어머니의 구체적인 학업 멘토링은 내가 가르치는 아이들에게 연주회나 콩쿠르 준비를 시킬 때 많은 도움이 되었다. 시험 준비를 하듯이 기초 연습 기간, 예술적으로 다듬어야 하는 기간, 연주를 숙련시키고 완성도를 높여 마무리하는 기간 등 구조화된 연습 일정을 기획할 수 있었고, 그에 따라 아이들이 콩쿠르 대회나 연주회에서 좋은 결과를 낼 수 있었다.

지금까지는 피아노와 예술융합교육을 통해 작은 인큐레이션을 해왔다고 할 수 있다. 배움을 쌓아가면서 이제는 음악을 넘어 예술과 교육을 통한 문화치유를 꿈꾸고 있다. 예술융합활동을 통한 내면의 성찰과 창의적인 활동을 교육에 적용하여 사람들이 자신의 긍정의 힘을 끌어올리고 나다운 삶을 세울 수 있는 인큐레이션을 소망한다. 예술가가 작품을 만들 듯 자신의 삶을 작품으로 창조할 수 있는 힘, 삶을 시스템화하는 힘을 선물하고 싶다.

음악을 넘어, 삶 전체의 선물

거의 20여 년간 피아노를 가르치면서 참 많은 아이들을 만났다. 처음에는 단순히 피아노를 가르치는 것만 해도 벅찼지만 조금씩 경험이 쌓이면서 아이들을 바라보는 관점도 여유가 생기고 여러 측면에서 더 많은 도움을 주고 싶었다. 많은 아이들을 가르쳤지만, 특히 황금돼지띠 4인방으로 불리던 네 명의 친구들은 오랜 세월 함께 한 만큼 많은 일을 겪었다. 6살, 7살부터 같이 피아노를 시작해서 앞서거니 뒤서거니 하며 피아노를 쳤고 연주회와 콩쿠르를 함께했다.

처음 피아노를 시작하면서부터 부모님들과 연습 방법, 아이들의 심리 상태, 생활 모습 하나하나 의논했다. 아이들이 어리기 때문에 레슨 시간에 어머님이 참석하도록 하여 아이들이 배우는 것을 알도록 했고, 집에서 연습하는 것을 도와주시도록 했다. 집에서 연습을 도와주는 것은 쉬운 일이 아니기 때문에 어린 시절 나의 어머니께서 학업 멘토링해 주셨던 기억을 떠올리며 아이들의 생활습관과 연습 태도, 그리고 부모님의 반응과 아이들을 대하는 태도 등을 꼼꼼히 이야기하며 부모님과 함께 좋은 방법을 찾아 나갔다. 연습을 힘들어하기도 하고 때로는 콩쿠르에서 기대 이하의 성적을 받아 실망하기도 했지만 격려하고 다독이며 다시 시작할 수 있도록 힘을 불어넣었다.

특히 그중 한 명인 주희라는 친구는 독보를 시작했을 때 너무 힘들다고 하며 피아노에 흥미를 잃을 뻔했었다. 이에 친구와 함께 예술융합 활동을 권유했더니 다시 음악의 아름다움을 느끼게 되고 연주와 콩쿠르에 도전하면서 흥미를 되찾았다. 부모님이 연습시키는 것을 힘들어하였을 때는, 내가 아이에게 매일 연습 상황을 확인하고 격려와 칭찬을 하였다. 작은 목표를 제시하고 그것을 달성하면 그에 맞는 조그만 보상을 주기도 하였다. 연주한 것을 녹음하여 확인하고 연습 방법을 스스로 찾아오

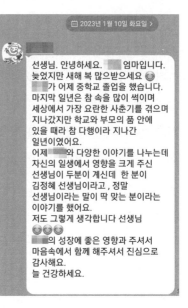

도록 하기도 했는데, 이 방법을 아이가 특별히 흥미로워했다. 주희는 이러한 인큐레이팅 과정에서 뿌듯함과 보람을 느끼며 피아노가 재미있다고 했고 음악을 더욱 즐기고 사랑하게 되었다. 그리고 마침내 도전했던 콩쿠르에서 대상을 차지했다.

"선생님, 피아노 연습을 하면 더 잘 치게 되고 제가 굉장히 자랑스러워요. 그리고 피아노 소리가 너무 아름답게 느껴져요. 다음에는 쇼팽 에튀드를 치고 싶어요."

"선생님의 지도와 격려 그리고 사랑 덕분에 우리 주희가 이렇게 큰 상을 타게 되었습니다. 요즘 우리 주희가 가장 열심히 하는 것이 피아노 연습이에요. 선생님 덕분에 체계적인 연습을 하게 되고 잘할 수 있다는 자신감이 생긴 것 같습니다. 선생님은 저희 주희에게 음악의 아름다움과 성취감을 느끼게 해 주셨어요."

주희와 주희의 부모님이 내게 했던 말들이다. 아이들에게 선물 같은 교육을 해야겠다고 마음먹었는데 오히려 내가 부모님과 아이들에게 커다란 선물을 받게 되었

다. 이렇게 부모님이 아이들과의 관계에서 어려워하는 부분에 도움을 드리면서 아이들을 성장시켰고 이후 피아노에서뿐만 아니라 학업에서도 좋은 성과를 내었다.

부모님들은 음악에 관련된 것 외에도 학교생활과 진로에 관해, 그리고 아이들의 성격과 재능, 진로 등에 대해 의논하기도 하였고 나는 피아노 지도를 하며 아이들에 대해 느낀 것, 장점과 단점 등을 알려주며 부모님과 아이들이 자신의 재능을 찾아갈 수 있도록 도움을 주었다. 황금돼지띠 4인방은 그렇게 잘 자라 중학교를 졸업하고 올해 고등학교에 진학했다. 중학교를 졸업하며 마지막으로 듀엣을 함께 연주하고 대학 진학 후 다시 만나 연주하기로 약속했다.

마지막 연주회에서 부모님과 아이들 모두 "선생님에게 '음악'과 '삶의 태도'를 선물받은 것 같다." 하며 감사하다고 했다. 그들의 어린 시절과 사춘기를 함께 겪으며 같이 울고 웃고 연습하고 때로는 엄하게, 때로는 따뜻하게, 때로는 재미있게 보낸 시간들이 주마등같이 스쳐 갔다. 음악이 자신들의 삶에서 정말 소중한 부분이 되었다는 것, 피아노와 함께 한 10년이 넘는 시간이 삶에 정말 단단한 밑거름이 되었다는 이야기가 나에게는 뭉클한 감동이고 인큐레이터로서 자부심을 갖게 했다. 어린 시절부터 나와 함께 음악을 즐기고 같이 음악을 만들고 음악과 예술 속에서 뒹굴었던 황금돼지띠 4인방이 저마다의 색깔로 계속 잘 성장해서 미래의 훌륭한 인재로 거듭나길 바란다.

나를 먼저 인큐레이팅 하라

지금까지 걸어왔던 길을 되돌아보니 아이들을 가르치는 경험과 함께, 나의 전문성을 키우려고 노력해 왔다. 또 어떻게 하면 아이들에게 음악을 사랑하는 마음을 심어줄 수 있을까 늘 고민해 왔다. 그것은 결국 기술로서만 피아노를 가르치는 것이 아니라 음악을 대하는 마음 자세를 심어, 이를 통해 스스로의 삶을 바르게 세우고 풍요롭게 만들기를 바랐기 때문이었다.

세계적인 비올리스트 리처드 용재오닐은 "모든 사람의 삶은 특별합니다. 스스로를 존중해 주세요. 자신을 사랑하고 존중할 줄 알아야 다른 사람도 사랑하고 존중하는 법을 알게 됩니다."라고 말했다. 나 스스로 음악과 예술을 사랑하는 선생님이 되어야 아이들에게 그 마음을 느끼게 해 줄 수 있고, 나 스스로 삶을 바로 세워야 온전히 내 마음과 모습이 전달될 수 있다.

"너 스스로 가치 있는 사람이 되어라. 네 삶의 모습이 바르게 되어 있어야 자식에게도 바른 삶을 가르칠 수 있다."

이런 어머님의 말씀은 나 자신을 인큐레이팅하는 동시에 나에게 인큐레이터로서의 마음을 가다듬을 수 있게 하는 삶의 지표가 되었다. 누군가에게 영향을 줄 수 있다는 것은 그 자체로 무한한 영광이지만, 또 그만큼의 엄청난 책임과 노력이 뒤따라야 하는 일이다. 내 속을 채우지 못한다면 공허하고 진실되지 못한 인큐레이팅을 하고 있을지도 모른다.

나를 먼저 인큐레이팅하여 나의 삶이 올바로 설 수 있도록 엄격하게 관리하고 끊임없는 연구와 성찰을 통해 다른 사람에게 선물 같은 인큐레이팅을 할 수 있는 인큐레이터의 길을 뚜벅뚜벅 걸어가겠다.

'나를 먼저 인큐레이팅 하라! 그리고 그 삶의 가치를 전하는 선물 같은 인큐레이터가 돼라!'

영유아교육디자인연구소 소장, 우리아이들 대표 **라지숙**

유재석처럼,
방향을 제시하는 교육자

저의 작은 거인 방송인 유재석은, 한결같은 마음과 자세로 주변을 소중히 여기는 평범하지만 비범한 리더의 표본입니다. 그가 한 사람에게 받은 관심과 애정으로 현재의 자리까지 변함없이 왔듯이, 저도 다른 이들에게 '그 한 사람'이 되어 내면의 발견을 통한 방향성을 제시하고자 합니다.

나의 작은 거인,
유재석

평범하지만 비범한 리더의 모델

　나의 작은 거인은 이 시대를 대표하는 작은 거인, 누구나 인정할 수밖에 없는 방송인 유재석이다. 유재석은 1991년 KBS 공채 개그맨 7기 출신이며, 오랜 기간 무명 개그맨으로 지냈다. 화술이 뛰어난 것도 아니고, 특별한 개인기도 없었으며, 게다가 성격까지 내성적이어서 무대 울렁증까지 있었기 때문에 누구도 개그맨으로 성공하리라고는 생각하지 못하였다. 하지만 그는 작은 역할을 하는 것도 보람 있게 생각하였으며, 누구나 인정할 수밖에 없는 성실성으로 맡은 분야에서 최선을 다하였다.

　자신이 좋아하고 사랑하는 일인 개그맨이라는 직업을 위해 오랜 기간 묵묵히 노력하였으며, 2000년대에 접어들면서 조금씩 대중에게 인지도가 쌓였고 2023년 현재 명실공히 우리나라를 대표하는 MC로, 서번트 리더십을 대표하는 리더로 자리매김하고 있다.

　그러나 지금의 유재석은 인지도가 없었던 2000년대 이전과 별반 다르게 느껴

지지 않는다. 누구나 인정하는 대표 방송인이지만 아직도 자신이 좋아하고 재미있는 일을 추구하면서 자신의 역량을 넘어서는 것은 욕심내지 않는다. 힘든 무명 시절에도 주위 동료들과 더 힘든 동기들을 챙겼으며 현재도 함께 작업하는 동료들을 더 빛내기 위해 애쓰는 선배 역할을 꾸준히 하고 있다. 자신을 이끌어 준 PD가 그에게 그랬던 것처럼 현재의 유재석도 한결같은 마음으로 방송에서 말한다.

"누군가 나에게 그랬듯이, 한 사람의 관심과 애정이 다른 누군가의 인생을 바꿀 수도 있다."

작은 거인으로 인정받는 지금의 유재석이 되기까지는 오직 자신의 성공만을 위한 발버둥이 아닌, 일인자가 되기 위한 고투도 아닌, 자신이 할 수 있는 최선의 노력을 하면서 다른 사람과 함께 성장하는 것에 중점을 두었다. 내가 할 수 있는 것을 알고, 내가 사회에 도움되는 일을 하면서, 다른 이를 빛내주는 리더. 그것이 지금 이 시대에 필요한 리더의 모델이기도 하다. 평범해 보이지만 비범한 리더십을 유재석 리더십으로 고유명사화한 그는 나의 작은 거인이다.

사람을 중요하게 생각하는 마음

유재석이 가진 리더십의 유형은 '서번트 리더십'이라 할 수 있다. 서번트 리더십(servant leadership)이란 구성원과 목표를 공유하고 구성원들의 성장을 도모하면서, 리더와 구성원 간의 신뢰를 형성시켜 궁극적으로 조직 성과를 달성하게 하는 리더십이다. 리더가 구성원을 섬기는 자세로 그들의 성장 및 발전을 돕고 조직 목표 달성에 구성원 스스로 기여하도록 만드는 것을 말한다. 서번트 리더는 전통 리더와 다르게 '파트너', '지원자', '방향 제시자' 세 가지의 역할을 지니고 있다.

현대 사회와 미래 사회에서 가장 중요한 요소는 사람이다. 혼자가 아닌 다른 사람들과 함께 하는 일들이 많아지고, 함께하면서 이루는 것이 더 가치 있는 성공이 될 것이다. 이렇듯 사람을 이끄는 리더는 다른 사람들의 의견을 무시하는 일방적인 리더 역할보다 사람을 중요하게 생각하는 파트너와 조력자의 역량을 갖추어야 할 것이다.

유재석은 다수의 방송에서 대표 MC를 맡고 있으며 간판 리더로 활약하고 있다. 하지만 시청자의 입장에서 프로그램을 시청하다 보면 방송에 출연하는 한 사람, 한 사람이 모두가 빛날 수 있도록 한발 물러서서 진행하고, 그래서인지 방송을 시청하고 나면 유재석 이외의 모든 출연진과 내용이 오래도록 기억에 남기도 한다. 유재석은 방송 프로그램의 목표를 위해 자신이 할 수 있는 파트너, 지원자, 방향 제시자로서의 역할을 충실히 수행하고 있다.

서번트 리더십을 가진 리더는 많다. 하지만 최고의 자리에서도 조력자의 역할을 수행하는 서번트 리더십을 발휘하기란 쉽지 않다. 아마도 유재석이 방송대상의 자리를 꾸준히 유지하는 것은 함께 하는 사람을 중요하게 생각하는 일관된 마음과 태도를 꾸준히 유지하기 때문일 것이다.

나는 '방향을 제시하는'
인큐레이터

든든한 방향 제시자

어린 시절의 나의 꿈은 초등학교 교사였다. 그 이유는 당시 나의 선생님이 나에게는 천사 같은 분이었기 때문이었다. 하지만 막연한 꿈이었고 현실은 성적에 맞는 직업을 다시 찾아야 했다. 나의 이십 대는 성적에 맞는 일을 찾고, 남들이 결혼할 때 결혼하고, 남들이 아이를 낳을 때 나도 아이를 낳아 다복한 가정의 엄마 역할을 하는 '무난한 삶'이 목표였다. 물론 엄마의 역할을 무시하는 것은 아니다. 단지 무언가 해내려는 의지보다는 순응적인 삶을 살고자 했던 나를 대변하고자 하기 위함이다.

그런 내가 어린이집 교사가 되어 아이들과 함께 생활하면서 나의 말 한마디와 관심, 애정으로 인해 조금씩 변화하는 아이들을 보며 교사라는 직업에 매력을 느끼게 되었다. 나는 그것이 내가 교사로서 역량이 뛰어나서라고 생각했다. 더 자신감이 붙어 교사에서 어린이집 운영자로 원을 창업하고 어린이집 운영이 잘 되는 이유도 내가 운영자로의 역량이 뛰어나서일 거라고 착각하며 운영하였다.

다행히도 이런 자만을 남들에게 들키기 전, 나는 더 나은 리더가 되기 위해 미래를 고민하며 '내가 중요하게 생각하는 것'과 '내가 잘하고 좋아하는 것'은 정말 무엇인지 깊은 고민에 빠지기 시작하였다. 매일 고민을 거듭하다 나는 사람들과 함께하는 업무를 좋아하고 누군가를 성장할 수 있도록 돕는 지원자의 역할을 할 때 가장 보람을 느끼는 것을 알게 되었다. '그게 교사지!'라고 누군가 말할 수 있지만, 교사도 다양한 역할이 존재한다. 내가 아는 지식을 알기 쉽게 전달하는 역할에 보람을 느낄 수도 있고, 교사라는 명예스러움에 만족을 느낄 수도 있고, 내가 나만의 방법으로 연구해서 새로운 것을 알아내는 연구자로서의 기쁨을 느낄 수도 있다.

그러나 이와 달리 나는 나 자신이 다른 사람에게 도움이 되어 타인에게 성장의 동력이 될 때 가장 큰 보람을 느꼈다. 예를 들어, 원아 모집이 어려워 고민하는 동료 원장님과 함께 문제점을 같이 찾고, 새로운 프로그램 도입보다는 기본적인 원 운영에 충실하도록 조언했다. 그러자 원아 모집뿐 아니라 원 운영에서의 자신감이 서서히 높아지는 모습을 보았고, 이것이 내가 좋아하는 일이고 내가 잘하는 일임을 알게 되었다. 비록 나중에 알게 되었지만 나는 이미 그런 행동을 하고 있었고, 나도 모르게 내가 좋아하는 방향으로 운영하다 보니 어린이집이 잘 될 수밖에 없었던 것이다.

리더로서 고민한 이후 '내가 좋아하고 잘하는 것'을 알게 되고, 사람을 위하는 '방향 제시자'로서의 역할을 할 때 보람을 느끼는 것을 알게 되어 할 수 있는 모든 것을 도전할 수 있는 자신감도 얻게 되었다. 교사들은 새로운 업무를 맡거나 배우게 되면 잘 해낼 수 있을까 두려워하는 교사가 많다. 이런 교사 중 경험이 부족한 교사에게는 사례를 들어 현장 적용법을 설명해 주고, 초임 교사에게는 충분한 설명으로 당위성을 안내하고 경력 교사에게는 지금의 경험들을 융합하여 적용할 수 있도록 수준에 맞추어 지도하였다. 원 운영이 힘든 원장님들에게는 나의 어려웠던 경험을 공유하고 같이 고민하며 나와 같은 해결책이 아닌 각자 수용 가능한 문제 해결책을 찾을 수 있도록 함께 고민하는 조력자가 되었다.

> "방법과 해결책을 제시하는 해결사보다 사람과 함께 공감하며 든든한 조력
> 자의 역할, 방향 제시자로서 리더 역할을 하며 사람과 하는 모든 일을 중요하게
> 생각하는 마음을 한결같이 유지하고 있다."

함께 리더로 성장하는 공동체

내가 잘하고 좋아하는 것이 분명해지자, 새로운 일에 도전하는 두려움이 사라
졌다. 사람과 하는 일, 그 속에서 내가 도움되는 일, 내가 잘하는 것으로 남들을
도울 수 있는 일은 어디에나 존재하기 때문이다.

어린이집 교사에서 영유아들의 지원자로 아이들의 올바른 발달 변화를 위해
노력하였고, 어린이집 운영자로 맞벌이 부모님이 믿고 맡길 수 있는 어린이집이
되기 위해 조력자로 그 역할에 최선을 다하였다. 가족들에게 마저 '왜 이렇게
까지 해야 하냐?, 너는 일밖에 모르냐?'라고 불평을 들었지만 나는 그런 조력자
의 역할을 할 때, 내가 누군가에게 도움이 될 때 가장 큰 기쁨을 느꼈기에 조금
도 힘들지가 않았다.

현재에도 어린이집 운영자나 교사를 교육하는 '영유아교육디자인연구소'를 운
영하면서 '정말 실질적으로 도움이 되는 교육은 무엇일까?'를 고민하고 있다. 수
강생 한 명, 한 명의 일정과 수준에 맞추어 제대로 전달하는 것을 가장 중요하게
생각하며 운영한다. 그러다 보니 가족만큼이나 믿고 의지하는 교육 공동체가 마
련되었고 이들과 함께 어린이집에 도움되는 다양한 연구 활동을 하며 지원하고
있다. 나로 인해 만들어진 공동체이지만 나 혼자만으로는 할 수 없는 역할을 서
로 나누고 있으며, 사람과 함께하는 모든 것을 중요하게 생각하는 또 다른 리더
들이 양성되고 있다.

당신을 위한 인큐레이터

사람 위에 사람 없고 사람 밑에 사람 없다. 사람은 개개인이 누구나 소중한 존재이다. 단지 내가 잘하는 것을 다른 사람이 잘하지 못하고, 내가 모르는 것을 다른 사람이 안다고 해서 이를 비교하며 누가 더 뛰어나다고 말할 수는 없다.

나의 스무 살, 무난한 삶이 목표였던 이유는 내가 남들보다 뛰어난 것이 무엇인지 알지 못하였고 나를 이끌어 줄 방향 제시자인 리더도 없었기 때문이다. 하지만 나는 이후 고민과 고민을 통해 나 자신에 대해 알게 되었고 나의 방향을 찾을 수 있게 되었다. 단순히 직업이 목표가 아닌 사람들과의 관계 속에서 내가 잘할 수 있는 역할을 알게 되었고, 이를 30대 중반의 늦은 나이에 실천하게 되었다. 하지만 나는 운이 좋았다고 생각한다. 나도 모르게 내가 잘하는 것을 조금씩 찾아서 하였으며 추후 스스로 고민해서 나의 방향성과 존재의 가치를 알게 되었기 때문이다. 하지만 아직도 자신이 무엇에 관심이 있는지, 무엇을 잘하는지, 무엇을 할 때 가장 보람되는지 잘 알지 못하는 사람이 더 많을 것이다.

그것이 나의 지인과 나라면 이렇게 조언하고 해 보자!

'우선 내면의 나에게 관심을 가지자.'

외부에 보여주기보다 내가 정말 무엇에 관심이 있는지 더 집중해서 나의 감정에 귀 기울이자. 그리고 언제 가장 보람과 기쁨을 느끼는지 기억을 더듬어보자. 분명 보람을 느끼고 기분이 좋았던 적이 있을 것이다. 그 당시 왜 기분이 좋았는지 되짚어서 기억해 보자.

'나의 행동이 조금씩 이해되면, 그 행동의 감정을 찾기 위해 다시 실행해 보자.'

그리고 나의 감정을 기억하고 이를 유지하기 위해 또 다른 방법으로 시도해 보자. 자신 있게! 그래도 힘들다면 언제든지 내가 당신의 인큐레이터로 최선을 다해 지원할 것이다. 유재석이 다른 사람들에게 무시당할 때 단 한 사람의 관심과 애정이 있어 지금의 유재석이 되었듯이, 나 역시도 여러 사람을 한 명 한 명 소중하게 관심과 애정으로 곁에서 함께 할 것이다. 그게 내가 가장 잘하고 가장 좋아하는 일이기 때문이다.

정민희 숭실대교육대학원 융합영재교육 석사, 고등학교 FPSPI 강사, 유아창의교육 전문강사

정약용처럼,
폭넓은 성장의 교육자

저의 작은 거인 정약용은, 학문에 대한 깊
은 열정과 다양한 분야의 재능을 겸비하
여 시대에 업적을 남긴 학자가 되었습니
다. 저 역시 이러한 정약용의 마음을 본받
아 교육 분야에서 끝없이 탐구하며 성장
하고 싶습니다.

나의 작은 거인,
정약용

환경을 뛰어넘는 학문에 대한 깊은 열정

정약용은 학문적 업적뿐만 아니라 사회 개혁에 대한 생각과 행동에서도 큰 감동을 주는 조선 후기의 실학자이다. 그는 유교적 전통에 얽매이지 않고 새로운 학문을 연구했으며, 또한 사회의 불합리를 개선하기 위해 노력했다. 특히 그는 천주교 박해로 인해 떠난 유배지에서 많은 저술을 남기면서 조선 사회의 모순을 지적하고 개혁을 촉구했다. 이러한 정약용의 삶과 업적은 오늘날에도 많은 사람들에게 감동을 주고 있다.

1762년 경기도 광주에서 태어난 정약용은 어려서부터 총명하고 학문에 뛰어났으며, 1783년에 조선 최고 명문인 성균관에 입학했다. 그는 유학을 공부했지만, 유학만으로는 세상을 바꿀 수 없다는 것을 깨닫고 새로운 서양의 학문을 연구하기 시작했다. 그렇게 그는 조선의 전통적인 학문과 서양의 학문을 접목하여 새로운 학문을 만들었다.

정약용은 사회 개혁에도 관심이 많았다. 1801년 천주교 박해를 피해 강진으로 유배된 정약용은 유배지에서 40여 년 동안 1,500여 권의 책을 집필했다. 그는 조선 사회의 모순을 지적하고 개혁을 촉구하는 글을 많이 썼다. 유배 중 좁은 방에서 지내며 굶주림과 질병, 정치적 탄압에 시달려 자유롭게 학문 연구를 할 수 없었음에도, 학문 연구와 사회 개혁에 대한 열정을 잃지 않았다.

타고난 재능을 실현하는

정약용은 타고난 재능을 가지고 있었다. 어릴 때부터 글쓰기와 그림 그리기에 뛰어나며, 천문학과 수학에서도 높은 재능을 보였다. 또한, 젊은 시절부터 열심히 학문에 몰두하여 다양한 분야의 지식을 습득했다. 개인적인 내면에서도 인큐레이터로서의 가치를 보여주었던 점이 많았다. 그는 끊임없이 학문을 연구하고 새로운 지식을 탐구하는 열정을 지니고 있었으며, 자기 생각을 효과적으로 글로 표현하고 다른 사람에게 설득력 있게 전달할 수 있는 능력도 가지고 있었다.

조선 후기의 혼란한 시대에도 불구하고 정약용은 학문을 연구하고 새로운 지식을 탐구하는 열정을 지속했다. 이러한 열정은 인큐레이터로서 매우 중요한 덕목이다.

'인큐레이터는 새로운 아이디어를 발굴하고 이를 구체화하여 실현하는 역할을 수행한다. 따라서 인큐레이터로서 살아가고자 하는 나 역시 새로운 지식을 지속적으로 탐구하고 이를 바탕으로 새로운 아이디어를 발굴하고 실현해갈 것이다.'

정약용의 끊임없는 학문 연구와 새로운 지식 탐구의 열정은 인큐레이터로서 크게 본받을 만한 가치가 있다.

나는 '폭넓은 성장의'
인큐레이터

정약용처럼, 학문적 탐구를 통한 삶의 개선

나의 작은 거인 정약용은 학문과 실천을 겸비한 훌륭한 학자로, 특히 실학에 큰 업적을 남겼다. 그는 사람들의 삶을 개선하기 위해 노력하고 다양한 방법을 모색했다. 또한, 사람들의 내면에 잠재된 힘을 믿고 이를 끌어내기 위해 노력했다.

나는 인큐레이터로서의 성장을 위해 꾸준히 학문적 탐구, 사람들과의 교류, 그리고 자기반성을 실행해 왔다. 다양한 학문 분야에 관해 탐구하였다. 음악을 전공하면서 음악에 대한 깊은 이해를 얻고자 노력했다. 하지만 그것만으로는 충분하지 않다고 느껴 다양한 분야의 지식을 습득하기 위해 끊임없이 도전했다. 패션 업계에서의 판매 경험, 회사에서의 상담사 역할, 그리고 병원에서의 코디네이터와 바이럴 마케팅 시도 등 여러 직업을 경험하며 폭넓은 시야와 지식을 습득했다.

또한, 많은 사람들과의 교류를 통해 다양한 경험과 시각을 얻었다. 유치원에서 초등학교까지 폭넓은 나이대의 아이들을 가르치며 개성과 잠재력을 발견할 수 있었고, FPSPI(Future Problem Solving Program International, 국제 미래 문제

해결 프로그램) 강사로 활동하면서 청소년 문화와 생각 방식에 대해 배웠다.

현재 교육대학원에서 학문적 공부를 이어가는 것 역시 인큐레이터로서의 성장을 위한 중요한 노력이다. 이곳에서 배우는 모든 것은 인큐레이터의 정체성 구축에 큰 도움을 주었다. 나는 사람들의 잠재력을 발견하고 최대한 성장할 수 있도록 이끌어 주는 방법과 전략에 대해 배우고 연구하고 있다.

'사람들이 자신 안에 있는 힘을 발견할 수 있도록 도와주고, 그 힘으로 자기 삶을 성장시키는 시스템 구축에 이바지하는 것, 이것이 바로 내가 추구하는 인큐레이터로서의 삶이다.'

나는 그 옛날 정약용의 성장하는 마인드에 놀라고 감탄한다. 끊임없이 자신의 생각을 키워가고 그 뜻을 세상과 소통하기 위해 노력했던 그의 삶은 세상을 향한 열정이었고 사랑이었음을 느낀다.

별빛같이 빛나는 수업

지난 1학기 수행했던 고등학교 남학생들과의 수업은 마치 극장에서 개막을 기다리는 듯한 긴장감으로 시작되었다. FPSPI 강사로서의 첫 수업이었기에 학생들은 어리둥절한 표정으로 나를 바라보았다. 학생들의 눈에는 명확하게 '이건 무슨 수업인가?'라는 의아함이 담겨 있었다. 학교에서 시행하는 또 다른 배움 노동은 아닌지 시큰둥해하며 별 기대감 없이 바라보는 아이들도 있었다.

나는 그런 학생들을 보며 이번에 나와 함께하는 만남이 뭔가 이전과는 다른

'새로운 경험'이 되면 좋겠다는 바람을 갖게 되었다. 나는 가르치는 행위 대신 아이들에게 자유롭게 생각하고 표현할 시간을 선물했다. 내가 한 유일한 노력은 그들이 자신의 생각을 뽑아내도록 격려하는 것이었다. 그 결과, 나의 기대를 훌쩍 넘어선 반응이 일어났다. 첫 수업부터 손을 들고 발표하고 싶어 하는 학생들의 모습은 마치 별빛 같았다. 그 순간, 나는 아이들의 내면에 잠자던 별들이 하나둘씩 떠오르는 것을 보았다.

그렇게 한 학기 동안 우리의 여정은 계속되었다. 아이들의 내면에서부터 시작된 참여는 그들의 생각을 키워 갔고, 마지막 산출물을 통해 형형색색의 창의 꽃으로 피어났다.

이러한 아이들의 생기발랄한 모습을 지켜보던 부장 선생님은 "일과 중 마지막 수업임에도 불구하고 남학생들이 이렇게 적극적으로 참여해 재미있게 수업하는 모습을 보니 참 신기하다."라고 하셨다.

나는 국내외 학습 방법 연구에 관심이 있다. 다양한 국가와 문화에서 얻은 교육 방식과 접근법을 연구하고, 이를 프로그램 개발에 활용하여 학생들의 잠재력 개발과 삶의 성장을 돕고 싶다. 정약용이 그러하였듯, 내가 하는 교육이 더 학생들에게 의미 있는 영향을 줄 수 있도록 국제 학회나 워크숍에 참여하고 최신 연구 동향도 파악하고 싶다. 유배지에서도 자신의 연구를 중단하지 않고 끊임없이 연구하고 기록하며 성장했던 정약용의 열정은 곧 사람에 대한 사랑에서 시작된 것이었으리라.

'마치 무대 위에서 아름다운 연주를 완성하기 위해 끊임없이 연습하는 음악가처럼, 유배지에서도 자신의 삶을 끊임없이 성장시키며 그 성과를 많은 사람들에게 나누었던 정약용처럼 나 역시 교육자로서 계속해서 성장하며 더 나은 내일을 만들어 가려 한다.'

김승혁 숭실대학교 교육대학원 겸임교수, 초등 교사

김창선 선생님처럼,
관심과 사랑의 교육자

저는 저의 작은 거인 김창선 은사님처럼,
학교 현장에서 학생들을 향한 관심과 사
랑을 실천하고 있습니다. 앞으로도 교육에
대한 끊임없는 열정을 가지고 다양한 교
육적 경험을 통해 '수업으로 말하는' 인큐
레이터로 살고자 합니다.

나의 작은 거인,
김창선 선생님

나의 숨구멍이 되었던 수업

나는 초등학교 교사이다. 최근 일련의 사건, 사고로 가장 관심받고 있는 직업을 가지고 있다. 새로운 이슈가 터질 때마다 감정이 요동친다. 슬픈 마음이 밀려오고, 교직에 대한 회의와 그동안 해왔던 교육에 대해 자괴감이 든다. '왜 이 힘든 길을 선택했을까?'

문득 고등학교 2학년 때의 담임선생님이 떠올랐다. 고등학생 시절, 모두가 그런 것은 아니었지만 나는 수능을 보기 위해 책상에만 앉아있는 학생 중 하나였다. 집에 경제적 여유도 없었지만, 마음의 여유는 더 없었다. 우수한 성적을 받고 좋은 대학에 가야만 한다는 강박관념에 사로잡혀 있었다. 화장실 가는 시간도 아까워 물도 잘 마시지 않을 정도였다. 분 단위로 계획을 짜고, 그것들을 실천해 나갔다. 대입이라는 거대한 목표를 위해 돌아가는 톱니바퀴처럼 쉼이 없었다.

이런 나에게도 아주 작은 숨구멍이 있었다. 바로 담임 선생님이신 '김창선 선생님'께서 수업하시는 문학 시간이다. 선생님의 수업은 유머와 위트가 넘쳐났고, 눈치 보지 않고 웃을 수 있었다. 덕분에 흑백 필름과 같았던 고등학교 시절이 조금씩 아름다운 색으로 물들어 갔다.

선생님의 '따뜻한' 손바닥 안에서

선생님은 언제나 웃는 얼굴을 하고 계셨다. 그래서인지 눈 옆에는 항상 주름이 자글자글했다. 하지만 나는 그 주름이 탐날 정도로 너무 멋있게 느껴졌다. 선생님은 낮에는 문학 선생님으로, 밤에는 학교 앞 기숙사에서 사감 선생님으로 활동하셨다. 지금의 나라면 그게 얼마나 힘든 일인지 알 수 있다. 퇴근 이후 학생들을 다시 만나서 관리하고 진학 상담을 해야 하다니! 선생님의 머릿속이 언제나 학생들 생각으로 가득하기에 가능한 일이었다.

선생님은 나에게 연예인이셨다. 연기, 노래, 코미디, 멜로, 액션 등 못하는 분야가 없으셨다. 언제나 학생들 앞에서 망가지는 것을 두려워하지 않으셨고, 덕분에 배꼽 빠져라 웃을 수 있었다. 그리고 수업이 재미있었던 이유는 '깜짝 퀴즈'였다. 수업을 진행하시다가 어느 순간 뜸을 들이시더니 "깜짝!" 하고 외치셨다. 그럼 학생들은 약속한 듯이 큰 소리로 "퀴~즈!"라고 외쳐야 했다. 만약 외치지 않는 학생이 있다면 다시 한번 "깜짝!" 하고 선생님께서 선창하셨고, 학생들은 다 같이 "퀴~즈!"라고 더 크게 외쳤다. 그러고는 수업과 관련이 있는 문제를 내주셨다. 문제를 맞히면 발표 점수 '+1'이라는 상품을 주셨다.

사실 나는 국어 과목을 좋아하진 않는다. 이과의 성향이 강한 탓에 국어 지문을 읽어도 무슨 내용인지 모르겠고, 왜 그러한 정답이 나왔는지는 더 몰랐다. 이에 국어 성적은 좋지 않았고 자연스레 좋아하지 않게 되었다. 그랬던 내가 선생님의 '깜짝 퀴즈'를 맞히기 위해 예습을 했다. 선생님의 퀴즈는 문학적 지식을 뛰어넘어 사회 전반적인 이슈를 다루고 있기 때문에 뉴스도 틈틈이 봐야 했다. 이런 예습의 효과로 '깜짝 퀴즈'는 온전히 내 차지였다. 심지어 선생님께서 문제를 내시기도 전에 답을 알아맞히는 경지까지 되었다.

선생님을 좋아하게 되면서 국어가 좋아졌고, 예습을 한 덕분에 성적도 많이 올랐다. 지금 생각해 보니 모든 것은 선생님의 누구보다 따뜻한 손바닥 안이었는지도 모르겠다.

나는 '수업으로
말하는' 인큐레이터

선생님의 경험이 곧 학생들의 배움

김창선 선생님은 카리스마가 있었다. 선생님께서는 특유의 제스처로 학생들을 사로잡았고, 재미있는 입담으로 수업을 이끌어가셨다. 선생님의 농담, 퀴즈, 경험담 등 모든 것은 결국 수업으로 연결되었다. 아마도 선생님의 카리스마는 수업의 준비에서 나오는 것 같았다.

'교사는 수업으로 말한다.'

그래서 선생님들은 수업 시간에 학생들과 잘 대화하기 위해 부단히 준비한다. 나 역시도 마찬가지다. 교실 안에 있는 학생들 각각 다른 성향을 가지고 있기 때문에 수업을 준비할 때도 그것들을 고려해야 한다. 퀴즈를 준비해도 아이돌에서부터 과학 상식까지 다양한 영역을 준비한다. 그리고 그것을 수업에 연결해야 한다. 그 작업이 쉽지는 않지만 퀴즈를 풀며 즐거워할 학생들의 모습을 생각하면 힘들게 느껴지진 않는다. 교과서 내용을 미리 살펴보고 농담을 해야 할 부분도 체크한다. 이 때문에 신문을 보고 사회적인 이슈도 꼼꼼히 챙겨 본다. 학생들을 관찰하는 것도 중요하다. 평소와 다른 모습을 보이지는 않는지, 하다못해 오늘은 누가 발표를 많이 했고, 누가 발표를 안 했는지까지 파악한다.

작년까지는 담임 교사였지만 올해는 전담 교사의 보직이 주어졌다. 내가 관리하는 반은 5, 6학년을 포함해서 모두 9개 반이다. 나에게 주어진 수업 시간 40분 중 학생들의 출석을 부르는 데 다른 선생님보다 시간을 많이 할애하는 편이다. 학생들 이름 한 명 한 명 불러가며, 학생들의 모습을 관찰하고 어제와 달라진 모습을 이야기해 준다. 학생들은 선생님이 그런 것도 알고 있냐고 깜짝 놀란다. 학생들 표정도 살펴본다. 요즘에는 코로나, 독감, 깁스 등 아픈 학생들이 많아서 일일이 물어본다. "어제 열이 많이 나던데 괜찮니? 팔은 어쩌다 그렇게 된거야?" 그렇게 대화의 물꼬를 튼다. 학생들과 자연스레 말을 섞으면서 학생들의 배움에 동화되어 간다.

수업 중간중간 계획되어 있는 농담도 잊지 않고 이야기한다. 생각보다 반응이 좋지 않을 때도 있다. 그럴 경우 다음 수업 반에서는 과감하게 농담을 하지 않는다. 어느 날은 수업 내용 준비보다 농담을 준비하는 시간이 더 많을 때도 있다. 담임 선생님들과의 대화도 빼놓을 수 없다. 학생에 대한 정보를 공유하고 학생의 상황에 대해 이해를 해야지만 수업에 적용할 수 있다.

학생에 대한 관심이 많을수록 수업에서 대화가 더 잘 이루어지는 것 같다. 당연한 이야기겠지만 요즘에는 학생에게 관심을 가지기가 너무 어렵고 무서운 세상이 되어 버렸다. 그래도 아랑곳하지 않고 학생들에게 다가가고, 이야기하고, 이해하며, 관심을 가져본다. 그리고 모든 것을 수업에 녹여낸다.

학생들과의 대화를 위해 새로운 교육 방법도 열린 마음을 가지고 배운다. 그래서 영재교육을 시작하게 되었고, 융합 교육, 발명 교육 최근에는 IB(International Bacalaureat) 교육까지 알아가고 있다.

'선생님의 배움이 곧 경험이 되고, 그러한 경험이 학생들에게 새로운 배움이 된다고 생각하기 때문이다.'

들어주고, 믿어주고, 알려주는 사람

내가 수업을 들어가는 반에는 학교에서 주목받는 학생이 한 명 있다. 이미 여러 차례 학교폭력으로 신고되었고, 최근에는 경찰까지 개입하게 된 사건의 주인공이다. 수업 시간에 친구와 떠들고 수업 분위기를 방해해서 자리 이동을 시켰는데 고집을 부렸던 학생이었다.

이 학생의 말과 행동을 보면 영재교육 측면에서 굉장히 우수한 학생이라는 생각이 들었다. 친구들을 골탕 먹이는 방법이 굉장히 교묘했으며, 어떻게든 상대방의 말꼬리를 잡아 논지를 비틀고 자신이 유리한 방향으로 대화를 이끌어가는 능력이 탁월했다. 내 수업 시간에도 마찬가지였다. "왜 뛰어난 머리를 그렇게 사용하지? 선생님이 봤을 때는 너무 안타깝다. 선생님은 너의 능력이 정말 뛰어나다고 생각해. 너의 말과 행동을 관찰해보면 넌 다른 친구들보다 뛰어난 부분이 있어. 그런데 그 부분을 안 좋은 곳에 사용하는 모습이 너무 많이 보여. 잘 생각해봐. 이번 수업 시간에 어떤 행동을 했는지. 선생님은 너의 좋은 머리를 정말 좋은 곳에 사용했으면 해."라고 말해준 적도 있다.

수업 전에 어김없이 담임 선생님과 수업에 관한 이야기를 하던 중 해당 학생이 또 한 번 경찰 조사를 받았다는 이야기를 들었다. 사안은 생각보다 심각했다. 돌로 다른 학생을 때렸다는 내용이었다. 수업 시간에 이름을 부르면서 표정을 관찰했는데 아니나 다를까 풀이 많이 죽어있었다. 평소라면 들떠서 장난하는 모습이어야 하는데 그런 모습은 온데간데없었다. 수업 중간중간에 발표 기회를 주면서 작은 반응에도 연신 엄지를 들어 보여줬다. 수업이 끝나고 교실을 나가는 학생에게 가볍게 "오늘 수업 태도 좋던데? 발표도 잘하고. 뭐 특별히 별일은 없지?"라고 물어봤다. 교실로 돌아가던 학생이 발걸음을 멈추더니 "왜 저만 아이들이 신고하는 거죠?"라고 물어본다. 이미 어느 정도 알고 있었지만 모르는 척 다시 무슨 일이냐고 물어봤다.

2명의 친구와 함께 놀이터에서 놀고 있었는데 한 친구가 본인과 다른 친구를 향해 돌을 던졌다고 한다. 그래서 자기도 돌을 던졌는데 하필 그 돌이 옆에 있는 친구에게 날아갔고 그래서 그 친구가 경찰에 신고했다는 내용이었다. 상황이 쉽게 그려지지는 않았지만 중요한 것은 억울하다고 느끼는 감정이었다. 그렇다고 섣불리 감정을 다독이게 되면 오해를 불러일으킬 수 있기에 조심스럽게 접근했다.

솔직히 내가 해줄 수 있는 것은 많지 않았다. 그 아이 앞으로 들어온 경찰 조사를 대신해 줄 수도 없었고 상대방 학부모에게 이야기를 전할 수도 없다. 학교폭력 심의위원회에 참고인으로 들어갈 수도 없었다. 그저 내가 해줄 수 있는 것은 그 아이의 말을 들어주고 심정을 이해하고 진심 어린 조언을 해주는 것 말고는 없었다.

김창선 선생님이 떠올랐다. 고등학교 3학년 때 수능 이후 진로를 고민하고 있던 때였다. 이미 다른 대학에서 4년 장학생 제의가 들어온 상황에서, 교육대학교 진학과 갈팡질팡했다. 복도에서 우연히 만난 김창선 선생님께서는 이런 나의 마음을 아시는지 "대학은 결정했어?"라고 물어보셨다. 선생님께 솔직한 상황을 말씀드렸다. 그때 선생님께서는 내 이야기를 모두 들으신 다음 "초등학교 선생님? 승혁이랑 완전 딱인데!"라며 엄지손가락을 치켜세워주셨다. 더 이상의 고민은 무의미했다.

내 앞에 힘들어하는 학생 한 명이 지금 서 있었다. 억울한 듯 눈물을 글썽거리고 있었다. 그 아이의 말을 끝까지 들어주고 잘못된 행동에 관해 이야기해 보았다. 쉬는 시간에 복도에서 만나면 그냥 아무 말 없이 웃으며 어깨를 토닥이고 지나갔다. 그다음 쉬는 시간에는 엄지 척을 날려줬다. 그다음 시간에는 손을 들어 인사를 했다. 그렇게 의도적인 만남이 이어졌다. 그렇게 그 학생은 나의 팬이 되었다.

하루는 1교시 수업을 들어갔는데 해당 학생이 오지 않았다. 담임선생님께서 물어보니 아침에 늦게 학교에 온다는 것이었다. 학부모에게 연락했지만 아이가 말을 잘 안 듣는다며 어쩔 수 없다는 답을 들었다고 했다. 쉬는 시간, 복도에 가면 어김없이 그 학생을 만날 수 있기에 나의 의도적인 접근은 어렵지 않았다.

"뭐야, 무슨 일 있어? 오늘 아침 수업도 안 들어오고?"

"아침에 늦잠을 잤어요."

"늦잠? 그럼 일찍 자면 되는 거 아냐? 몇 시에 자는데?"

"12시 넘어 자요."

"12시? 뭐 이렇게 늦게 자?"

"학원 숙제가 너무 많아서 그거 하다 보면 12시가 넘어요."

"그래도 학교에 늦으면 안 되지. 학원 숙제 양을 조금 줄여달라고 해봐. 제시간에 등교하는 것이 별거 아닌 것 같지만 그런 모습들이 쌓이게 되면 그 사람의 성실함을 볼 수 있는 거야. 평소 습관을 통해서 그 사람의 성격도 알 수 있거든. 만약 계속 지각을 하게 된다면 친구들이 그리고 선생님이 어떻게 생각하게 될까?"

대화 이후 그다음 쉬는 시간에도 어김없이 손 인사를 날렸다. 다음 날부터 그 학생은 지각하지 않았다.

교육적 경험을 통해 함께 성장하는 교사와 학생

"교육의 질은 교사의 질을 넘지 못한다."는 말이 있다. 학생들은 선생님이 누구냐에 따라 싫어하는 과목이 좋아하는 과목으로 바뀌기도 하고, 떨어졌던 성적이 거짓말처럼 오르기도 한다. 또 선생님은 진로를 고민하던 학생에게 자신감을 부여하고, 학생들은 가벼운 말 한마디에 위로받기도 한다.

나는 학생들 앞에 서 있을 때가 가장 행복하고 힘이 난다. 학생들 앞에 서 있기 위해서는 노력이 필요하며, 그 첫 번째는 학생에게 관심을 가지고 이해하는 것에서부터 시작한다.

교육에 있어 가장 유명한 말은 "교육은 백년지대계(百年之大計)."라는 말일 것이다. 교육은 '백 년 앞을 바라보는 큰 계획'이라는 뜻이다. 비록 지금과 같은 지식 정보화 사회는 빠른 변화가 있기 마련이지만 그래도 그 안에 큰 중심은 있어야 한다고 생각한다. 그 중심은 무엇이어야 할지에 대한 견해는 교육자마다 다를 수 있다. 하지만 교육을 통해 학생과 교사가 모두 좋은 방향으로 나가야 한다는 사실은 변하지 않는다.

나는 선생님들에게 많은 교육적 경험이 필요하다고 생각한다. 교육적 발전이 있을 수 있다면 과감하게 도전하고 적용해 봐야 한다. 적용에 실패할 수도 있지만 그 경험을 통해서 다음번 적용에는 시행착오를 줄일 수 있을 것이다. 나 역시 마찬가지이다. 교육적인 경험을 위해서 새로운 것에 도전해 보고자 한다.

'나의 교육적 관심을 실제로 실행해 보고 솔직하게 느낀 바를 선생님들과 공유하고 싶다. 그러한 경험 공유 속에서 교사로서 성장할 수 있었으면 좋겠고, 다른 선생님들 역시 교육에 대한 새로운 영감을 가지고 학생들 앞에 섰으면 좋겠다.'

한신실 국공립아라대방펠리체어린이집 원장

남승룡 선수처럼,
페이스메이커와 같은 교육자

저의 작은 거인 남승룡 선수는, 훌륭한 마라톤 선수이자, 훌륭한 제자를 남긴 페이스메이커입니다. 저는 남승룡 선수의 삶의 자세를 본받아 교육 현장에서 학생 및 학부모들의 긴 마라톤과 같은 인생의 성장을 함께하는 페이스메이커의 역할을 감당하고 싶습니다.

나의 작은 거인,
남승룡 선수

바른 신념을 가진 작은 거인

1912년 전라남도 순천에서 태어난 남승룡 선수는, 일본 강점기였던 1936년에 열린 '베를린 올림픽'의 동메달리스트이다. 1936년 '베를린 올림픽'이라고 하면 딱 떠오르는 인물이 바로 마라톤의 금메달리스트 손기정 선수이기에 남승룡 선수는 많은 이들의 기억 뒤편에 있는 인물일지도 모르겠다. 역사의 스포트라이트가 비록 남승룡을 비추지는 않았으나, 나는 그의 인생 이야기를 들여다보며 인큐레이터로서의 방향성을 찾게 되었다.

남승룡 선수는 어려서부터 육상에 재능을 보이며 두각을 나타냈고, 일본 강점시기 열린 수많은 육상경기에서 우수한 성적을 거두었다. 그러다 1936년 베를린 올림픽에서는 3위로 동메달을 수상하였다. 일본 식민 지배로 나라 잃은 설움을 받던 조선인들에게 베를린 올림픽 마라톤의 수상 소식은 희망 그 자체였다.

그러나 일본의 일장기를 달고 수상을 한 것이 한없이 슬펐던 남승룡은 손기정 선수와 함께 고개를 푹 숙인 채 시상대에 섰다. 베를린 올림픽 시상식 사진 속

남승룡 선수는 바지를 허리 위 높이까지 올려 입었는데, 바지를 명치까지 끌어올려서라도 가슴에 달린 일장기를 가리고 싶었다는 그의 이야기가 나라에 대한 감사함을 잊고 있던 나에게 깊은 울림을 주었다. 자신의 정체성을 알고 살아가는 사람, 진정한 부끄러움을 아는 사람, 나라와 민족을 사랑하는 사람 남승룡 선수가 내 안의 작은 거인이 되었다.

제자와 함께한 재능, 페이스 메이커

남승룡 선수는 육상 분야에서 뛰어난 실력의 소유자였을 뿐만 아니라, 자신이 가진 재능을 어떻게 사용하는 것이 가치 있는 일인지에 대한 신념을 갖고 실천했던 사람이다.

1947년 보스턴 마라톤 대회에서 남승룡은 36세의 나이로 마라톤 대회에 참가하게 된다. 이 대회에서 남승룡은 선수이자 제자 서윤복의 페이스메이커 자격으로 출전하였고, 12위라는 성적을 거두었다. 남승룡은 선수로 뛰기에 적지 않은 나이였지만 일장기가 아닌 태극기를 달고 당당하게 마라톤 대회에 참가하여 독립한 대한민국을 세계에 알리고자 하는 마음으로 대회에 참가하였다. 또한, 마라톤 우승을 통해 대한민국의 위상을 높이고자 하는 마음으로 제자 서윤복의 우승을 염원하며 페이스메이커로서 역할을 묵묵히 감당했다. 그리고 그의 간절한 신념과 묵묵한 헌신의 노력이 결실을 거두어 제자 서윤복이 보스턴 마라톤 대회에서 1위를 하는 쾌거를 이루었다.

성공(成功)이 목적하는 바를 이룬다는 뜻이라면 남승룡 선수는 성공한 사람이다. 세상의 많은 이들이 비록 그를 기억하지 않는다 해도 자신이 있는 자리에서 뜻하는 바를 위해 노력하고 행동했기에 그의 신념은 빛나고, 그의 노력은 더욱 가치가 있다. 남승룡은 육상 분야의 실력자였고, 공동체 의식이 뛰어난 사람이었으며, 삶의 목표를 향하여 자신에게 주어진 42,195km를 완주한 진정한 마라톤의 영웅이다. 남승룡의 삶의 발자취를 들여다보며 인큐레이터로서 나는 어떠한 태도로 삶을 대하고 살아가야 하는지에 대해 다시 한번 깊이 생각해 보는 계기가 되었다. 내 안의 거인(巨人)이 된 남승룡 선수에 대한 존경의 마음으로 나의 마음이 뜨거워짐을 느낄 수 있었다.

나는 '페이스메이커'
인큐레이터

완주를 돕는 페이스메이커

페이스메이커의 정확한 뜻이 궁금해서 사전적 의미를 찾아보았다. 표준국어대사전에서는 페이스메이커(pacemaker)를 '중거리 이상의 달리기 경주나 자전거 경기 따위에서 기준이 되는 속도를 만드는 선수'로 정의하고 있다. 즉, 스포츠에서 선수가 자신의 페이스를 유지할 수 있도록 도와주거나 완급을 조절하여 좋은 기록을 내고, 완주할 수 있도록 돕는 '보조자' 역할을 하는 사람을 페이스메이커라고 부른다.

사람이라면 누구나 빛나는 정상 그 꼭짓점에 서보고 싶을 것이다. 하지만 서윤복 선수의 페이스메이커 역할을 통해 또 다른 경로로 목표에 도달했던 남승룡 선수를 보면서 페이스메이커로서 역할이 인큐레이터로서 내가 나아갈 방향이라고 확신하게 되었다.

나는 어린이집 원장으로 현장에서 근무하면서 많은 영유아와 그들의 부모님, 그리고 교사들을 만난다. 오랜 기간 현장에서 근무하다 보니 인생에서 영유아기를 온기 있게 보내는 일이 얼마나 가치 있고 중요한 일인지 깨닫게 되었다. 부모님들의 자녀 양육을 돕고 지원하는 것, 현장의 교사들이 아이들과 함께 배우고 성장해 나갈 수 있도록 돕는 일 역시 나에게 주어진 중요한 역할이다.

인생이라는 긴 마라톤의 여정 가운데 '속도를 낼 수 있도록' 뒷받침하는 페이스메이커로, 때로는 '속도를 맞춰 주는' 페이스메이커로, 지쳐서 속도가 떨어질 때는 '앞에서 이끌어 주는' 페이스메이커로 사랑스러운 아이들과 부모님들, 그리고 교사들의 든든한 조력자이자 인큐레이터가 되고 싶다. 그리고 우리 모두의 목표는 인생이라는 마라톤의 완주가 되길 소망한다.

인생은 마라톤

얼마 전 시할아버님께서 93세의 나이로 하늘나라로 가셨다. 시할아버님은 6·25 참전 용사셨는데 돌아가시기 전 십여 년 넘게 파킨슨병으로 투병하셨다. 할아버지께서 투병 기간 얼마나 힘드셨을지는 가히 짐작하기가 어렵다. 거동도 어렵고 욕창으로 고생도 많이 하셨다. 노쇠한 육체 속에서 많이 답답하고 힘드셨을 것 같다. 가끔 시댁에 내려가 찾아뵐 때 인사드리고 손 한번 잡아드리고 오는 것 외에는 뭘 해드려야 할지 잘 알지도 못했고, 해 드릴 수 있는 것도 없는 것 같았다. 그저 마음속으로 할아버지께서 인생의 여정을 잘 마치고 천국 가는 그 날까지 힘내실 수 있기를, 질병으로 인해 너무 고통스럽지 않으시길 기도하는 것이 내가 할 수 있는 일이었다.

시할아버님께서 돌아가신 후 장례를 치르면서 인자하고 성실하셨던 할아버지를 떠올려보았다. 가족과의 헤어짐은 슬프고 아쉬운 일이지만 인생의 희로애락과 굴곡을 모두 지나 자신에게 주어진 삶의 여정을 마친 그 죽음 앞에서 절로 숙연해지는 마음과 존경의 마음이 들었다.

인생은 마라톤이라는 이야기를 쉽게 접한다. 어딘가에서 너무 많이 들었고, 그래서 너무 식상하고 촌스럽게 느껴지기도 하는 문장이다. 하지만 인생은 정말 마라톤인 것 같다. 우리는 누구나가 각자에게 주어진 긴 마라톤 같은 인생을 살아 간다. 마라톤은 42,195km라는 장거리를 달리며 자신과의 싸움을 하는 경기이 다. 혼자 달린다면 어렵고 힘든 고비를 만날 때 포기하거나 좌절할 수도 있다. 그 렇지만 힘들고 어려운 마라톤 경기를 함께 뛰고 페이스를 조절해 줄 수 있는 페 이스메이커가 동행한다면 마라톤 완주라는 승리의 기쁨을 누릴 수 있을 것이다.

모두가 1등의 자리를 얻을 수는 없다. 하지만 내가 누구인지 알고, 가치 있는 삶을 살기 위해 노력하는 이들의 삶은 그 자체로 귀하다. 자기 삶의 의미를 찾으 며 주어진 삶을 묵묵히 살아가는 모두를 응원한다.

'나도 매일의 삶에 최선을 다하면서 사랑하는 이들의 페이스메이커로, 승리를 돕는 인큐레이터로서의 삶을 살아갈 것이다.'

(주)창의융합교육연구소 대표, 아트히어로 대표 **박경미**

앨버타 윌리엄스 킹처럼,
내면의 강점을 끌어내는 교육자

저의 작은 거인 마틴 루터 킹 목사의 어머
니는, 아들인 킹목사가 항상 특별한 존재
임을 인지하고 강점을 발견하여 주었습니
다. 이처럼 저도 각자마다 모두 다른 아이
들의 내면을 바라보고 그 속의 강점을 끌
어내 주는 교육을 하고 싶습니다.

나의 작은 거인,
앨버타 윌리엄스 킹

본래의 것을 끄집어내는 긍정적 믿음

"너 자신이 누구에게도 뒤진다는 생각을 하지 말거라. 언제나 너는 특별한 사람임을 명심해야 한다."

매일 아침 어머니가 이렇게 배웅해 주는 환경에서 자란 아이는 어떤 사람이 되었을까? 그 아이는 비폭력, 학살하지 않는 직접 행동, 평화적인 시민 저항 등을 강조하는 비폭력적인 접근 방식을 채택하여 미국 내에서 평등과 정의를 실현하기 위해 싸운 흑인들의 인종 차별과 인권 침해에 대항하는 시민 운동을 이끈 인권 지도자가 되었다. 그는 바로 "나에게는 꿈이 있습니다(I have a dream.)."이라는 유명한 연설을 한 마틴 루터 킹 목사이다.

킹 목사가 흑인 인권 지도자의 꿈을 꾸고 세계적인 리더가 될 수 있었던 것은, 스스로 특별한 사람이라고 생각하게 하고 리더로서 책임감을 느낄 수 있게 북돋워 준 어머니 덕분이라고 밝혔다.

"흑인이라고 해서 절대로 주눅 들 필요 없어."

킹 목사의 어머니 앨버타 윌리엄스 킹의 사랑과 교육이 없었다면, 흑인의 인권이 낮았던 당시의 킹 목사는 강점인 '리더십'을 발견하고 발휘하기 쉽지 않았을 것이다. 이에 나는 확연한 약점을 가진 아이에게도 남과 다른 특별한 점을 발견해주고, 교육의 어원 'educate: 본래 내면에 있는 것을 끄집어내다'에 맞게 그 안에 있는 강점을 밖으로 끌어내어 리더로 성장시킨 킹 목사의 어머니를 나의 작은 거인이라고 생각한다.

너의 날개를 펼쳐라

깃털 달린 펜을 귀에 건 옛날 비서의 모습을 닮았다 하여 '비서새'라고도 알려져 있는 '뱀잡이수리새'는 2m나 되는 큰 날개를 가지고 있다. 날렵하고 강한 뱀잡이수리새는 공중에서 날다가 도마뱀·뱀·새끼 새·양서류 등을 발견하면 쏜살같이 아래로 내려가 재빠르게 습격하여 먹이를 구한다. 그런데 이렇게 큰 날개를 가진 뱀잡이수리새도 하늘이 아닌 땅에 있을 때는 다른 맹수에게 쉽게 잡아먹히고는 한다. 왜일까?

뱀잡이수리새는 예상치 못한 위험 상황이 닥치면 크게 당황하여 자신이 비행 능력을 가졌다는 것 즉, 자신의 가장 큰 강점인 날개의 존재를 잊어버리기 때문에 날아서 도망치지 않고 있는 힘을 다해 달리기를 하기 때문이다. 죽기 살기로 달리는 뱀잡이수리새의 모습은 마치 내 안에 남과는 다른 멋진 소질과 재능을 품고도 그 존재를 모른 채 남들이 다 하고 있는 공통의 로드맵을 따라 허덕이며 진학과 진로의 선택을 반복하며 조금씩 자기 다운 삶에서 멀어져 가는 많은 우리 아이들의 모습처럼 느껴진다.

마틴 루터 킹이 살았던 그 시절, 흑인이라는 조건은 리더의 자리에 나아가기에 너무도 극명한 약점이었을 것이다. 그러나 킹 목사의 어머니는 아이의 내면에 존재하는 강점을 발견하고, 그 강점을 온전히 활용할 수 있도록 따뜻한 인큐레이팅을 하는 양육을 했다. 따라서 그는 우리의 기억에 영원히 남는 리더가 될 수 있었다.

모든 아이들에게는 숨겨진 날개가 있다. 이미 내재되어 있는 자기 날개를 필요할 때에 활짝 펴서 날아 볼 수 있도록 돕는 인큐레이터가 되고 싶은 마음에 '앨버타 윌리엄스 킹'을 작은 거인으로 삼고 본받으려고 한다.

나는 '내면의 강점을 끌어내는' 인큐레이터

아이들은 모두 다르다

사람마다 각각 갖고 있는 소질과 적성이 다르기 때문에 자신이 가지고 있는 본래의 것을 먼저 알고 나에게 무엇이 맞는가를 찾는 것이 중요하다. 누구에게나 강점은 있는데, 그 강점을 알아차려 주기는 참 쉽지 않다. 또 그것을 잘 키워주고 활용할 수 있도록 돕는 교육을 하기는 더욱 어렵다. 그래서 나는 다양한 책을 통해 얻은 내용을 바탕으로 학부모님과 교육 상담 시 아래와 같은 몇 질문을 해왔다.

'가르쳐 준 적도 없는데 이런 걸 잘하네?' 하는 것이 있었나요?

(1) 평소 아이가 자꾸 '하고 싶어 하는 것'이 있었나요?
(2) 공부와 관계없는 어떤 것이든 '이건 우리 아이가 참 빨리 배우는구나.' 싶은 게 있었나요?
(3) 어떤 것만 시작하면 '시간이 흐르는 것도 모를 만큼 집중하는 어떤 것'이 있나요?
(4) 힘들어하면서도 '계속하고 싶다며 시켜달라고' 하는 것이 있나요?

그럴 때마다 보통 부모님들은 아이가 하고 싶어 하는 것은 모두 놀이이거나 쓸데없는, 공부와는 관련성이 적은 것들이라고 쉽게 생각하시며 대답하셨다.

"노래와 춤은 그냥 노는 것 아닌가요? 누구나 다 좋아하는 거죠."
"우리 아이가 도대체 뭘 잘하는 건지 모르겠어요. 그냥 게임만 좋아하는 것 같아요."

하지만 나는 그 속에서 강점 신호를 찾고 싶었다. 아이들은 모두 다르다. 엄마 다리 뒤에 숨어 들어오는 아이부터, 마치 수십 번은 이미 와본 것처럼 우렁찬 목소리로 온 교실을 활보하는 아이도 있다. 무언가를 보여주러 온 것처럼 일필휘지 자신감 있게 쓱쓱 그림을 그려내는 아이도 있지만, 긋고 지우고, 칠하다가도 다시 시작하기를 반복하며 활동 내내 주저주저하는 아이도 있다. 공룡을 너무 좋아해서 미술 시간이 좋은 아이도 있고, 반면 공룡이 무섭다고 울며 교실에 들어가지 않으려는 아이도 있다.

나는 이러한 모습들을 보며 아이들을 우선 잘 이해하고, 그 이해를 바탕으로 계획을 세우고 교육 과정을 운영하고 싶었다. '공부는 이렇게 해야 돼.' 하는 고정 관념과 같은 우선순위는 버리고 아이마다 더 관심 있어 하는 주제, 더 즐거워하며 몰입할 방법 등이 무엇인지 찾아 수업에 적용하고자 했다.

그래서 세밀하게 아이들의 내면을 파악하기 위해 모든 입소 대상 아이들에게 기질 검사, 자아 개념 검사, 창의성 검사 등을 하며 조금 더 개별의 특성을 고려한 맞춤 교육을 하려는 노력을 지속해 왔다.

강점 신호의 발견

"이건 내가 원하는 핑크색이 아니야!"

지난겨울 유아 스포츠단에 다니던 소미(5살)가 엄마 손을 잡고 교육원에 상담을 왔다. 스포츠단에서 맘껏 뛰어노는 것이 좋았지만, 아이가 앉아서 하는 활동에도 익숙해져야겠다는 생각과 더불어 평소에 그림 그리기를 매우 좋아하기도 하여 우리 교육원에 상담을 오게 되었다고 한다.

하지만 수업이 시작된 일주일 동안, 소미는 학원 문을 들어오는 순간부터 수업을 마치는 순간까지 여러 차례 눈물을 뚝뚝 흘렸다. 본인이 원하는 색깔의 실내화를 다른 친구들이 먼저 신어서 울고, 교실에 가서는 자기가 원하는 방향에 다른 친구가 먼저 앉아 있어서 울고, 그림을 그리면서는 자기가 고른 크레파스의 분홍색이 종이에 칠해지고 나니 원하는 빛깔의 분홍이 아니어서 울고. 때때마다 작은 얼굴 커다란 눈망울에서 눈물이 퐁퐁 샘솟았다.

나는 이러한 소미에게 다양한 검사와 세밀한 관찰을 시작했고, 소미가 예술적으로 다른 친구들에게는 없는 민감도와 감각을 타고났다는 것을 알았다. 감각 민감성이 아주 높은 친구였던 것이다. '내가 원하는 핑크색이 아니야!'라고 말한 건 소미만의 특별한 재능이었다. 그리고 의외로 소미는 인간친화지능이 높은 친구였다. 다만 자기조절능력, 언어표현이 조금 낮았기에 이를 보완해 주는 방식으로 다가가기 시작했다.

"선생님이 보기에 우리 소미는 그냥 그림 그리기를 좋아하는 정도의 아이가 아니라 '진짜 예술가'가 될 것 같아. 크레파스 핑크랑 도화지에 그려진 핑크가 다른 게 느껴졌어? 이렇게 민감한 건 다른 친구들에게는 없는 멋진 능력이야. 선생님은 앞으로 우리 소미가 어떤 그림들을 그려낼지 너무 궁금해. 눈물 나면 울고, 더 그리고 싶으면 눈물을 닦고 더 그려도 돼. 선생님이 혹시 도와줄 게 있으면 언제든 말해주고. 알았지?"

소미의 어머니는 너무 미안해하시며 전전긍긍하셨지만, 모든 걸 아주 예민하고 민감하게 느끼는 소미의 특별함이 다른 사람과는 차원이 다른 그림을 그릴 수 있게 하는 큰 강점이 될 거라고 말씀드렸다. 눈물이 나는데도 자기가 맡은 한 장의 그림을 끝까지 완성해 내고자 노력한 점 또한 칭찬하고 응원할 강점이라고 말씀드렸다.

6살이 된 소미는 유치원처럼 학원도 매일 가면 안 되냐고 엄마에게 조를 정도로 우리 교육원에 오는 것을 너무 좋아한다. 지금도 신발장에서 원하는 색의 실내화를 찾고, 앉고 싶은 의자에 먼저 앉고 싶어는 하지만. 때론 친구에게 양보도 한다. 내가 원하는 색이 아니면 도화지에 절대 칠하지 않지만 생각과 다르게 채색되어도 울지 않는다.

"내가 생각한 거랑 다르지만 이것도 특별해서 좋아요. 색깔이나 모양보다 거기에 담긴 생각이 더 중요해요. 그렇지요?"

내 눈에는 소미가 진짜 예술가로 성장하고 있는 것 같아 매우 기쁘다. 소미와 같이 모든 아이들은 저마다 내면의 강점을 가지고 있다. 내게 온 아이들의 강점을 발견하고 키워나가는 것이 나의 행복이자 목표이다.

재능을 발견하여 강점으로 키우는 교육

인공지능이 지금보다 더욱 발전할 미래 사회는 학교 시험 성적보다 개인의 강점을 발견하는 것이 중요하다. 이제는 진학이 아이들의 진로와 성인이 된 이후의 삶을 책임지지 못하는 시대이기 때문이다.

나는 천재적 재능이 아니면 재능이 아닌 것처럼 치부되어 자신의 재능을 발견하는 기회도 얻지 못한 아이들, 어렵사리 재능을 발견했지만 이를 제대로 활용하지 못하는 아이들, 강점보다 작은 약점을 보완하느라 비효율적 교육을 받으며 지쳐가는 아이들을 많이 만났다. 이들에게 교육의 어원 'educate: 본래 내면에 있는 것을 끄집어내다'에 맞게 그 안에 있는 강점을 밖으로 끌어내어 리더로 성장시킨 킹 목사의 어머니처럼 '강점으로 키우는 교육'을 하고 싶다.

아이들 각자의 강점을 파악하고, 그것을 더 확장시킬 수 있는 교육솔루션을 제안하고, 날마다 실천하며 강점이 생존 전략이 되고, 강점이 강력한 무기가 되는 시스템을 갖출 수 있도록 코칭할 수 있는 '강점을 살리는 교육을 하는 인큐레이터'가 되고자 다짐하며 공부와 적용을 반복하려 한다.

'나는 아이의 내면에 이미 존재하는 강점을 끌어내는 인큐레이터가 되고 싶다.'

박다연 아이들이 행복한 물음표 연구소 대표, 한국하브루타연합회 교육연구원

송암 박두성 선생처럼,
걸림돌을 디딤돌로 바꾸는 교육자

저의 작은 거인 송암 박두성 선생은, 맹인들이 꿈을 펼치는 데 걸림돌이 없도록 평생을 바치신 분입니다. 이러한 그의 마음을 본받아 저도 학생들의 길에 나침반이 되어 어려움 앞에 멈춰 선 아이들에게 디딤돌을 보게 해주는 교육 치유를 실천하고 싶습니다.

나의 작은 거인,
송암 박두성

걸림돌이 아닌 디딤돌

내가 사는 곳에서 멀지 않은 곳에 송암 박두성 선생의 묘소가 있다. 그분은 시각장애인들의 세종대왕이라 불리는 분이자, 내가 꼽은 나의 작은 거인이다. 박두성 선생이 시각장애들의 세종대왕이라 불리는 이유는 일본 강점기 한글 점자를 창안하였기 때문이다.

맹아들을 교육하던 박두성 선생은 일어 점자만을 사용하여 그들을 교육해야 한다는 것에 문제의식을 가지고 7년여의 연구 과정을 통해 1926년 '훈맹정음'이라는 한글 점자를 완성하였다. 이를 통해 일제의 검인정 교과서 탄압에도 굴하지 않고 한글 점자로 『조선어독본(朝鮮語讀本)』을 점자 출판하며, 맹인들의 민족의식 고취와 더불어 한국인이라는 자긍심을 심어주었다.

또 이러한 노력에 힘입어 1935년 5월에 개최된 일본 강점기의 조선의 기초의회인 부군면협의원 선거에서는 처음으로 한글 점자 투표가 가능하게 되었는데, 이를 통해 맹인들의 사회 참여가 확장될 수 있었다. 박두성 선생은 평소 "눈이 사람의 모든 것은 아니다. 중요한 것은 영혼이다."라고 말하며 한 사람의 장애가 사람의 존엄에 영향을 주지 않음을 사람들에게 알려주고, 이를 통해 맹인들에게 용기와 희망을 주었다.

영국의 사학자인 토머스 칼라일은 "길을 가다가 돌이 나타나면 약자는 그것을 걸림돌이라 하고 강자는 그것을 디딤돌이라고 한다."라고 말했다. 내 앞의 돌을 걸림돌로 볼 것인지 디딤돌로 볼 것인지는 스스로의 내면의 힘이 결정한다는 의미일 것이다. 하지만 자신이 처한 상황에 따라 돌의 크기는 다르게 느껴지기도 하고, 때로는 이것이 걸림돌과 디딤돌을 결정하기도 한다.

당시의 맹인들 역시 많은 가능성을 가졌지만, 자신이 가진 하나의 약점 앞에서 다른 이들보다 더 큰 돌을 마주하며 좌절하였다. 박두성 선생은 시각장애인들에게 그들 앞에 놓인 돌의 높이를 낮춰 그들의 약점이 더 이상 걸림돌이 아닌, 오히려 꿈을 향해 나아가는 용기와 희망이라는 디딤돌이 될 수 있도록 한글 점자를 만들고, 가르치며 격려하며 힘을 주었다.

흔들리지 않는 일평생의 헌신

박두성 선생이 쓴 『맹사일지』에는 이런 구절이 있다.

"세상은 진보하여 그치지 아니하매 옛사람이 오늘 형편을 짐작하지 못한 것과 같이 오늘에 또한 내일의 문명을 예측하기 어려우니만치 사람의 지혜는 발달되어 간다. 그러므로 사람은 누구나 다 남 배우는 것을 배우고 남 아는 것을 알고 남과 같이 살아야 할 뿐 아니라 한 걸음 더 나아가서 남보다 더 배우고 더 많이 일하고 더 벌어서 더 영광스럽게 살아야 할 것이다."

박두성 선생은 말과 생각에서 멈추지 않고 자신의 삶에서 그것을 보여주었다. 그는 어린 시절부터 한학, 사범교육, 해부, 침술, 일본 점자 등 배움에 적극적이었다. 그의 삶이 윤택하여 그렇게 쉽게 배운 것이 아니라 집안의 장자로서 농사일을 돕고, 가계에 도움이 되고자 일본으로 넘어가 점원으로 일한 적도 있을 만큼 쉽지만은 않은 환경 속에서도 주경야독하며 교육의 끈을 놓지 않았던 것이다. 이는 교육의 중요성을 알았기 때문이다.

그의 호 '송암'은 스승이었던 독립운동가 이동휘 선생이 선물한 것으로, "암자의 소나무처럼 절개를 굽히지 않도록 송암(松庵)이라 부르고 남이 하지 않는 사업에 평생을 바치라."라는 의미이다. 이동휘 선생은 송암 선생에게 "국권 회복의 장래는 국민 교육을 장려하여 문맹을 퇴치하는 데 있으니 사범 교육을 받고 교육의 선봉에 나서라."라고 권하여 교육자의 길을 걸어갈 수 있도록 하였다. 독립운동의 일환이기도 하였지만, 배움에 열정을 가진 그의 재능에도 딱 맞는 길이었다.

스승의 삶에서 큰 영향을 받은 박두성 선생은 자신의 호처럼 주변의 어떤 상황에도 흔들리지 않고 자신이 맡은 맹아 학생들을 위해 그들의 곁에서 최선을 다하였다. 그 과정에서 한국어 점자도 개발하고, 그들이 읽을 수 있도록 한글을 점자로 번역한 여러 권의 책을 만들었다.

죽는 날까지도, 점자책의 특성을 고려하여 점자책은 쌓지 말고 꽂으라는 유언을 남길 만큼 일평생 맹인들을 생각하며 헌신적인 삶을 산 교육자였다. 나는 무엇보다 멀리 있는 누군가가 아닌, 지금 자신의 곁에 있는 학생들을 위해 자신의 재능을 활용하여 더 좋은 연결고리를 만들어 주는 박두성 선생의 모습에서 감동을 받았다. 내 주변의 어려움을 겪는 이들이 더 좋은 삶으로 나아갈 힘을 가질 수 있도록 최신의 교육을 익히고 그것을 적용하는 박두성 선생의 모습이 의미 있게 다가왔다.

나는 '나침반과 같은'
인큐레이터

어려움 앞에 멈춰 선 아이들의 나침반

나는 수학을 가르치는 사람으로서, 아이들이 수학을 조금 더 즐겁게 느낄 수 있는 다양한 연결고리를 찾기 위해 노력을 다해왔다. 하지만 맹아들을 위한 하나의 길을 뚝심 있게 걸어온 박두성 선생과 달리 나는 지금까지 목적지를 정확히 모른 채 열심히 달리기만 했다는 것을 최근에 알게 됐다.

막연히 아이들의 사유 과정이 즐거웠으면 좋겠다, 수학에 부담을 줄였으면 좋겠다 하는 꿈을 가지고 걸어왔던 길이었으나 그 과정에서 가지 않아도 될 샛길로 빠지기도 했던 것이다. 이제는 어디로 가고 싶은지, 어떤 방법으로 가고 싶은지, 어떤 아이들을 도와주고 싶은지 구체적으로 알게 되었다. 이렇게 구체적인 방향을 잡을 수 있었던 것은 인큐레이터인 '태진미 교수님'과의 만남과 AI-MIT 검사를 통한 자기성찰 과정이었다.

현재는 인큐레이터로서 역량을 키우는 데 노력을 기울이고 있다. AI-MIT 검사 및 상담의 전문성을 키우기 위해 공부하고, 이를 통해 앞으로 내가 만날 아이들은 나처럼 막연히 '열심히'가 아닌, 자신의 출발점과 행복하게 자신의 꿈을 펼칠 수 있는 방향을 알고 걸어가도록 돕고 싶다.

누군가는 인생의 모든 것은 성공과 과정일 뿐, 실패는 없다고 한다. 물론 이 이야기에 나 역시 동의한다. 하지만 과정 속 의미를 발견하기 위해서, 힘이 빠지지 않기 위해 생의 나침반이 될 누군가가 곁에 있다는 것은 분명 큰 원동력이 될 것이라고 생각한다. 나는 자신의 어려움 앞에서 멈춰 선 아이들에게 힘을 주는 인큐레이터가 되고 싶다.

'질문과 대화로, 당신만의 보물을 찾을 수 있도록 도와주는 하브루타 인큐레이터!'

누군가 앞에서 나를 이렇게 당당히 소개할 수 있기를 희망하며, 소개에 부끄러움 없는 삶이 되겠다는 각오로 지금까지 걸어왔다. '하브루타'는 학생들끼리 짝을 이루어 서로 질문을 주고받으며 대화하는 유대인의 전통적인 토론 교육 방법이다. 나는 나를 만나는 학생들이 질문과 대화를 통해 스스로의 보물을 찾을 수 있었으면 한다.

재능 앞에 걸림돌을 디딤돌로

초등학교 5학년 때 나와 처음으로 만난 학생이 있었다. 수학 과목은 현행 과정도 버거워하고 기존 문제집을 끝까지 풀어본 적도, 학원을 장기적으로 다녀본 적도 없을 만큼 싫어한다며 어머님께서는 그냥 꾸준히 다닐 수만 있도록 지도해 달라고 하셨다. 아이는 표현이 자유롭지 못했다. 알고 보니 언어를 배워야 하는 중요시기 유학을 다녀오고, 코로나 등으로 문해력을 충분히 키우지 못한 상황이었다는 것을 알 수 있었다. 하지만 강점도 많은 학생이었다. 공간지능을 활용하는 분야에 흥미가 높았고, 기초 체력이 뛰어나 자신의 수준에 맞는 과제가 적절히 주어지면 성실히 과제를 해내었다.

나는 과제 난이도를 쉽게 하고, 수업 시간을 조금씩 늘려갔다. 그리고 고학년이지만, 아이의 흥미가 있는 공간지능에 연계된 교구를 수업에 적극적으로 활용하였다. 매 수업이 끝나면 오늘 배운 것과 일상을 연결한 수학 질문을 만들어보고 함께 대화해 보는 시간을 가졌다.

1년이 지난 어느 날, 아이가 가족여행으로 경주를 다녀왔는데. 그곳에서 첨성대를 앞에 두고 부피가 궁금해져 자신이 배운 개념들을 이용해 나름의 부피를 구해보았다고 말하는 것이었다. 수학을 너무 싫어했다던 아이가 과제가 아닌데도 주변을 수학의 눈으로 바라보았다는 것이 감동적이었다. 현재 아이에게 수학은 더 이상 기피 과목이 아니라 나름의 자신 있는 과목이 되었다. 그리고 수학 문제를 풀 때 자신의 문해력 부족을 느끼고 더 잘 해결하기 위해 엄마와 문해력 문제집을 풀기 시작했다는 소식을 전해왔다.

얼마 전, 학교 창의적 체험활동 시간에 만난 6학년 여학생은 나와의 수업이 끝나고 '자신의 꿈이 이뤄지는 시간'이었다는 이야기를 전해주었다. 그 학생은 목소리가 작고, 잘 이야기를 하지 않는 친구였다. 하지만 수업 횟수가 늘어갈수록 점점 자신의 생각을 이야기하는 것을 즐거워하는 모습을 보여주었다. 하브루타 교육을 통해 함께 짝을 지어 질문하고 대화하는 시간을 가지면서 친구들과도 가까워지고 스스로에 대한 자신감도 가지게 된 것이다.

송암 박두성 선생이 만난 제자들처럼, 내가 만나는 아이들도 저마다 크고 작은 어려움을 가지고 있었다. 저마다 고유하고 빛나는 재능을 가지고 있지만, 그 재능 앞에 놓인 각자의 약점이 크게 느껴져 걸림돌이 되다 보니 자신의 재능을 발현할 용기를 내지 못하고 '할 수 없다.'라고 말하는 경우를 여러 번 보았다. 나는 그런 아이들에게 박두성 선생처럼

'걸림돌을 디딤돌로 바꾸도록 돕고 싶다는 꿈을 이정표 삼아 걸어가고자 한다.'

아이사랑어린이집 원장 **박향진**

아버지 박창순 장로님처럼,
소통과 헌신의 교육자

저의 작은 거인 아버지 박창순 장로님은,
주변 모든 이를 사랑하고 그들을 위해 참
된 헌신을 하는 많은 이들의 귀감이 되는
인물이십니다. 이를 본받아 저도 인큐레이
터로서 헌신의 소통과 사랑을 교육의 현
장에서 실천하고 싶습니다.

나의 작은 거인,
아버지 박창순 장로님

많은 이들에게 귀감이 되는 삶

박창순 장로님은 교회를 다니지 않던 가정에서 30세 총각 때 집사 직분을 받은 신실한 믿음의 소유자이다. 주님께서 보여주신 사랑을 다양한 나눔으로 꾸준히 실천하면서 모범적인 생활로 전도에 주력하는 등 그리스도의 향기를 드러내신다. 1930년 출생, 94세의 고령임에도, 새벽 기도회를 하루도 거르지 않고 다녀오시며 가정과 교회와 나라를 위해 기도하신다.

넉넉지 않은 살림임에도 병들고 아프거나 가정 형편이 어려운 가정은 보이지 않게 다른 누구보다 먼저 찾아가 기도하시면서, 위로와 격려는 물론 작은 정성으로 물질로도 도움을 주신다. 얼마 전에도 노 권사님이 참기름 한 병을 건네주시기에 무슨 일이냐고 여쭤보았더니, 결혼하지 않은 아드님이 중환자실에 있게 되었을 때 장로님께서 찾아가서 기도와 위로금을 전달해 주셨다는 말씀을 들려주셨다. 아버지께 직접 전달해 드리기 어렵다며, 많은 금액을 주신 것에 너무 감사하다며, 작은 것이지만 장로님의 따님에게 전달해 드리고 싶다니, 정말 귀한 분이다 싶은 게 한두 번이 아니었다.

80세를 넘어 서울대와 총신대 평생 교육원에서 레크리에이션 자격 과정, 웃음치료, 발 관리 프로그램을 수료하시고, 수지침 국가 자격을 취득하시어 봉사하셨다. 80세가 넘어 수료하신 분이 전무하기에 잡지 게재도 되었다. 올해 95세가 되신 아버지는 늘 나와 가족들에게 하시는 말씀이 있다.

"내 이웃을 내 몸과 같이 사랑하라고 예수님께서 말씀하신 것처럼 너희도 이 웃을 사랑하는 삶을 실천해라."

이렇듯 본인의 발전과 가정은 물론 교회, 지역사회의 보이지 않는 곳에서 어려운 분들을 돌보는 일들을 하시면서 신실한 믿음과 그리스도의 사랑의 향기를 뿜어내시어 많은 사람들에게 귀감이 되어주시는 분이다.

주변 모든 이를 사랑하는

박창순 장로님은 충북 청주에서 7남매의 장남으로 동생들을 건사해야 했으며, 카투사 군종으로 근무하다가 6·25 참전을 경험하셨다. 그는 어디에서 어떤 일을 하든지 어려운 일들을 원만하게 해결하며, 상호 존중을 통해 이전보다 더 좋은 상황을 만드는 소통의 전문가이시다.

교회 재건축 과정에서도 복잡한 상황에서 다방면으로 가능한 해결책을 마련하여 부지를 매입하는 등 건축의 전 과정을 원만하게 해결하셨다. 많은 사람들이 모이는 교회이다 보니 때로는 상처받을 만한 일들도 있다. 그런 상황에 처해있는 남자 집사님을 권면하신 경우가 있었는데, 그 집사님 댁에 가서 함께 생활하고 싶다고 말씀하실 정도로 성도를 아낀다. 사랑의 소통이 아니면 가능할까 싶을 정도이다.

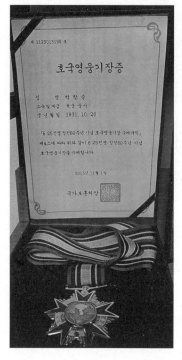

모두가 귀하게 태어난 하나님의 자녀들이라는 마음으로 주변 모두를 존중하시며, 크고 작은 일에 상처를 받아 상담을 요청하면 용기와 자존감을 북돋워 주시는 분이다.

"너의 달란트는 그 사람과 다르니 상심하지 말거라. 너는 어느 비교할 수 없는 좋을 것들을 가진 소중한 사람이란다."

이렇듯 상담과 칭찬을 통하여 주변을 따뜻한 사랑으로 온기를 충전해 주신다.

또, 70년간 함께한 배우자의 파킨슨병과 직장암 투병을 20여 년간 간호하셨다. 적합한 의료기등 주변에서 필요한 것들을 창의 융합적 사고력으로 디자인하고, 직접 제작도 하시는 창의적인 사고력과 실천하는 행동가이시다.

나는 '소통과 헌신의'
인큐레이터

사람을 소중히 여기는 소통

박창순 장로님을 평생 지켜보면서 '보이지는 않지만, 정말 하나님 아버지는 이런 분이시겠구나.' 싶을 정도로 본받고 싶은 분이다. 내 주변의 가장 작은 일과 오늘의 할 일이 진정한 예배가 되고, 가장 소중한 일이며, 꼭 해야 할 일이라고 생각한다.

나는 '살아온 감사, 살아갈 감사'를 모토 삼아 사람을 소중히 여기는 마음으로 30여 년간 민간 어린이집을 운영하였다. 이와 동시에 유아교육학 석사 학위를 취득하고 다변화되는 사회에서

각계 지도층 인사들과 청소년, 영유아, 학부모 등 다양한 구성원과의 관계를 위하여 사회복지사, 간호조무사 및 레크리에이션, 웃음치료사 등을 수료하였다. 어디에서나 필요에 따라 쓰임 받을 수 있도록 끊임없이 공부했다.

나는 '온갖 참된 삶은 만남이다.', '살기 위해 배우는 것이 아니라, 배우기 위해서 산다.'라는 평생교육의 관점으로 살아왔다. 이는 나에게 주어진 많은 관계 중심적 사고와 가정교육의 모델링이 되어주신 바로 박창순 장로님의 자녀로서 보고 배운 것이다. 인큐레이터의 기본 바탕을 준비해 온 것이 아닌가 싶다.

현재 나는 가정 어린이집을 운영하고 있다. 수많은 졸업생, 현재의 예쁜 아이들과 부모님, 교회, 그간 관계해 왔던 주변의 교육 관련 등 많은 관계를 되돌아본다. 그리스도의 향기를 뿜어낼 수 있도록 새롭게 통찰력 있는 관찰로 예쁜 씨앗을 심고, 기쁨 새싹을 틔우며, 가장 예쁘다는 웃음꽃을 피우도록 그동안 노력을 총동원하여 사람들과의 소통을 키워가면서 이후 삶의 성장 시스템을 구축하는 노력을 하고자 한다.

덤으로 사는 인생

나는 작년에 심근경색으로 중환자실에 있다가 다시 살아났다. 이 때문에 현재는 덤으로 사는 인생이라고 생각한다. 누구보다도 살아있음에 감사, 살아왔음에 감사하며 어떤 상황이라도 감사가 넘친다. 그동안 살아온 나 스스로를 돌아보게 되었고, 또다시 살아났기에 주변을 바라보며 시야가 넓어졌다. 사랑은 나눌수록 커진다는데, 감사와 사랑이 모여지면 더 커다란 기쁨이 되지 않을까 싶다.

어린이집 졸업생 중에 백혈병으로 투병하다가 지금은 근 4년 동안을 코마 상태에 있는 친구가 있다. 그 친구의 가정과 긴밀한 관계 속에서 기도도 하고, 찾아가 주며, 긴 투병 생활을 지켜보고 있는 부모님들에게 '사람책 부모학교'의 라이브 방송도 계속 보내드리면서 나눔을 하고 있었다. 그런데 이번 내가 새롭게 어린이집을 개원하게 되었다고, 어린이집 중문을 개원 선물로 해준다는 연락을 받아서 너무 감사하다. 받는 것이 중요한 것이 아니라, 관계 중심을 실제로 실천하면서 사랑을 나눈다는 것이 얼마나 감사한 일인지 모른다. 사랑의 빚 이외에는 짐을 질 게 없다.

'수도 없이 많은 사람들과 날마다 만나며 지나는 일상이 예배가 되고, 삶이 되고, 나눔이 되고, 감사가 되니 이것이 '살아온 기적이고, 살아갈 기적'이 아닐까 싶다.'

박현숙 숭실대학교 교육대학원 융합영재교육전공 석사과정

마리아 몬테소리처럼,
어린이를 위한 교육자

저의 작은 거인 마리아 몬테소리는, 몬테소리 교육법을 만들어 전 세계 어린이 교육에 영향을 미친 인물입니다. 저는 마리아 몬테소리처럼 어린이 교육을 위한 글로벌한 길을 열어주는 인큐레이터가 되고 싶습니다.

나의 작은 거인,
마리아 몬테소리

전 세계에 영향을 준 몬테소리 교육법

어린이 교육의 선구자 마리아 몬테소리는 그녀의 교육 방법을 현장 다양한 곳에 적용 교육하였다. 그중에서도 셀제(Celesei)라는 이탈리아의 작은 마을에서의 경험이 매우 중요하다. 셀제는 마리아 몬테소리가 몬테소리 교육법의 핵심 원리를 발전시키고 시험하는 데 중요한 역할을 했다.

셀제(Celesei)에서 몬테소리는 다양한 연령대의 아이들을 대상으로 교육을 시행했다. 다양한 연령대의 아이들이 함께 교육을 받으면서 서로에게 영감을 주고 배울 수 있었다. 이는 아이들에게 활동을 선택하고 자유롭게 진행할 수 있는 환경을 제공했다. 아이들은 자신의 관심사와 능력에 따라 활동을 선택하며, 교사는 이를 존중하고 지원했다.

몬테소리 교육법의 핵심은 특별한 교구와 교육 재료를 활용하는 것이다. 셀제에서도 이러한 교구와 재료를 사용하여 아이들의 학습과 탐구를 지원했다. 몬테소리는 아이들이 자기 주도적으로 학습하고 자신의 관심사를 탐구하도록 장려했다. 아이들은 스스로 학습을 선택하고 진행하면서 높은 동기부여를 느꼈다. 몬테소리 교사는 아이들의 발달 수준과 관심사를 지속적으로 관찰하며 개별화된 교육 계획을 수립했다. 이를 통해 각 아이의 능력을 최대한 발휘할 수 있도록 도왔고. 셀제에서의 경험을 토대로 마리아 몬테소리는 몬테소리 교육법을 지속 발전시켰고, 전 세계의 다양한 교육 기관에 채택되어 아이들의 교육에 긍정적인 영향을 미치고 있다.

사실 나는 처음부터 어린이 교육에 뜻이 있었던 건 아니었다. 그저 내 아이에게 친구와 함께할 수 있는 시간을 만들어 주고 싶어서 시작한 것이다. 그런데 아이들을 가르치면서 이들이 나를 통해 점점 생각이 깊어지고, 그릇이 넓어져 가는 모습을 보며 전에는 느껴 보지 못한 깊은 성취감과 뿌듯함을 맛보았다. '가르침'의 맛을 보고 나니 전문성을 더욱 기르고 싶어졌다. 따라서 어린이 교육의 선구자인 몬테소리를 나의 작은 거인으로 삼았다.

나는 '어린이를 위한'
인큐레이터

가치 있는 경험들

1) 임원 활동

우연의 일치로 시작된 초등학교 학교운영위원회 부위원장과 학부모회 회장의 역할은, 그 안에서 무수히 많은 경험과 성취, 그리고 도전의 순간들을 안고 있었다. 초등학교 학교운영위원회 부위원장으로서, 학교 운영과 예산 관리에 대한 책임을 지게 되면서, 학교 내에서 자원과 시설을 효율적으로 운용하기 위한 노력이 시작되었다. 교육 정책과 규정을 준수하며 학생들의 특별한 창의융합교육을 지원하고, 교사 및 직원들과 협력하여 학교의 안전과 안녕을 유지하는 일은 책임감과 자부심을 키우는 계기가 되었다.

더불어 지역 주민센터 소통 센터장으로서의 경험은 지역사회와의 교류와 상호작용을 높이는 데 큰 역할을 하였다. 어린이와 가족을 위한 다양한 프로그램을 개발하고 운영하면서, 지역 기관 및 자원봉사자와 협력하여 지역 내 어린이들과 가족들을 지원하고 사회적 연결성을 강화하는 데 기여하였다. 어린이의 안전과 보호를 최우선으로 두면서, 어린이와 가족들 간의 소통을 촉진하고 의사소통 능력을 향상하는 데 기여한 것은 물론, 지역 내 다양한 이벤트를 조직하고 참여를 유도하여 지역사회에 활력을 불어넣었다.

이 모든 경험을 통해 얻은 느낌은 매우 풍부하고 다채로웠다. 먼저, 책임과 도전 속에서 얻는 성취감은 물론, 협력과 소통을 바탕으로 한 팀워크의 소중함을 깨닫게 되었다. 학교와 지역사회에서의 역할은 그 무게만큼 큰 보람을 안겨주었고, 어린이들과 가족들을 지원하며 사회에 기여하는 책임감은 더불어 큰 자부심으로 이어졌다.

다양한 분야에서의 경험은 나를 더욱 풍부한 사람으로 성장시키고, 사회에 기여하는 일에 보람을 느끼게 만들었다. 이런 활동을 통해 얻은 가치들은 평생 간직하며, 미래에도 끊임없는 도전과 성장을 향해 나아갈 원동력이 될 것이다.

2) 서울신당초등학교 산업 현장 탐방 및 전문인 특강

어린 학생들에게 진로와 목표 수립에 대한 도움을 제공하기 위해 직업 분야의 전문가들과 손을 맞잡고 다양하고 흥미진진한 활동을 진행하였다. 변호사, IT 전문가, 방송인, 사이버수사대, 군인, 공무원, 의사 등 다양한 직업 분야의 전문가들을 초등학교에 초청하여 학생들에게 직접적인 체험 기회를 제공했다. 각 전문가는 자신의 직업의 성격과 업무를 소개하고, 필요한 기술과 역량에 대한 교육을 실시하여 학생들이 해당 직업 분야를 실제로 체험할 수 있도록 했다.

이러한 진로 체험 활동을 통해 학생들은 다양한 직업 분야를 경험하면서 자신의 열정과 관심사를 발견하고, 미래 진로에 대한 방향을 찾을 수 있었다. 또한, 다양한 전문가들과의 소중한 인간 네트워크를 형성하였다. 이는 나중에 진로 선택과 취업에 도움을 받을 수 있는 연결을 구축하는 기반이 되었다.

이러한 진로 지원 활동은 학생들에게 큰 영감을 주었을 뿐만 아니라, 전문가들 또한 자신의 경험을 나누고 학생들에게 영향력을 미칠 수 있는 소중한 기회가 되었다. 앞으로도 학교는 학생들의 미래를 위한 지속적인 진로 지원 활동을 계속해서 개최할 계획이며, 이를 통해 학생들이 더 나은 미래를 위한 발판을 마련할 수 있도록 최선을 다하고 있다.

어린이들을 위해

나는 초등과정의 어린이 교육과 발달에 대한 열정과 약속을 가지고 있다. 미래의 어린이들이 글로벌 역량을 키우고 자기 주도적인 학습자로 성장할 수 있도록 노력하고자 한다.

어린이들의 꿈과 열망을 존중하고, 그들의 능력을 최대한 발휘할 수 있는 환경을 조성하고 싶다. 어린이들이 세계적인 시민으로 성장하고, 미래의 도전에 대비할 수 있는 강한 기초를 마련하기까지 끊임없이 도전할 것이다.

마리아 몬테소리의 명언 중 하나인 "도와줄게가 아니라, 스스로 할 수 있게 도와줘."는 어린이들을 자기 주도적인 학습과 성장으로 이끄는 데 큰 영감을 주고 있다고 생각한다. 어린이들에게 지식뿐만 아니라 자기 모험과 자기 계발의 길을 열어주는 교육가로서의 목표와 포부를 갖고, 어린이들의 잠재력을 최대한 발휘할 수 있게 돕는 인큐레이터가 되고 싶다.

"어린이들의 손을 잡아주면, 그들은 미래의 길을 걸어갈 힘을 얻습니다. (When you take the hand of a child, they gain the strength to walk the path of the future.)"

– 마리아 몬테소리 (Maria Montessori)

신명화 피아노 & 예술융합교육 [더 클래식] 대표, 김포문화재단 피아니스트

셀린 디온처럼,
도전하는 예술인의 교육자

저의 작은 거인 셀린 디온은, 대중을 압도하는 디바로서 그 열정과 사랑이 보는 이로 하여금 큰 영감과 자극을 선사했습니다. 저는 셀린 디온처럼 지속적으로 도전하는 예술가로서 교육 현장에서 꿈을 향한 도전을 심어주는 인큐레이터가 되고 싶습니다.

나의 작은 거인,
셀린 디온

대중을 압도하는 아티스트

"난 나 자신을 제외한 누구와도 경쟁하지 않는다. 나의 목표는 나의 마지막 공연을 넘어서는 것이다."

– 셀린 디온

"I'm not in competition with anybody but myself. My goal is to beat my last performance."

– Celline Dion

나의 작은 거인은 캐나다의 싱어송라이터 셀린 디온이다. 셀린 디온은 배우, 사업가, 프로듀서 등의 다양한 업적을 이루며 많은 이들의 롤모델이 되는 세계 3대 디바로 남아있고 그녀가 부르는 영화 주제곡은 세계적인 명성과 함께 최고의 인기를 누렸다. 캐나다, 프랑스에서는 가장 많은 음반을 판매했고, 미국에서는 타국 스타 중 가장 성공을 거둔 스타이기도 하다.

팝의 여사제(Priestess of Pop)라는 별명이 있을 만큼 팝 역사 전체를 통틀어 그녀를 능가하는 가창력을 지니고 있는 여가수는 드물다고 알려져 있고, 많은 아티스트들의 닮고 싶은 인물이기에 많은 스타들도 그녀의 음악을 사랑하며 편곡 버전으로 무대에 올리는 모습을 많이 볼 수 있다. 타이타닉 주제가 「My heart will go on」, 「The Power or Love」, 애니메이션 미녀와 야수 주제가 「Beauty and the Beast」, 올림픽 주제곡 등은 우리나라에서 큰 사랑을 받았고, 아직도 그녀의 음악은 세계적인 명성을 이어가고 있다. 2021년 5월에는 버클리 음악대학에서 명예박사 학위를 수여받았다는 소식을 보도를 통해 알게 되었다.

자수성가한 셀린 디온의 평생의 음악을 향한 열정과 사랑, 대중을 압도하는 아티스트로서의 성과는 나에게는 큰 본보기가 되었고, 비전공분야인 팝페라 아티스트로서 나아가는 내게 큰 영감과 용기를 불어넣어 줬다.

진취적, 도전적인 자세

셀린 디온은 사람의 마음을 사로잡는 목소리와 편안하면서도 시원하게 펼쳐지는 고음의 매력을 지니고 있다. 그녀는 어릴 적부터 음악을 사랑하는 가족들과 함께 작은 피아노 바를 운영하면서 음악을 접하고 꿈을 키워갔다고 알려져 있다.

셀린 디온은 1982년부터 국제 콘테스트, 오디션으로 대성공을 이룬다. 영어를 사용하지 않았던 셀린 디온은 뒤늦게 영어를 배우기 시작하며 1990년대에 「Unison」, 「(If There Was) Any Other Way」, 「Where Does My Heart Beat Now」를 발표했다. 빌보드 싱글 차트 4위까지 오르며 그녀는 가창력을 인정받으면서 휘트니 휴스턴, 머라이어 캐리와 함께 디바 대열에 동참하게 된다. 그녀가 영어권으로 진출하고, 그녀를 더욱 빛나게 만들어 준 「Beauty and the Beast」는 미국에서 100만 장 이상 팔리며 데뷔에 큰 성공을 이룬다.

나는 셀린 디온의 일화를 돌아보며 환경에 맞서 세상으로 나아가는 진취적이고 도전을 멈추지 않았던 준비하는 자세를 배우고 싶다. 자신의 음악성은 지키면서도, 다양한 언어를 사용했던 점 또한 본받고 싶다. 그녀는 앞으로 내가 아티스트로 성장할 수 있는 미래를 그려볼 수 있도록 하는 좋은 귀감이 된다.

나는 '도전하는 예술인'

인큐레이터

끊임없는 도전의 예술인

나는 융합 예술인이다. 예술인을 위한 아트 컨설턴트, 피아니스트, 팝페라 가수, 섬유 예술 디자인 활동을 한다. 다양한 예술을 경험하고 융합하며 작품화하는 작업을 통해 공연 무대와 전시전을 열고 영재교육의 융합 이론 및 실천을 연구하며 아트 스튜디오 안에서 융합 교육을 실현해 나간다.

아티스트 명화로 서다

2011년 통영국제음악제 메모리 홀에서 롤모델이 되는 셀린 디온의 「My Heart Will Go On」과 거슈윈의 「Rhapsody in Blue」를 결합 편곡을 시도하였으며 한국 아티스트의 모습으로 남고자 한복 드레스를 입고 출연을 했었다.

피아노 전공자로서 연주하며 팝페라를 결합시키고 클래식의 모티브를 해설하며 시도한 30분간의 경연으로 라이징스타상을 수여하였다. 또 대중에게 나아가기 위해 경제 뉴스에 출연하고 아티스트 명화를 세상에 소개하게 되었다.

창의융합 아티스트로서의 행보

2010년 꿈과 희망을 담은 프로듀싱 앨범이자 첫 번째 정규 앨범으로 작사와 노래, 코러스에 참여하며 나만의 색깔을 앨범에 녹여냈다. 재즈, 뉴에이지, 쇼팽 녹턴의 보사노바 편곡, 모차르트 소나타를 모티브로 한 스윙 재즈의 시도를 담아냈고, 이 앨범을 통해 전국 투어를 다니며 김포, 용인에서 기획 콘서트인 'Traumerei'를 열었다.

이후 샌드 아티스트 김하준 작가와의 최초로 융합을 시도하였고, CCM 앨범 5곡 수록, 라디오 가스펠 아워 생방송 출연, 팔만대장경 세계 문화유산 등재 축하 무대 등 다양한 활동으로 10년 이상의 도전을 이어가고 있다.

나는 제자들의 꿈 길잡이

교육 활동 20년, 많은 제자들을 만나고 저마다 다른 꿈들이 있었다. 모든 만남은 음악 수업을 통해서였지만 제자들과의 시간과 인연은 늘 돈독하게 유지되었다. 유독 자신의 고민을 털어놓고 마음을 의지하는 제자들이 기억에 남는데, 삶의 힘든 시간과 좌절 속에서 예술을 통해 위로받고 새로운 시작의 동기가 되는 순간들을 함께했던 것 같다. 그 시간을 통해 나 또한 작업 영감을 받기도 하고 아이들의 재능이나 전공 방향의 길잡이가 되어 주기도 했다. 저마다 꿈을 꾸고 인생에서 중요한 선택을 할 순간에 나를 떠올려 주고 찾아와 주는 제자들이 항상 고맙다.

"평생에 걸쳐 꿈을 이루며 성장하는 지속적인 모습을 보여주면서, 누군가에 는 약이 되고 누군가에게는 길을 잃지 않게 저마다의 꿈을 실현하도록 도와주 는 인큐레이터로 제자들의 마음속에 남길 바라본다."

군자유치원 원장 **이혜경**

태진미 교수님처럼,
문화를 만드는 교육자

저의 작은 거인 태진미 교수님은, 이 땅
에 태어난 모든 사람들이 저마다의 재능
과 모양을 가지고 있다는 것을 믿고 사람
책모델학교와 인큐레이터를 기획하셨습
니다. 저는 태진미 교수님과 함께 이 땅에
건강하고 행복한 양육 문화, 교육 문화 조
성을 위해 노력할 것입니다.

나의 작은 거인,
태진미 교수님

'백조'와 같은 작은 거인

나는 사람책모델학교 온라인 카페에 2년간 유·초 가정 연계 활동을 소개하며 많은 사람책(롤모델) 인물을 탐구해 왔다. 사람책에 소개된 인물들의 공통점은 저마다 자신이 처한 환경을 극복하고 자신의 영역에서 높은 전문성과 성취를 이룬 열정의 사람들이었다. 이런 훌륭한 사람들을 모두 뒤로하고 내가 최고의 작은 거인으로 뽑은 인물은 바로 사람책모델학교를 세운 태진미 교수님이다.

교수님은 2013년도 숭실대학교 교육대학원 졸업을 앞둔 마지막 학기에 역량 강화 특강으로 처음 뵙게 되었다. 태 교수님과 처음 만난 짧은 두 시간 동안, 사람을 교육한다는 것이 얼마큼 중요한 일인지 또, 그 일을 하는 나는 진짜 전문성을 갖추고 있는지에 대해 깊은 고민을 하게 만드는 시간이었다. 이후 사람을 살리는 교육, 사람의 숨은 재능을 찾아주고자 하는 교수님의 교육 철학에 깊이 감동하여 교수님이 지도하고 계신 융합영재교육 석사과정에 편입하고 문화치유전공 박사과정까지 스승과 제자의 인연을 이어오고 있다.

10여 년간 옆에서 지켜본 교수님은 백조 같다. 우아한 모습으로 연못을 유유히 헤엄치지만, 그 밑에선 하염없이 발을 휘젓는 백조 말이다. 늘 바쁜 일상을 보내면서도 여유로움을 잃지 않는 모습도 대단하지만, 교수로 연구자로, 유튜버로, 상담가로, 기관장으로 정말 다양하고 많은 일을 하면서도 번아웃되신 모습을 한 번도 본 적이 없다. 그 이유를 곰곰이 생각해 보니 교수님에게는 가야 할 방향을 명확하게 알려주는 북극성이 있다. 그 북극성은 교수님이 우리에게 늘 말씀해 주시는 교육 철학이기도 하고 교수님이 가지고 계신 신앙에서 오는 소명이기도 한 것 같다. 사람책모델학교, 별담소, AI-MIT(인공지능 다중지능 검사) 등등의 많은 교수님의 결과물들은 결국, '사람을 살리고 세우는 참교육'을 위한 교수님의 철학과 소명을 실천하는 방법들인 것이다. 교육자로서 이렇게 자신의 분명한 교육 철학과 소명의식을 가지고 꾸준히 실천해 가는 교수님을 닮아 가고 싶어 태진미 교수님을 나의 작은 거인으로 선정하게 되었다.

다양한 전문성을 꽃피우는 열정

어느 사람책 인물과 비교해도 부족함 없는 교수님의 작은 거인으로서의 특징이자 내가 가장 본받고 싶은 교수님의 장점 중 하나는 바로 다양한 전문성이다. 융합영재교육뿐 아니라 교육, 예술, 상담, 치유 등의 방대한 교수님의 전문성은 나를 비롯한 교수님의 제자들에게 큰 도움이 된다. 영역을 넘나드는 심오한 전문적 지식을 바탕으로 문제를 다양한 시각으로 바라보고 해결하려는 교수님의 방식은 제자들에게 단순히 정보와 지식을 전달하는 것이 아니라 스스로 생각하게 하는 힘과 미래 사회에 꼭 필요한 창의 융합적 사고력을 길러 준다.

또한, 타의 추종을 불허하는 교수님의 열정 또한 인상적이다. 하루 25시간을 사는 것처럼 바쁜 일정을 소화해 내신다. 학부생부터 대학원 석·박사생까지 강의와 논문 지도만 해도 바쁜 일정인데, 교수님의 개인 연구와 사람책모델학교, 별담소까지 정말 작은 체구로 많은 업무를 소화해 내고 계신다.

이렇게 초인적인 힘을 발휘할 수 있는 비결은 바로 분명한 '목표 의식'이 아닐까 싶다. 교수님의 다양한 연구와 업무들은 결국 사람들이 자신의 재능을 찾아 그 재능의 별이 빛나도록 도와주는 것이다.

'이 땅에 태어난 모든 사람은 소중하며, 작은 것이라도 자신만이 가진 재능의 씨앗이 있다. 교육은 저마다 가진 이 재능의 씨앗을 잘 발견해서 건강하게 싹 틔울 수 있도록 돕는 것이다.'

이러한 교수님의 열정은 전염성이 있어 사람들의 마음에 불꽃을 일으킨다. 그 불꽃이 모여 오늘날의 사람책모델학교가 세워지고 이 땅에 살리는 교육을 실현하기 위한 작은 실천들이 곳곳에서 이루어지고 있다.

교수님은 각 개인의 고유한 강점과 재능을 찾아 제자들이 학문적으로나 개인적으로 성장할 수 있도록 필요한 조언과 지도를 아끼지 않는 임파워먼트 멘토십(Empowerment mentorship)을 보여주신다. 나도 모르는 나의 강점과 재능, 심지어 지금까지 나의 단점이라고 생각했던 것마저 좋은 씨앗으로 바꿔 성장의 동력으로 삼을 수 있도록 만든다. 어디 그뿐인가? 이렇게 찾은 씨앗이 싹을 틔우고 꽃을 피우기에 좋은 땅을 찾아주시려고 늘 동분서주하는 교수님의 숨은 노력을 알기에 어디에 심기든 최선의 꽃을 피우려고 제자들도 열심히 노력한다. 이런 노력을 통해 얻은 작은 성취들이 쌓여 스스로 성공의 시스템을 구축해 가고, 이것이 더 큰 성장으로 이어져 다른 사람들의 씨앗을 찾아 성장시킬 수 있는 역량을 함양하도록 하는 것이 교수님의 임파워먼트 멘토십이다.

위에 나열한 세 가지 특징만으로 작은 거인으로서의 태 교수님을 모두 표현할 순 없지만, 교수님이 가지고 있는 사람과 교육에 대한 가치와 신념이 많은 사람에게 선한 영향력을 주고 있는 것만은 확실하다. 이러한 영향력은 앞으로도 사람책모델학교, 별담소를 통해 계속 밝게 빛나고 다음 세대를 위한 좋은 밑거름이 되리라 확신한다.

나는 '문화를 만드는'
인큐레이터

'인큐레이터'를 만들기 위한 끊임없는 노력의 증인

사람책모델학교의 인큐레이터가 탄생하기 이전부터 태진미 교수님과 함께 해온 많은 일은 인큐레이터가 되기 위한 밑거름이었다. 놀이 속에서 아이들과 정서적인 교감을 하며 돌봄과 배움이 일어나도록 하는 태진미 교수님의 '튜닝플레이 라두가 프로그램'이 그 첫 시작이었다. 이 프로그램에서는 교사와 아이들의 상호작용과 놀이 상황에서의 역동을 교사가 긍정적인 방향으로 얼마나 잘 이끌어 가는지가 중요하여 아이들과의 실제 수업을 녹화하여 슈퍼 비전을 받도록 했다. 원장이 아이들과 매주 시간을 내어 수업하기도 쉽지 않은 일인데, 수업을 촬영해 선생님들과 살펴보며 슈퍼 비전을 받는다니 앞이 캄캄했다. 하지만, 교사들에게 선배 교사로서 모범이 되고 아이들에게도 정서적 안정과 즐거운 배움이 일어나는 모두가 만족하는 유치원 교육 환경을 만들고 싶은 마음에 원감 선생님과 함께 3년 넘게 직접 아이들과 수업하고 슈퍼 비전 연수에 참여하며 지금까지 프로그램을 이어오고 있다.

그러던 중 교실에 도움이 필요한 아이들과 교사를 위한 지도서를 함께 만들어 보자는 교수님의 제의에 영유아들의 문제행동을 긍정적으로 바라보고 지원해 줄 수 있는 『영유아 문제행동의 이해와 지도』 책도 여러 선생님과 함께 출간하게 되었다. 이런 과정을 통해 아이들의 문제가 아닌 재능을 바라보게 되고, 아이들 안에 숨은 보석들을 찾는 일에 관심을 두게 되었다.

이후 교수님께서 사람책모델학교에 대한 비전을 보여주시며 함께 좋은 교육 문화를 이끌어 가자는 말씀에 동참하게 되어, 유아들을 대상으로 한 사람책모델학교 프로그램도 구성하여 유치원 현장에 적용해 보고, 유아와 초등학교 저학년 부모들을 위한 사람책모델학교 가정연계 프로그램도 개발하여 블로그에 2년째 글과 자료를 올리고 있다.

2022년에는 교수님께서 다중지능 검사 도구를 개발하실 때 좋은 기회를 주셔서 유아와 초등저학년 문항개발에 연구자로 참여하였고, 지금은 그 검사 도구 프로파일을 해석하는 상담 인큐레이터로 활동하고 있다. 무엇이든 허투루 하는 일이 없는 교수님과 일을 하는 과정은 정말 쉽지 않다. 프로그램 하나를 원에 도입하기 위해 3년간의 수련을 시키신 일만 봐도 교사로서의 전문성과 준비된 자세를 중요시하시는 분이다. 그래서 지금도 다중지능 검사 상담을 한 번 나가려면 몇 번의 연구 모임을 거쳐야만 한다. 그런데 생각해 보면 어디 사람 하나 키우는 일이 쉬운 일인가? 사람을 인큐레이팅한다는 인큐레이터에게 이 정도의 수련은 아직 많이 부족하다는 교수님의 말씀이 동의가 되는 부분이다. 그래서 지금까지 쏟은 노력 이상의 노력을 앞으로도 꾸준히 해야겠다는 생각을 하게 된다.

좋은 양육 문화와 교육 문화를 만드는 씨앗

태진미 교수님처럼 살리는 교육을 하고 싶어 인큐레이터가 된 나는 경기도 시흥에서 사립 유치원을 운영하는 유치원 원장이다. 유아교육에도 국가 수준의 교육 과정이 있지만, 특히 사립 유치원의 경우 설립자의 설립 이념이나 원장의 교육 철학에 따라 교육 과정 운영에 많은 차이를 보이기 때문에 늘 어떤 교육이 미래를 살아갈 우리 아이들에게 유익이 되는 교육일까를 고민하게 된다. 그러던 중 만난 사람책모델학교는 '사람에 대해 질문하고 사람에 대한 공감력을 키우며, 사람의 성장을 인큐레이팅한다.'라는 철학이 내가 하는 유아교육에 꼭 필요한 것이라는 생각에 사람책모델학교 설립 때부터 지금까지 함께해 오고 있다.

요즘 교육은 '학생 중심, 수요자 중심'이라는 말을 많이 사용한다. 빠르게 변화하는 시대에 적합한 교육 과정과 교육의 수혜자인 유아와 학부모가 원하는 서비스를 제공하라는 뜻이다. 나는 이럴 때일수록 교육의 근본적 가치에 무게를 두고 앞으로 급변하는 사회를 살아갈 우리 아이들에게 꼭 필요한 가치와 신념을 심어 주고 싶었다. 나를 만난 아이들이 사람책모델학교의 처음 표어처럼 '인공지능에 대체되지 않는 삶의 지혜'를 배웠으면 하는 바람이 있었다. 그래서 2021년도부터 선생님들과 함께 유아를 대상으로 사람책에서 소개된 인물을 중심으로 한 창의 융합형 프로젝트 수업을 연구해 운영해오고 있다.

아이들은 사람책 인물을 통해 세상에는 다양한 재능을 가진 사람이 있고 그 재능을 성취하는 과정이 쉽지 않지만, 각자의 노력과 인내, 끊임없는 성찰로 성취를 이루는 과정을 배워가게 된다. 음악에 흥미가 있는 아이들은 파바로티를, 곤충에 관심 있는 아이들은 파브르를, 운동을 잘하는 아이들은 손기정 선수를 보며 사람책 인물에 소개된 훌륭한 사람들처럼 우리도 각자 재능의 씨앗이 있음을 알고, 그 씨앗을 잘 발견하고 가꾸어 가도록 함께 격려하고 응원한다.

어느 날 화장실에서 만난 7세 반 아이에게 지나가는 말로 "아~, 선생님이 칫솔 가져온다는 걸 깜빡했다."라고 넋두리하듯 말하자, "선생님, 세종대왕처럼 깊은 사고를 하셔야죠?"라고 나를 야단치는 것이 아닌가? 칫솔을 깜빡한 것이 생각이 깊지 못하다고 일곱 살짜리 아이에게 훈계를 들을 일인가 싶지만, 우리가 하는 교육을 통해 적어도 이 아이에게 세종대왕은 한글을 만드신 훌륭한 분이라는 것 말고도 항상 깊은 사고를 하는 좋은 습관이 있었다는 것, 그 습관을 갖기 위해 일상에서 늘 연습해야 한다는 것을 알도록 한 배움이 있었다는 것에 깊은 감동과 보람이 있었다.

내가 인큐레이터로서 사람책모델학교의 살리는 교육을 위한 인큐레이팅에 힘쓰고 있는 또 다른 것이 있다면 바로 부모교육이다. 나이가 어릴수록 아이들뿐만 아니라 부모를 대상으로 하는 교육이 병행될 때 교육적 효과가 크게 나타나기 때문에 아이들 프로그램과 별도로 부모님들이 사람책 인물에 관해 탐구하고 가정에서 자녀와 함께 놀이해 볼 수 있는 가정 연계 프로그램도 개발하여 운영하고 있다. 나도 학부모들과 같은 또래 아이를 키우고 있어 온라인이지만 매월 정해진 시간에 부모교육에 참여하고 매주 아이들과 가정에서 활동을 챙겨 실천하는 것이 생각보다 쉽지 않음을 잘 알고 있다. 그래서 활동 재료를 원에서 준비해 쉽게 놀이 방법을 찾아볼 수 있도록 QR로 가정통신문을 만들어 함께 보내드리지만, 내 의지와 열정에 비해 많은 학부모님이 함께하지 못하는 것 같아 때로는 아쉬움과 안타까움이 들 때도 있다. 하지만, 참여 숫자에 연연하지 않고 꿋꿋하게 2년째 활동을 준비하고 함께 나누며 참여를 격려하다 보니 가랑비에 옷이 젖는 것처럼 매년 참여하는 부모님의 숫자도 조금씩 늘어나고 있다. 지금 유치원에 다니고 있는 재원생 부모님들의 참여도 참 감사하지만, 특히 태진미 교수님의 유튜브 생방송 채팅창에 졸업생 어머님의 이름을 발견할 때면 내가 뿌린 작은 씨앗이 자리를 잡아 스스로 생명력을 잘 유지하고 있는 것 같아 기쁨과 감사가 두 배로 커진다.

'이렇게 작은 씨앗을 조금씩 뿌려가다 보면 사람책모델학교의 교장이신 태진미 교수님 말씀처럼 우리 주변에 좋은 양육 문화, 교육 문화가 만들어지지 않을까?'

그 길목에 작은 씨앗을 뿌려 놓는 일만으로도 교육자, 인큐레이터로서 큰 자부심을 느끼고 있다. 지금까지 놀라울 정도로 빠른 성장을 보인 사람책모델학교에 앞으로도 우리와 뜻을 같이하는 교육자와 부모들이 많이 늘어 이 땅에 소중한 아이들이 저마다의 재능을 꽃피우며 건강한 성장을 이루도록 돕는 든든한 지원자가 되었으면 좋겠다.

별을 비추는 거울, 인큐레이터

교육의 인큐레이팅이 시작되는 곳은 바로 유아교육 기관이다. 교수님의 말씀처럼 아이들의 좋은 씨앗을 발견하고 자신에 대해 긍정적인 상을 갖도록 하는 일도 유아기부터 시작되어야 한다. 유아교육자로서 유아교육에 대한 중요성을 잘 알고 있기에 더더욱 교수님의 교육 철학이 유아기부터 실천되어야 한다고 생각했다. 그래서 나는 유아와 유아기 자녀를 둔 학부모들을 대상으로 인큐레이팅하는 유아 전문 인큐레이터가 되고 싶다.

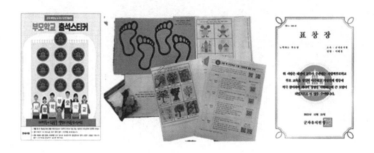

유아 전문 인큐레이터는 특히 좋은 거울을 가지고 있어야 한다고 생각한다. 자신이 가진 별이 얼마나 예쁘고 소중한 별인지를 비춰 줄 수 있는 거울 말이다. 아이들이 자신의 모습을 제대로 볼 수 있으려면 이 거울을 닦고 관리하는 것은 인큐레이터의 몫이다. 거울이 볼록하거나 오목해서 혹은 때가 타서 아이들이 가진 별이 왜곡되어 보이지 않도록 인큐레이터는 전문성 신장이라는 수건으로 늘 닦고 관리하는 일을 게을리하지 말아야 한다.

그러기 위해서 아직 어린 나이지만 자신이 무엇을 좋아하고 잘할 수 있는지 이해하고, 다양한 사람책모델학교 인물을 통해 닮고 싶은 자신만의 별을 가슴에 품어 볼 수 있도록 현장에 적용 가능한 프로그램을 계속해서 개발하고 실천해 볼 생각이다. 또한, 유아기 자녀를 둔 부모들이 자녀와 함께 성장해갈 수 있도록 지원하는 일에도 최선을 다할 것이다.

교육자로서 나의 북극성이 되어준 작은 거인 태진미 교수님처럼 이 땅에 좋은 교육 문화, 양육 문화가 자리 잡도록 길라잡이 역할을 제대로 해 보고 싶다.

김희경 미소베르디움어린이집 원장, 초록우산 재단 위기 가정 전문 위탁모

'떡볶기' 언니처럼,
자존감을 높이는 교육자

저의 작은 거인 '떡볶기 언니'는, 남을 위해 자신의 것을 내어주는 헌신을 실천함으로써 상대방의 자존감을 지켜주는 사람입니다. 저도 이를 본받아 사랑하는 아이들과 그들의 양육자를 인큐레이팅하여 자존감을 높이는 교육 치유를 실천하고 싶습니다.

나의 작은 거인,
떡볶기 언니

내어주는 사람, 떡볶기 언니

육 남매의 막내로 태어난 나는 습관적으로 쓰러지기가 일상이어서 주말이 오면 나와 소꿉친구들의 놀이터는 교회였다. 교회에서는 에너지가 넘쳤고 내가 무언가를 할 수 있는 기회가 자주 생겼으며 많은 이의 주목을 받는 학생이었다. 이렇듯 나는 교회에서 별일 없는 일상적인 날들을 보내고 있었다. 나의 작은 거인 '떡볶기 언니'를 만난 게 바로 이때쯤이다. 언니는 교회 중등부에 새로 온 친구였다.

별명은 '떡볶기 언니', 본명은 '복기'. 우리가 자주 만나 먹던 음식이 떡볶이였기에 '복기'와 '떡볶이'를 합쳐 '떡볶기 언니'가 되었다. 떡볶기 언니는 무언가를 내어주기를 좋아하는 사람이었기 때문에 주변에 늘 사람이 많았다. 언니네 집은 우리들의 끼니를 해결하는 안식처이자 놀이방이었고, 그곳에 함께 있으면 세상 걱정이 없어지는 기분이었다. 그렇게 나를 포함한 교회 친구들 모두는 언니와 점점 가까워지고 친해졌다. 그때까지만 해도 나는 몰랐다. 내 인생에 절대 잊을 수 없는 사건이 '떡볶기 언니'로 인해 생길 것이라는 사실을 말이다.

한 해가 끝나가고 교회 중등부 임원을 새롭게 선출할 즈음이 되었다. 나는 내가 선출될 거라고 믿어 의심치 않았다. 선출자를 발표하던 날 주일 아침, 임원으로서 포부를 발표할 때 뭐라고 말해야 하나 미리 생각까지 해두었다. 중등부 설교 말씀이 끝나고 선출자를 발표하러 선생님이 명단을 들고 강단에 올라가실 때 나는 주섬주섬 나갈 준비를 했다. 그런데….

"내년 중등부 임원으로 선출된 사람은…, 축하해요 '복기'입니다!"

당연히 내가 선출될 줄 알았던 자리였다. 그러나 그 자리에 떡볶이 언니가 호명되었다. 순간 어찌할 바를 몰랐다. 눈앞이 빙빙 도는 것 같았다. 교회에서 늘 밝은 모습을 보였고 잘 해내던 것도 많은 내가 불릴 줄 알았는데, 사람들이 선택한 건 같이 있으면 편하고 즐거운 복기 언니였다. 나 역시도 복기 언니를 많이 좋아했기에 그 상황이 더욱 힘들었다.

나의 낯빛이 어두워지는 것을 눈치챈 언니는 내 등을 두드리며 괜찮냐고 물어봤다. 나는 아무런 대답도 하지 않았

다. 아니, 할 수가 없었다. 그 어떤 말도 나오지 않았다. 눈물이 또르르 날 것 같은 것을 애써 참았다. 언니는 그런 나를 가만히 걱정스러운 눈으로 바라보았다. 그리고 이내 무언가를 결심한 듯한 표정을 하더니 자리를 박차고 일어나 사람들에게 이렇게 말했다.

"저를 뽑아주셔서 감사합니다. 그런데 저보다는, 교회를 더 잘 알고 잘하는 것도 훨씬 많은 희경이가 임원 자리에 어울릴 것 같습니다! 따라서 제가 아닌 희경이가 임원이 됐으면 좋겠어요!"

그 말을 하고 자리에 앉은 언니는 나를 바라보며 씩 웃었다. 나는 순간 부

끄럽기도, 고맙기도, 미안하기도 한 여러 감정에 휩싸였다.

이 작다면 작은 어린 시절의 사건은 나의 평생에 있어 큰 영향을 주었다. 떡볶기 언니는 타인이 무엇을 원하는지 감정을 섬세하게 읽을 수 있는 사람이다. 또 자신의 것임에도 불구하고 더 간절하게 원하는 이에게 기꺼이 무언가를 내어주는 따뜻한 마음을 가졌다. 그런 언니의 마음을 알기에 맡은 바를 더 열심히 잘해야겠다는 굳은 의지가 생겼다. 또 언니가 나를 지지하고 믿어준 덕분에 그 어느 때보다 자존감이 올라갔다. 그렇게 나의 자존감은 장소와 기관을 불문하고 당당하게 자리매김했다.

그 시절에는 청소년들이 방황하고 길거리를 지나치고 있어도 지금처럼 쉼터 같은 공간이 없었는데, 떡볶기 언니는 자신의 가정도 넉넉하지 못하면서 찾아오는 여러 청소년을 거부하지 않고 자신의 시간, 음식, 공간을 서슴없이 내어주어 찾아오는 이들에게 쉼터 같은 평안함을 주었다. 그녀는 현재까지도 오카리나 연주자로 강동구 북클럽에서 강사로 활동하며, 소외된 계층에게 힘을 실어주고 있다.

나는 '자존감을 높이는'
인큐레이터

양육자의 자존감

중학교 시절 조용하고 자신감 없이 생활했던 나는, 나의 작은 거인인 복기 언니 덕분에 자존감을 회복하고 자신감 있게 행동할 수 있도록 인큐레이팅되었다. 이에 힘입어 고등학교 도서관에서 보조로 일을 시작한 후, 도서관에 있는 모든 책의 위치를 가장 짧은 시간에 찾아내는 사서 도우미가 되었다. 선생님들이 책을 찾을 때 많은 도움을 드렸기에 학교 내에 모르는 선생님이 없을 정도로 신나게 학교생활을 보냈다.

그 후, 4명의 자녀를 출산하고 어린이집을 운영하면서 전문성을 향상하기 위해 만학도의 생활에 접어들어 학부를 마치고 석사과정까지 마쳤다. 어린이집을 운영하면서도 자녀 3명을 기관에 보내시는 부모님의 지나가는 한탄스러운 말에 귀를 기울여 '노가리 데이'를 만들어 하루 날을 정해 오후 시간까지 아이들을 돌보면서 지금까지 잘하고 있으니 힘내시라는 응원으로 '수다를 풀 수 있는 시간'을 제공했다. 그 어머님은 소꿉친구들을 만나 수다를 떨면서 '잘하고 있다는' 응원을 받았다며 감격의 말씀과 감사하다는 고마움을 표현해 주셨다.

이후 부평구 여성센터에서 '초보 부모들을 위한 육아 코치'로 활동하면서 여러 가정을 방문하며 아이와 어떻게 놀이를 해야 하는지에 대해 모델링을 하고 주 양육자와 양육에 대한 속마음을 들으며 함께 해결점을 찾아보았다.

강사 활동을 하던 중에 특별히 기억에 남는 초보 엄마가 있다. 긴급 위기 가정으로 추정되는 가정이어서 급하게 찾아가게 되었다. 초보 엄마는 무기력한 모습으로 매일 울고 있는 아기를 안고 있어 아픈 곳이 한두 군데가 아니라고 하며, 무엇을 어떻게 해야 할지 걱정을 하고 있었다. 또 우리 아이가 다른 아기들처럼 잘 자라는지 염려가 된다고 이야기했다. 나는 이런 아기 엄마에게서 도와 달라는 간절한 마음을 보게 되었고 엄마의 속내를 들어주었다. 이야기가 끝날 즘에는 포옹하면서 "잘하고 있으니 염려하지 말고 우리 아이의 성장에 맞춰 조금씩 풀어 보자."라고 했다. 자존감을 높여 주는 인큐레이팅을 초보 엄마에게 실천한 것이다.

수개월의 만남이 지나 초보 아기 엄마는 점차 자존감을 회복하게 되었다. 처음에 보였던 무기력은 온데간데없이 사랑과 열정으로 돌보며 하루하루 성장하는 아이의 모습에 행복해하는 모습을 볼 수 있었다.

'나'를 내어주어 자존감을 높이는 인큐레이터

나는 삶을 살아가는 게 어렵거나 힘든 사람들에게 공감하는 마음으로 평안함을 주는 인큐레이터가 되고 싶다. 떡볶기 언니도 방황하거나 고민이 많은 청소년들에게 자신의 시간과 공간을 내어주고 자신이 있어야 할 자리조차도 더 간절한 사람에게 내어 준 것처럼, 아이를 좋아하는 나는 아기를 양육하는데 어려워하거나 힘들어하는 양육자의 마음을 공감하고 속내를 들어주어 함께 문제를 풀어가고 싶다. 이에 양육자 스스로 자신감을 세우고 자존감을 회복할 수 있도록 도와주어 아기가 성장하는 데 정서적 안정감과 정상적 발달을 하는 데 보탬이 되는 인큐레이터가 되고자 한다.

박창민 마음숲사회적협동조합 교육이사, 한국스내그골프협회 지도사

스티브 잡스처럼,
창조적 열정의 교육자

저의 작은 거인 스티브 잡스는, 열정을 가
지고 자신의 일을 사랑하며 창조적 혁신
을 보여준 사람입니다. 저도 저의 작은 거
인의 가치관을 본받아 교육 현장에 적용
하여 스페셜 인큐레이터의 모습을 보이고
싶습니다.

나의 작은 거인,
스티브 잡스

창조적 혁신가

나의 작은 거인은 스티브 잡스이
다. 스티븐 폴 잡스(Steven Paul Jobs,
1955~2011)는 미국의 기업인이었으며,
애플의 전 CEO이자 공동 창립자이다.
1976년 스티브 워즈니악, 로널드 웨인
과 함께 애플을 공동 창업하고, 애플 2
를 통해 개인용 컴퓨터를 대중화했다.

잡스는 애플의 CEO를 지내다가 잠
시 해고를 당하기도 했다. 하지만 이후
'넥스트(NEXT)' 설립 및 픽사 토이스토

리를 통해 재기에 결정타를 얻게 되며 독단적이던 자신의 행동에 대해 반성하고,
소프트웨어 전문가들의 헌신과 열정에 감동받으며 진정한 리더로서 발전해 갔다.

잡스는 훗날 인터뷰에서 이 두 회사를 이끌었던 10여 년의 시간을 '인생에서 가장 창의적인 시기'로 꼽았다. 또 다른 인터뷰에서는 이 시기를 '입에 쓴 약(awful-tasting medicine)'이라고 표현했다.

넥스트에서 만든 컴퓨터는 상업적으로 성공하지 못했지만 최초의 시도들을 통해 성공의 씨앗을 뿌렸다. 본체와 모니터, 키보드, 마우스까지 검은색으로 통일한 넥스트의 컴퓨터는 컴퓨터도 세련될 수 있다는 걸 처음으로 보여줬으며, 그 이후 출시된 소프트웨어 운영체제에도 큰 영향을 주게 된다. 게다가 1995년 개봉한 애니메이션 「토이스토리」는 넥스트가 만든 컴퓨터로 제작됐다. 처음으로 세트장과 배우 없이 오직 컴퓨터로만 제작된 이 영화는 잡스에게 커다란 경제적인 부까지 안겨준다.

위대한 발명가이며 기업가이자, 연설가였던 그는 삶의 철학이 묻어나는 수많은 명언을 남기기도 했다.

"다른 사람의 삶을 사느라 시간을 허비하지 마세요. 다른 사람들이 생각하는 대로 살아야 한다는 도그마에 사로잡히지 않길 바랍니다. 타인의 생각 때문에 여러분 내면의 목소리를 외면하지 마세요. 그리고 가장 중요한 것은 용기를 가지고 여러분의 심장과 직관이 이끄는 대로 따르는 것입니다."

스티브 잡스는 창조적인 리더십과 삶의 존재에 대한 통찰과 깊은 내면의 숙고들을 바탕으로 지식 혁명의 시대를 이끌었다. 이는 현대와 미래를 살아갈 우리들에게 매우 유용한 지식과 기술 및 삶의 태도에 대한 교훈을 준다. 우리는 코로나19 팬데믹 이후 급변하는 세상 속에 살고 있다. 새로운 패러다임의 변화 속에 스티브 잡스의 인간에 대한 깊은 이해와 배려, 감성, 창조성은 나에게 작은 거인으로 다가왔고, 교사, 부모, 아이들을 교육하는 교육자로서 삶을 대하는 자세에 대한 성찰의 계기를 마련해 주었다.

열정을 가지고 사랑하라

완벽주의 성향을 가진 스티브 잡스는 친부모에게는 버림받았지만, 양아버지인 폴 잡스를 존경했다고 한다. 그는 "너는 버림받은 것이 아니라 우리에게서 특별한 선택을 받은 것이다."라고 말하며 잡스를 사랑으로 양육했다.

양아버지는 잡스의 인생에 다양한 영향을 주었는데, 대표적인 부분이 바로 '디자인'이다. 기계를 다루는 엔지니어였던 그의 양아버지가 겉만 번지르르하게 만드는 것이 아니라 안도 뒷면도 예뻐야 한다는 '디자인'을 굉장히 중요하게 생각했다. 이에 따라 잡스도 애플 제품의 심플하고 미니멀한 디자인을 구축하여 사람의 감성을 건드리는 디자인을 통해 큰 성공을 얻었다.

또한, 스티브 잡스는 기타 치기가 취미였으며 밥 딜런을 매우 좋아하는 음악광이었다. 이러한 취미를 가진 그는 MP3로 음악을 다운로드하던 시절에 "다양한 디지털 기기가 인류의 일상을 바꾸는 디지털 라이프 시대가 올 것이다."라고 예언하며 불법 다운로드를 없애고 '1,000곡의 노래를 당신의 주머니 속에'를 대중화하며 아이팟 2001을 출시하게 된다.

또 프레젠테이션을 특기로 가진 잡스는 세계 최초 CEO 팬덤을 형성할 만큼 수많은 명언과 함께 사람들의 가슴을 울리는 감명 깊은 연설을 하기도 하였다. 그의 성공 비결은 다음과 같은 가치관이다.

"어떠한 일을 함에 있어서 열정을 가지고 자신의 일을 사랑하라."

이것은 나에게 큰 감명과 배울 점으로 남는다. 교육자, 강의자, 인큐레이터로 살아가는 나에게 나를 만나는 교사, 부모, 학생을 대하는 태도에 지침이 되는 말이기도 하다. 누구에게나 미래는 새로운 지식과 기술을 습득을 필요로 한다. 열정을 가지고 배우고, 가르치는 일을 사랑하는 사람이고 싶다.

*출처- 사후 전자책 출간 2023. 04. 『Make Something Wonderful』- Steve Jobs

나는 '열정의'
인큐레이터

배움은 더 나은 가르침으로

나는 양육자를 전문적으로 지원하는 인큐레이터(Edu 공감플래너)이다. 아이의 전인적 성장 발달 및 부모(주양육자) + 제2양육자(교사, 양육 돌보미)의 양육 역량을 돕고 아이들의 발달 시기에 맞는 다양한 프로그램을 제공하며 건강한 성장을 위한 내적, 외적인 환경을 조성하는 것을 목표로 활동하고 있다.

유치원 교사, 원장, 사교육 강사 경력을 바탕으로 지금은 교사나 부모 대상 강의를 하고 있고 숭실대학교 융합영재교육전공 석사를 거쳐 문화콘텐츠학과 문화치유전공 박사과정을 수료하였다.

급변하는 미래 사회는 기존의 지식을 바탕으로 하면서 인공지능, 챗 GPT 등 새로운 지식 기술의 습득을 필요로 한다. 나의 작은 거인 스티브 잡스는 호기심을 가지고 질문하기를 권했으며 꿈만 꾸지 말고 행동해야 하고 기꺼이 실패를 해봐야 한다고 말했다.

"배움의 즐거움은 좀 더 나은 가르침으로 연결된다."

이것이 나의 철학이다. 스티브 잡스의 말처럼 내가 하는 일에 열정과 사랑을 가지고 나의 씨앗을 찾는 동시에 타인의 씨앗을 찾아주고 성장을 돕는 인큐레이터로 성장해 갈 것이다.

나눔의 실천, 행복한 교사

현재 AI-MIT 다중지능 검사 도구 개발 참여와 검사 실시 후 해석, 상담 교사 연수 집단 상담 프로그램, 초등학교 다중지능 체험활동 프로그램 개발과 진행 참여 등을 하고 있다. 심리 검사 도구는 아이들의 현재 상태를 진단을 해주고, 그에 따른 다중지능 체험활동은 아이들의 흥미도나 다중지능 개발을 위한 솔루션 프로그램으로 매우 유익한 활동이었다.

논리수학지능과 언어지능을 융합한 활동 프로그램인 '암호로 전하는 마음'을 진행하였는데 초등 5학년 남자아이가 초등 6학년 여자아이에게 마음을 전하는 스키테일 암호문을 만들고 마음을 전달하는 과정에서 행복해하던 모습을 보았다. 배움을 즐기며 산출물  을 만들면서 사람에 대한 이해와 공감하는 것은 지식을 배우고 나눔의 작은 실천이라고 할 수 있다.

미래 교육에서 중요한 부분이 될 디지털 리터러시 부분도 미래 핵심 역량을 갖추기 위한 중요한 활동이다. 태블릿이나 스마트폰 앱을 활용한 'Virtually Tee 몸속 체험 여행'은 실감형 콘텐츠로 스마트한 기기 활용과 더불어 아이들에게 새로운 지식 습득의 방향을 전달하는 활동이었다. 스티브 잡스가 아버지의 자동차

부품 창고에서 컴퓨터를 발명해 냈던 기회처럼, 이 시대를 살아가는 지식 탐구의 활용 면에서도 좋은 사례가 될 것 같다.

나는 가족센터에서 다문화 가정을 위한 가족 프로그램과 다문화 부모교육도 진행하고 있다. 다문화라는 특수한 상황에 언어가 통하기 쉽지 않지만, 창의적 체험 교구나 스마트 기기들로 소통한다. 이에 네팔 출신의 한 어머니는 강사인 나와의 개별 상담을 통해 우리나라에서 새로운 직업에 도전하게 되었다. 대학에 진학하고 공부를 시작하였으며 다문화 가정을 누구보다 공감할 수 있기에 그들을 위한 강의를 준비 중이라고 한다. 부모와 교사가 행복해야 아이들이 행복한 것은 누구나 느끼는 일이다. 네팔 어머니와 함께 공부해 가는 아이들은 누구보다 행복할 것이다. 더불어 그들에게 작은 힘이 되었다는 것에 인큐레이터로서 뿌듯함을 느낀다.

마지막과 같은 열정으로

스티브 잡스는 17살 때 아래와 같은 글귀를 책에서 읽었다고 한다.

"만약에 당신이 매일을 인생의 마지막 날이라고 생각하고 살아간다면 당신의 길은 틀림없이 옳은 길일 것이다."

그 글귀에 큰 감명을 받아 33년간 그는 매일 아침 거울 앞에 서서 스스로에게 다음과 같은 질문을 던졌다.

"오늘이 만약 내 인생의 마지막 날이라면, 지금 내가 하고 있는 일을 할 것인가?"

그는 늘 심장이 뛰는 일을 했고 실패와 좌절도 극복할 용기와 열정적인 삶을 살았다. 나 또한 이 질문을 던져 본다. 사람은 누구나 자기만의 씨앗을 가지고 세상에 태어나 싹을 틔우고 꽃을 피우고 열매를 맺는다. 나는 어떤 씨앗을 가지고 태어났으며 지금 내가 인큐레이터로써 아이들과 부모와 교사들을 살리는 교육치유적인 삶을 잘 살고 있는가? 이 일이 정말 즐거운가? 그리고 마지막 날이라도 지금 이 일을 할 것인가?

열정만 가지고 살 수는 없고 꿈만 좇아 살 수도 없다. 실천하고 행동하는 자세로 살아가길 소망하며, 나에게 온 소중한 씨앗에 필요한 자양분을 넣어주며 살리는 스페셜 인큐레이터의 삶에 열정을 다하리라 다짐한다. 'Make Something Wonderful!'

박진영 더스토리뮤지엄 예술통합심리센터 대표, 한국인간과학연구소 분당 소장

존 듀이처럼,
학생 중심의 교육자

저의 작은 거인 존 듀이는, 학생 중심 교육의 개념을 강조하여 단순한 지식 전달을 넘은 경험 중심의 학습을 강조했습니다. 이처럼 저도 발달 단계의 특성을 고려하여 학생 중심의 즐거운 교육을 실현하고, 어린이의 미래를 비추고자 합니다.

나의 작은 거인,
존 듀이

학생 중심의 교육

존 듀이(John Dewey, 1859~1952)는 교육학자이자 심리학자, 철학자로 현대 교육 제도 개혁의 선구자였다. 그는 '학생 중심의 교육'을 강조한 교육 사상을 바탕으로 민주주의 가치와 자율주의에 큰 관심을 가지고 미국의 학교 제도와 교육 체계를 혁신하고 발전시키는 데 크게 기여했다. 그의 업적은 교육학 분야에 긍정적인 영향을 미쳤으며, 현대 교육의 개혁과 학생 중심 교육의 중요한 원칙으로 간주된다.

그가 활동했던 당시의 미국은 산업화와 도시화가 급속도로 진행되고 있었다. 농촌 지역에서 도시로 이주하는 인구가 늘어나면서 교육에 대한 수요가 증가했지만, 기존의 교육 방식이 더 이상 효과적이지 못했다. '개인의 개성'을 존중받는 문화가 현대에는 대중화되었지만, 과거에는 그러지 못했다. 이는 교육 분야에서도 마찬가지였다. 교육을 받고 있냐, 안 받고 있냐 정도의 차이만 있었을 뿐 이를 세분화하겠다는 관점 자체가 없었던 것이다.

이러한 시기에 존 듀이는 '학생 중심 교육'의 개념을 강조했다. 그는 학생들을 교육 과정의 중심에 두어 학생들이 개별적인 참여와 관심을 최우선으로 여겼다. 단순히 지식을 받아들이는 것이 아니라 학생들이 지식을 직접 만들어 내고 의미를 부여하는 과정이 핵심이었다. 학생 중심의 교육 방법은 당시 굉장히 혁신적이었으며, 지금까지도 교육 체계의 중요한 원칙 중 하나로 자리 잡고 있다.

존 듀이는 이론뿐만 아니라 실제 교육 현장에서도 그의 아이디어를 실험했다. 그는 실험 학교를 만들어 교육 방법을 직접 실험하고 발전시켰다. 실험학교에서는 학생들이 공동체로서 학습하며, 실제 경험을 중심으로 학습을 진행했다. 학생들은 자기 주도적으로 학습하고 자신의 학습 과정을 주도하도록 격려받았다.

어느 분야에서나 새롭고 변혁적인 아이디어는 칭찬을 받기도 하지만, 비판과 우려의 목소리도 함께 듣기 마련이다. 존 듀이 역시 마찬가지였다. 기존의 획일적인 교육 방식에 익숙해진 사람들은 그의 방식을 손가락질하며 받아들이려 하지 않았다. 하지만 그는 포기하지 않았다. 그의 끈기와 열정은 그의 교육 혁신을 이끈 원동력이었다. 그의 머릿속에는 오직 교육을 개선하여 학생들의 미래를 더 밝게 만들고자 하는 마음뿐이었다. 이러한 노력 덕분에 교육 방식이 혁신되었고, 학생들은 더 좋은 학습 경험을 할 수 있게 되었다.

존 듀이의 업적은 그의 시대뿐만 아니라 현재의 교육 분야와 사회에도 큰 영향을 미치고 있다. 그의 교육 철학과 실험 정신은 학생 중심 교육과 현실적인 학습을 강조하는 데 있어 지속적인 영감을 제공하고 있으며, 그의 열정과 끈기는 항상 나에게 원동력을 주고 있다. 따라서 존 듀이를 나의 작은 거인으로 삼았다.

교육을 향한 실험 정신과 열정

존 듀이는 뛰어난 실험 정신과 열정을 가진 사람이었다. 이는 그가 교육 혁신의 선두주자로 나아갈 수 있었던 중요한 요소들이다.

실험 정신을 바탕으로 개설된 그의 실험 학교는 학생 중심 교육을 현실로 구현하기 위해 새로운 방법을 시도하고 실험했다. 이런 실험 정신은 나에게 학습 방식을 계속 혁신하고 개선하려는 역량을 길러주었다.

또한, 교육 분야에서 혁신을 이끌어 내려면 많은 어려움과 반대에 부딪힐 수밖에 없는데, 존 듀이는 이를 극복하려는 끈질긴 노력을 보여줬다. 그 끈기와 열정은 나에게 어떤 어려움도 극복할 수 있는 힘을 주고 있다.

나는 '학생 중심 교육의'
인큐레이터

발달 단계를 고려한 맞춤 교육

인큐레이터로서 나의 정체성은 교육 대상자를 깊이 이해하고, 그들의 발달 단계를 고려한 맞춤 교육을 추구하는 것에 있다. 또한, 교육의 목적을 분명하게 설정하고 목표를 올바르게 설정하는 것을 중요하게 생각한다.

나는 오랜 기간 영어 교육 분야에서 활동하면서 다양한 노력을 기울여 왔다. 1997년부터 유아 영어 강사로 일하면서 영어 교육의 즐거움과 마지막 목표인 학습 사이의 연결고리에 의문을 갖게 되었다. 이 의문은 영어 교육이 단순히 학습이 아니라 소통을 위한 언어 교육으로 진행되어야 한다는 생각으로 발전했다. 1997년 당시에는 아직 유아기에 영어를 가르쳐야 한다는 생각을 하는 사람조차 많이 없었다. 이에 나는 단순 학습이 아닌 소통하는 유아 영어 교육의 방법을 고민하기 시작했다.

먼저 나는 대상에 맞는 언어 교육을 위해 교사들의 유아에 대한 이해가 필요하다고 판단했다. 이를 위해 영어 전공자인 강사들에게 유아교육을 공부하도록 유도했다. 또, 언어 교육이 자연스럽게 이루어지기 위해서 이야기의 중요성을 강조했다. 이에 그림책을 통한 교수법을 도입하여 유아들에게 언어 교육이 더욱 흥미롭게 이루어지도록 노력했다. 그뿐만 아니라 언어 교육의 중요성을 부모들에게도 설명하고 부모 인큐레이팅 활동을 실시하여 유아 영어 교육이 어떻게 아이들의 성장과 소통 능력 향상에 도움이 되는지를 알렸다. 이러한 모든 노력은 존 듀이의 학생 중심 교육 철학과 연결되며, 학습이 아이들의 성장과 소통을 향한 중요한 도구임을 이해하고 실천하기 위한 노력이라고 생각한다.

지식 전달을 넘은, 즐거운 소통의 교육

1997년 유아 영어 강사로 처음 일을 시작했을 때부터 어떻게 하면 유아의 언어 발달을 효과적으로 높이는 교육을 할 수 있을지에 대한 고민이 많았다. 이에 유아 이해를 시작으로 유아 발달과 언어 발달에 대해 더 공부하게 되었다.

학부모들은 학습물을 통한 평가 위주의 수업을 원했지만, 나는 언어란 '즐거움'을 통해 배워야 한다고 생각했다. 그래서 유아에게 언어의 즐거움을 깨우는 방법을 항상 고민했다. 그리고 그 의문의 끝에 '이야기'라는 해답을 얻었다.

나는 유아 영어 수업에서 그림책을 사용하기 시작했다. 그림책을 통해 언어 교육이 아이들에게 자연스럽게 이루어질 수 있다는 생각이 들었다. 하지만 그 길은 쉽지 않았다. 1997년 당시에는 거의 알려진 개념이 아니었기 때문이다. 처음 그림책을 도입할 때, 많은 교사들이 이것을 받아들이지 않았고, 학부모들 역시 그 결과물을 바라보며 실망하기도 했다. 이런 어려움을 극복하기 위해선 무수한 설득과 이해를 이끌어 내는 작업이 필요했다. 그러나 그 시행착오 끝에 기적이 일어났다. 그림책을 통해 수업을 진행하는 것이 아이들에게 효과를 보이기 시작한 것이다.

그림책 이야기의 진행은 아이들의 호기심을 자극했고, 상상력을 따른 집중은 자연스럽게 영어를 습득하게 했다. 아이들은 마치 약속이라도 한 듯 책에 집중하며 수업을 따라갔다. 선생님들도 이에 힘을 얻어 아이들에게 더 재미있는 방법으로 수업을 전달하게 되었다.

"오감을 자극하는 스토리는 언어 발달의 밥이 되었다. 무엇보다 중요한 것은 어린이들은 그림책 교육 방식을 통해 단순한 외움이 아닌, 이해하며 언어를 받아들이고 활용하는 방법을 아이들이 배웠다는 것이다."

이 경험을 통해 알게 된 것은, 교육은 단순한 지식 전달이 아니라, 대상자를 이해하고 최적의 방법으로 지식을 전달하는 것이 핵심이라는 것이다. 나는 지금까지 이러한 철학을 기반으로 학생, 교사, 학부모를 대상으로 교육을 진행하고 있다.

존 듀이가 실험 학교를 통해 얻은 교훈과 같이, 학생 중심의 교육과 이해에 기반한 교수법이 중요하다고 믿는다. 이것이 인큐레이터로서 내가 본받을 점이며, 이를 통해 교육을 혁신하고 미래의 시민들을 더 나은 방향으로 인도하는 역할을 하고자 함이다.

그뿐만 아니라 나의 경험을 통해 교사들과 학부모들을 대상으로 교육하는 데에도 심오한 시사점이 있다. 교육의 목적은 분명해야 하며, 그 목적을 위한 목표 설정이 올바르게 이루어져야 한다고 생각한다. 내가 경험한 것처럼 언어 교육은 단순한 지식 전달이 아니라, 이해와 소통을 중심으로 이루어져야 한다.

이에 따라 나는 그림책을 통한 교수법을 교사들에게 가르치고, 부모들을 대상으로 유아 영어 교육에 대한 올바른 시각을 전달하고 있다. 교사들은 유아의 발달 단계와 언어 발달을 더 잘 이해하며, 그림책을 활용한 수업을 효과적으로 진행할 수 있게 되었다.

또한, 부모를 대상으로 한 인큐레이팅 또한 진행하여 부모들에게 유아 영어 교육의 중요성을 설명하고, 올바른 기대와 시각을 갖도록 도와주고 있다. 부모와

교사가 협력하여 아이들의 언어 교육을 지원하는 것이 매우 중요하다고 생각한다. 이러한 경험을 통해 나는 교육의 목적과 방법을 분명히 이해하고, 그 목적을 위해 노력하는 인큐레이터로서의 역할을 수행하고 있다.

"무엇보다도 교육은 단순한 지식 전달이 아니라, 이해와 소통을 통해 아이들이 성장하고 발전할 수 있는 도구라고 믿는다. 이것이 나의 인큐레이터로서의 정체성이며 미래의 교육 환경을 더 나은 방향으로 이끌어가고자 하는 데에 기여하고자 하는 나의 비전이다."

어린이의 미래를 비추는 동반자

교육의 본질에 대해 깊게 생각해 온 나는 존 듀이와 같이 학생들이 진정한 주인공으로 참여하는 교육 환경을 만들고자 노력해 왔다. 내가 경험한 모든 것을 통해 학생들이 더 나은 미래를 향하여 성장하고 발전하는 데 중요한 역할을 하고 싶다. 학생들이 스스로 생각하고 배우며, 자신의 미래를 책임지는 성인으로 성장했으면 한다.

"교육은 삶 자체이며, 삶을 어떻게 살아갈지 배우는 과정이다."

마지막으로 내 꿈은 '적절한 교육, 필요한 교육, 살아있는 교육을 통해 아이들의 꿈을 키우는 인큐레이터가 되는 것이다.' 나는 계속해서 배우고 성장하며, 존 듀이와 같은 거인들의 영감을 받아 교육을 혁신하고, 학생들에게 더 나은 미래의 가능성을 제공하고자 헌신할 것이다. '어린이는 우리의 미래'라는 모토를 실천으로 옮기며, 교육을 통해 그들의 꿈을 이루어 나가는 동반자가 되겠다는 다짐을 한다.

김정연 대전대학교 대학원 겸임교수, 초등 교사

나의 할아버지처럼,
존재 자체를 귀하게 여기는 교육자

저의 작은 거인이신 할아버지는, 존재 자체를 귀하게 여기는 마음으로 항상 저를 지켜봐 주셨습니다. 저도 할아버지처럼 아이들을 귀하게 여기며 성장을 곁에서 함께 지켜봐 주는 인큐레이터가 되고 싶습니다.

나의 작은 거인,
할아버지

내 존재의 밑거름

나의 할아버지는 내가 어렸을 때부터 이미 나의 작은 거인과 같은 분이었다. 그에게 나는 내리 5명의 손자들 틈을 비집고 태어난 첫 번째 손녀였다. 그의 첫 손녀 사랑은 지극해서 내가 20살 때까지 용돈을 주시며 등에 업고 다니셨다.

어릴 적 나는 그와 함께 자주 놀러 다녔다. 단둘이 손을 맞잡고 그는 동네 시장에서 잔술로 소주 한 잔을, 나는 순대와 깍두기를 먹었다. 밤 9시만 되면 두꺼비집을 내리고 절약하는 엄한 사람이었지만, 여름에 냉차 장사를 해서 고이 모은 돈을 손녀인 나의 옷을 사주시는 데 쓰시는 자상한 분이셨다. 또 내가 콩나물을 좋아한다는 것을 아시고 손수 길러 반찬에 놓곤 하셨다.

사실 사회적으로는 유명하지도 특별하지도 평범한 사람이라 볼 수 있으나, 나에게는 세상에 유일한 든든한 지원군이시다. 그와의 기억은 세상을 살아가면서 든든한 밑거름이 되었고, 어른을 대할 때 어려움 없이 다가갈 수 있는 초석을 마련해 주었다. 나의 뿌리이자 존재의 밑거름이신 할아버지께 존경을 표한다.

관계를 소중히 여기는 마음

만 나이 40살이 된 현재의 내가 당시의 할아버지를 바라보면 안쓰럽고, 듬직하고, 멋지고, 뭉클하다는 생각이 든다. 그는 완고한 자기 주관이 있었고, 집안 살림부터 시장에서 장 보는 것까지 모두 손수 하셔야 직성이 풀리셨다. 어려운 사회에 태어나 한 집안을 일으키고 아이들을 키워내기 위해 그는 매우 부지런하고 엄격했으며, 강인했지만 또 한편으로 부드러웠다.

내가 할아버지에게 가장 찬사를 보내는 점은 자식들 사이의 우애이다. 할아버지는 늘 이런 말씀을 하셨다.

"살면서 중요한 것은 어떤 관계이든 소중히 여기는 마음이란다."

세상 모든 것이 관계다. 할아버지가 말한 '관계'라는 건 비단 사람 사이의 관계만이 아니었다. 사람과의 관계도 있지만, 사물과의 관계도 있다. 물건을 아끼고 정돈하며 깨끗이 하는 마음, 사람과의 관계를 우애 있고 탄탄하게 하는 마음. 모두 그를 통해 배운 마음이다.

나는 '존재 자체를
귀하게 여기는' 인큐레이터

그의 사랑으로 보는 사람들

현재 나의 모습은 지나온 하루하루가 만든 결과라고 생각한다. 나는 사람에 대한 믿음과 존재에 대한 뿌리 깊은 애정이 흔들린 적이 없다. 이는 나의 존재 자체를 환영하고 귀하게 받아들여 준 할아버지의 사랑 덕분이다.

나 역시 다른 이들을 그렇게 바라보려 한다. 상대의 말에 귀를 기울이고, 말과 행동을 신뢰하여, 부족한 것이 있으면 도우려 한다. 나의 할 일은 이미 할아버지의 손녀로 태어난 순간부터 정해진 것이라 생각한다. 내가 교사가 천직이라 생각하는 이유도 이러한 삶의 바탕이 있어서 가능한 것일지 모르겠다.

눈빛 하나로 사람을 살리기도 하고 죽이기도 한다는 말이 있다. 내가 얼마나 마음을 담아 누군가를 대하고 귀를 기울이는지는 상대방도 느낀다고 생각한다. 내가 힘에 부칠 때 나의 존재 자체를 사랑해 준 할아버지를 떠올리며 힘을 받는다. 내가 받은 그 한 사람의 사랑으로 나는 백 명을 상대해도 지치지 않는다.

그저, 지켜봐 주는 것

어느 날, 체육 수업이 끝나고 아이들 모두 운동장에서 교실로 돌아가던 때였다. 걸음이 느린 여자아이 한 명이 뒤늦게 현관문에 도착해 신발을 갈아 신었다. 나는 그 아이가 신발을 갈아 신고 교실에 들어갈 때까지 아무 말 없이 옆에 있다가 함께 들어왔다. 그저 교사가 할 일을 한 것일 뿐이었다.

그런데 아이는 며칠 후 내게 편지를 건넸다. 그때 선생님이 자기를 기다려줘서 얼마나 고마웠는지 모른다고 말이다. 나는 그저 나의 일을 한 것뿐인데 아이는 그 일이 그렇게 고마웠나 보다. 어찌 보면 별일이 아닐 수 있는 나의 작은 행동이 아이에게 커다란 의미로 남았다 생각하니 뭉클했다. 그 일이 내게는 작은 울림이 되어 아이들을 재촉하지 않는다. 그저 내가 옆에서 따스히 바라보며 지켜봐 주면 된다는 것을 그 아이가 내게 알려준 것이다.

'인큐레이터는 성장을 지켜봐 주는 존재이지 않은가!'

이 경험을 바탕으로 선생님으로서 조급하지 않고 더 다양한 시선으로 학생들을 바라볼 수 있게 되었다. 내가 아이들은 재단하지 않고 존중의 눈으로 바라볼 수 있는 것은 모두 나의 할아버지께서 나를 그렇게 바라봐 준 경험이 있기 때문이라 본다. 사랑을 받은 이가 사랑을 줄 수 있는 것처럼. 나는 인큐레이터로서, 내게 와준 학생들을 위해 이런 시를 쓰고 싶다.

눈빛이 따스했으면 좋겠다
내가 너를 바라볼 때
내가 너를 사랑한다고
내가 너를 아낀다고
내가 너를 어여삐 여긴다고
그리 생각해 주면 좋겠다
나는 그것으로 되었다

한국예술융합연구소 수석연구원, 대학부설영재교육원 강사 **한유정**

안토니 가우디처럼,
꿈을 찾아 이어주는 교육자

저의 작은 거인 안토니 가우디는, 약한 몸에도 불구하고 스스로의 소명을 따라 아픔을 이겨내고 세계적인 건축가가 되었습니다. '아픔'이라는 공감대를 가진 저도 가우디처럼 어떤 환경 속에서도 소명을 잃지 않고 아이들의 꿈을 찾아 이어주는 교육자가 되고 싶습니다.

나의 작은 거인,
안토니 가우디

아픔과 소명이라는 공통점

건축가 안토니 가우디(1852. 6. 25. ~ 1926. 6. 10., Antoni Gaudi)의 남은 생애를 투입한 프로젝트인 유네스코 세계문화유산 사그라다 파밀리아 성당이 2026년 드디어 완공될 예정이라고 한다. 후손들의 손에 의해 지어지고 있는 가우디의 미완성 유작인 파밀리아 성당은 완공은 전 세계가 오랜 시간 기다려온 꿈이다. 파밀리아 성당을 포함하여 총 일곱 작품이 유네스코 세계문화유산에 등재된 가우디는 이렇듯 세계 최고의 건축가이자 예술가, 융합인재이다.

내가 가우디를 작은 거인으로 선정한 이유는 그가 살아온 삶의 소명 의식과 내가 살아온 삶의 내면적 부분이 비슷하기 때문이다. 가우디는 어린 시절 몸이 약해 학업에 집중할 수 없었다는 약점이 있음에도, 이를 극복하여 세계적인 건축가가 되었다. 그가 가진 건축가로서의 소명 의식은 꽤 유명한데, "자신의 재능을 신을 위해 사용한다."라는 가치관 아래에 건축을 제외한 세상의 모든 것을 멀리하고 수도자처럼 살았을 정도라고 한다.

"약한 몸으로나마 살아있다는 것은 분명 이 땅에 뜻하신 바가 있다."

이러한 어머니의 말씀을 항상 기억하며 흔들리지 않는 소명을 가지고 살았던 가우디의 모습을 보면 꼭 나의 모습을 보는 것 같다. 나 또한 아파서 약을 몇 년 동안 먹었던 기억 때문에 솔직히 얘기하면 지금도 약을 삼키는 게 가장 힘든 일이다. 심지어는 영양제도 먹기 싫을 때가 많다. 가끔은 나도 어린아이처럼 물약으로 먹었으면 좋겠다는 생각도 한다.

누구나 삶을 살아가며 힘든 과정이 있겠지만 나에게 아팠던 경험은 건강을 더 소중하게 여기게 된 계기가 되었다. 마치 가우디가 약한 몸을 통해 소명의식을 견고히 했던 것처럼 말이다. 아픔을 이겨내고 학생들 앞에 인큐레이터로 서는 것은 다른 것과 비교할 수 없는 뿌듯함이자 행복이다. 그러한 이유로 지금까지 나는 예술가이자 교육자로서 삶을 이어가고 있다.

다가오는 이들의 삶이 빛날 수 있도록

가우디는 혼자 있는 시간이 많다 보니 늘 자연과 함께하는 시간이 많았다. 그래서 나뭇잎이나 꽃을 관찰해도 유심히 주의해 들여다보고 살펴보며 예리한 관찰력을 키웠다. 또한, 주물 제조업을 하는 아버지를 통해 어렸을 때부터 쇠를 가지고 만드는 일을 관찰하였는데, 그 경험은 세심함을 통해 꼼꼼히 작품을 제작하는 능력으로 발전되었고, 가우디만의 고유한 특성이 담긴 빛나는 건축물을 짓게 하였다.

가우디는 당시를 주도했던 고전주의 건축을 벗어나, 건조한 기하학만이 강조된 건축이 아닌 나무, 하늘, 구름, 바람, 식물, 곤충 등 자연의 사물들을 관찰했고, 그런 형태들의 가능성에 관하여 진지하게 고민했다. 자연과 사람의 어울림을 먼저 생각하려 한 것이다. 그 결과, 그의 건축물은 기하학적인 형태들 외에도 곡선이 많이 사용되었으며, 내부 장식과 색, 빛이 조화를 이룬 건물들이 탄생했다.

고유의 가치를 빛나게 한다는 것! 이러한 가우디의 마음 자세가 나에게는 본받을 점이라는 생각이 들었다.

'내가 생각하는 인큐레이터이란 누군가에게 꿈을 찾아 이어 주며, 그 가치가 빛나길 옆에서 도와주는 조력자의 역할을 하는 것이다.'

어린 학생부터 성인, 노인까지 나에게 생애 주기의 멘토 및 인큐레이터의 역할이 주어지면 가우디가 소명 의식을 가지고 행복한 건축가의 삶을 살았듯이, 나도 나에게 다가오는 사람들에게 행복한 삶, 가치 있는 삶이 빛날 수 있도록 돕는 조력자가 되고 싶다.

나는 '꿈을 찾아 이어주는' 인큐레이터

꿈을 찾는 조력자

나에게 인큐레이터란 누군가의 마음을 움직이게 하여 원하는 꿈을 찾아 이어가게 도와주는 조력자이다. 그러기 전에 내가 스스로 성찰하며 실천하도록 노력하는 자세가 필요하다. 사람은 누구나 자신만의 루틴이 있을 것이며 그 루틴이 잘 형성될 수 있도록 많은 노력을 한다.

사소한 행동일 수 있지만 나에게 '실천'의 자세를 만들어 준 것은 바로 요가이다. 출산 이후 허리 통증이 너무나 심하게 와서 이 통증 때문에 요가를 시작하게 되었다. 처음에는 '과연 내가 얼마나 요가를 지속할 수 있을까?' 하는 실소가 나오는 걱정도 하였지만, 의외로 매일매일 요가 학원을 나가게 되었다. 한 달, 두 달, 이렇게 시간이 흐르고 허리의 통증이 많이 좋아졌다는 것은 나만 아는 사실이다. 물론 덤으로 체중도 감량되었다. 점점 요가의 매력에 푹 빠진 나는 시간이 지나서는 동작보다도 나를 알아가게 되는 수련에 빠지게 되었다. 머리가 복잡할 때는 몸과 자세를 수련하고 마음을 비우고 나면 정신적으로나 육체적으로 건강한 영양제를 먹는 기분을 느끼곤 하였다. 그렇게 어느 순간부터 요가는 나의 생활 루틴 1순위가 되었다.

내가 요가를 꾸준히 '실천'할 수 있었던 것은 지도해 주신 요가 스승님 덕분이다. 지도자이기 전에 자기 자신을 수련하며 항상 새벽 운동을 빠지지 않고 실천하시는 스승님의 모습을 보면서 나도 많이 배우게 되었다. 나의 몸과 정신을 깨울 수 있도록 항상 응원해 주신 요가 스승님을 나는 아직도 기억한다.

'내가 많은 깨우침을 얻을 수 있도록 내게 도움을 주셨던 분이 있는 것처럼 나도 누군가가 나를 바라봤을 때 마음을 움직이게 하여 꿈을 찾아 이어갈 수 있게 도와주는 인큐레이터가 되고 싶다.'

재능을 보고 꿈을 이어주는

나는 2021년부터 사람책모델학교의 '사람책 인문학' 연구원으로 2년 동안 수업을 진행해왔다. 숭실대학교 글로벌미래교육원과 H 초등학교에서 사람책 인문학 수업을 진행하면서 학생들에게 다양한 시도와 경험을 할 수 있게 도와주었다. 매달 다른 인물의 내적인 요소와 환경 및 업적들을 알아가 보면서 다양한 활동들을 이어갔다. 재미있는 사실은 내가 가지고 가는 가방을 아이들이 무척이나 궁금해했다는 것이다.

"선생님, 이번에는 어떤 활동해요?"

"거기 있는 재료는 뭐예요?"

매주 학생들은 나의 알록달록한 짐 가방에서 눈을 떼지 못하며 뭐가 있을까 하는 호기심이 가득한 표정을 보여준다. 학생들에게 다양한 경험을 시켜주기 위해 나는 소품이나 미리 필요한 도구들을 만들어 가거나 준비를 많이 하는 편이다.

기억에 남는 건 비즈니스 구상 수업 중 본인이 사는 동네에 있는 단골 식당을 소개하던 1학년 학생이다.

"제가 소개해 드릴 가게는 육회 가게입니다! 저희 가족이 가면 서비스를 많이 주고 사장님도 친절하십니다. 저는 이런 가게가 잘 됐으면 좋겠습니다. 여러분 많이 많이 팔아주세요!"라고 말하며 진심을 다해 가게를 홍보하는 모습을 보며 학생에게 아낌없는 칭찬을 해 주었다. 홍보와 함께 마케팅 전략에도 탁월했던 학생이라서 유독 기억에 많이 남는 친구였다.

이렇듯 틀에 박히지 않은 다양한 방식으로 수업을 펼쳐가다 보면 어떤 학생은 '사회(진행)'를 잘 보고, 또 어떤 학생은 '춤'을 잘 추고, '극 활동'을 잘한다. 이렇게 학생들의 다양한 재능을 관찰하고 찾아보면서 적극적으로 필요한 활동, 도움자료들을 추천해 준다. 이것이 꿈을 찾아가는 학생들에게 내가 이어 줄 수 있는 인큐레이터의 역할이다.

다가오는 이들의 삶이 빛날 수 있도록

인큐레이터로서 지금까지 내가 했던 다양한 경험들은 소중한 보물이자 앞으로 나아갈 영양분인 것 같다. 그만큼 작은 것 하나라도 놓치지 않고 준비하며 부족한 부분들을 챙겨가며 노력해 왔다. 하지만 세상은 빠르게 변화한다. 이에 지금 내가 서 있는 자리에서 어떻게 중심을 잡으며 발맞추어 갈지 고민이 되는 것이 사실이다. 누군가의 인큐레이터가 되기 위해서는 생각이나 말, 행동, 언어 표현, 습관 등 많은 부분을 하나하나 정비하여 준비되어야 한다. 쉽게 바꿀 수는 없지만 이러한 성장의 태도를 가지고 오래 달리기 하듯이 끈기를 가지고 준비하는 것 자체가 인큐레이터의 근본적 자세가 아닐까 하는 생각이 든다.

나는 가정의 일과 교육의 일을 동시에 하는 엄마이자 교육자로서 챙겨야 할 것이 많다. 그래서 더욱 나의 루틴이 깨지면 안 된다고 생각한다. 적어도 나 자신을 돌보며 건강하게 지켜 낼 필요성이 있다고 본다. 때때로 흔들리고 주저앉고 싶을 때가 많지만 그때마다 소중한 나의 가족과 나의 지인, 내가 가르치는 학생들을 생각하며 흔들리지 않으려고 노력하고 있다.

한편 정말 나 자신이 힘들 때는 나에게 선물을 주곤 한다. 그것은 정신적 선물이 될 수도 있고, 물질적 선물이 될 수도 있다. 그때그때 나에게 가장 위로가 되는 걸로 실천에 옮긴다.

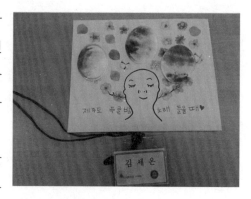

그게 여행이 될 수도 있고, 커피 한 잔이 될 수도 있고, 친구랑 수다 떠는 게 될 수도 있다. 나에겐 시간이 지남에 따라 소중한 친구들과 이야기하며 커피 한잔 마시는 게 정신적 선물이다. 이렇게 사소하지만 나를 소중히 생각하고, 루틴 대로 실천하며 나를 항상 돌아보고 싶다.

'내가 꿈을 위해 달려왔듯이 우리 학생들에게도 따뜻하고 진정성 있는, 꿈을 찾아 이어주는 인큐레이터가 될 것이다.'

초등 문화예술 강사 / 피아노 및 예술융합교육 전문가 **김사라**

방정환처럼,
잔물결을 큰 물결로 만드는 교육자

저는 어린이를 존중하고 사랑한 저의 작
은 거인 방정환처럼, 아이들의 씨앗을 찾
아 '잔물결을 큰 물결로' 만드는 '꿈쟁이'
인큐레이터가 되고 싶습니다.

나의 작은 거인,
방정환

'어린이'가 만드는 잔물결

어린이날의 창시자이자 어린이들의 영원한 벗인 방정환은 아이들을 사랑하는 마음이 깊은 사람이다. 그는 어렸을 때부터 선물받은 환등기로 동네 아이들을 모아 이야기를 들려주었고, 어린이를 위한 동화를 만들기도 했으며, 아이들이 재미있게 보면서 배울 수 있는 잡지를 발행하기도 하였다.

당시에는 어린아이들을 부르는 호칭이 따로 없어 아해, 어린아이, 애놈, 애새끼 등 욕설과 다름없는 말을 사용하였는데, 최초로 '어린이'라는 호칭을 만든 것이 바로 방정환이다. 그는 세계 최초로 어린이 선언문을 발표하기도 했으며, 그가 지정한 어린이날(1923. 5. 1.)은 어느덧 100주년이 넘었다. 그는 "어린이를 방치하는 나라는 미래가 없다. 어린이는 어른보다 한 시대 더 새로운 사람이다."라는 가치관 아래에 어린이를 위해 모든 것을 바친 사람이며, 방정환의 '소파'라는 호 또한 어린이들에게 일으킨 잔물결이 나날이 커져서 나중에는 큰 물결이 될 것이라는 의미이다.

나는 이렇듯 아이들을 사랑하는 방정환의 마음에 감동을 받았다. 나도 나의 작은 거인처럼 진심 어린 사랑과 관심을 가지고 아이들을 만나며, 그들 속에 숨어있는 씨앗이 꽃이 되고 열매가 되어 행복한 삶을 살아갈 수 있도록 도와주는 인큐레이터가 되고 싶다.

나는 '꿈쟁이'
인큐레이터

씨앗이 열매가 되도록

나는 아이들을 매우 좋아하고 사랑한다. 이에 아이들에게 각자의 흥미와 달란트에 맞는 꿈을 이어주는 교사가 되고자 다양한 교습법을 알아보게 되었고 태진미 교수님을 만나 숭실대학교 교육대학원 융합영재교육전공에서 공부를 하게 되었다. 인큐레이터로서 아이들을 만날 때마다 저마다 자신 있고 좋아하는 분야가 천차만별이고, 또 그것들을 발휘하는 역량이 다르게 나타나는 것을 본다.

특별히 나는 2022년까지 숭실대 사람책 인문학 수업을 도우며 개인 연구 지도를 하였다. 개인 연구 지도란 아이들이 깊이 알아보고 싶은 주제들 중 하나를 정하고, 인터뷰나 탐방 등으로 자료를 찾아 자기 주도적으로 연구하여 발표하는 시간을 가지는 것이다.

그중 한 개인 연구 사례로 피아노에 관한 호기심이 컸던 아이가 있었다. 아이는 '피아노는 어떻게 소리가 나는지, 왜 아름다운 소리가 나는지'에 대한 궁금증을 가지게 되었다. 이에 피아노의 어원과 구조를 알아보고 건반을 누를 때 해머와

댐퍼의 움직임을 연주하며 찾아보았다. 그리고 피아노 소리를 더 아름답게 표현할 방법을 선생님과의 인터뷰를 통해 고민하며, 아빠와의 즐거운 추억을 작곡하여 연주해 보기도 했다. 이 개인 연구는 학생의 감수성을 풍부하게 자극했고, 마음을 음악으로 표현해 보는 즐거운 시간이 되었다.

또 다른 개인 연구를 함께한 아이는 목소리가 작고 발표를 어려워하며, 친구들과도 쉽게 어울리지 못하는 소심한 성격이었다. 하지만 본인이 관심 있어 하는 주제를 선택하여 연구하니 남다른 흥미를 보였다. 아이 스스로 궁금한 것을 찾아보며, 새로운 지식을 습득하여 내 것으로 만드는 과정에서 자신감을 얻었다. 덕분에 친구들 앞에서 본인의 연구를 당당하게 발표하였고, 큰 목소리로 자신의 의견을 표현하였다.

현장에서 아이들과 만나면 만날수록 '어떻게 하면 장점을 끌어줄 수 있을까? 어떻게 하면 즐겁게 수업을 할 수 있을까?'를 항상 고민하게 된다. 이렇게 고민할 수 있는 이유는 결국 나의 작은 거인 소파 방정환처럼, 어린이들을 향한 사랑이 있기 때문이라고 생각한다.

'나는 아이들이 자신의 씨앗을 찾아 싹을 틔워 꿈을 꿀 수 있도록 도와주는, 잔물결이 큰 물결이 되도록 꿈과 희망을 심어주는 어린이를 사랑하는 꿈쟁이 인큐레이터가 되고 싶다.'

이주현 LG아이들나라, KCS교육문화컨설팅 책임연구원, 안산대학교 유아교육과 겸임교수

레오나르도 다빈치처럼,
창의 융합형 교육자

저의 작은 거인 레오나르도 다빈치는, 기
발한 상상력을 가진 T자형 창의융합 인재
입니다. 시대가 원하는 인재상이 T자 형태
로 변화됨에 따라 저도 창의 융합형 인재
가 되어 그 중요성을 교육 현장에 전하고
적용하고 싶습니다.

나의 작은 거인,
레오나르도 다빈치

기발한 상상력, 창의 융합형 인재

2015 개정 교육 과정의 목표는 '창의 융합형 인재'이다. 창의 융합형 인재란 인문학적 상상력과 과학 기술 창조력을 갖추고 바른 인성을 바탕으로 새로운 지식을 창조해 낼 수 있는 역량이자, 한 가지 지식만이 아닌 다양한 지식을 융합하여 가치 창출을 할 수 있는 인재를 의미한다. 미래 사회에서는 한 가지 지식의 전문가인 I 자형 인재를 추구하는 것이 아니라 다양한 방면의 지식을 융합적으로 사고할 줄 아는 T 자형 인재를 추구한다.

이러한 T 자형 인재의 모범적 예시가 바로 레오나르도 다빈치라 할 수 있다. 레오나르도 다빈치는 천재 예술가이자, 최초로 자궁 속 태아의 모습을 그려 낸 해부학자, 헬리콥터를 디자인한 기술 공학자이자, 르네상스 사상의 기초와 토대를 설계한 사상가이다.

다빈치는 피렌체에서 변호사 아버지와 농민인 어머니 사이에서 태어난 혼외 아들이었다. 당시 피렌체에서는 혼외자에 대한 차별이 존재했다. 귀족 가문의 혼외자가 아닌 경우 제대로 된 교육을 받거나 대학교에 입학하는 것은 드문 일이었으며, 사회적 신분이 높은 약사, 법률가, 고위 공무원이 될 수 없는 직업적 제한도 있었다. 이에 당연히도 가난한 어머니에게서 자란 혼외자 신분의 레오나르도 다빈치는 정상적인 교육을 받기 매우 어려웠다. 이러한 한계점에도 불구하고 레오나르도 다빈치가 창의 융합형 인재의 표본이 될 수 있었던 이유는 무엇일까?

다빈치는 호기심과 관찰력으로 탐구에 몰입했다. 뛰어난 업적을 보인 예술을 구현할 때에도 예술과 미술 서적만 본 것이 아니라 다양한 분야의 독서를 즐겼고, 떠오르는 아이디어를 잡기 위해 끊임없이 메모했다. 심리학자 프로이트는 레오나르도 다빈치에 대해서 "평생 유아기를 벗어나지 못하는 듯 보였다. 그는 어른이 된 후에도 놀이를 즐겼고 그래서 때로는 이해하기 힘든 사람 같았다."라고 평가했다.

레오나르도 다빈치는 경직된 사고를 극도로 경계했기 때문에 일에서 벗어나 휴식을 취하는 것을 매우 좋게 생각했다. 이렇듯 유연한 사고를 하는 그였기에 르네상스 시대에 상상도 하지 못할 만큼의 기발한 발상과 아이디어가 샘솟고 많은 창작물을 냈으리라.

아이처럼 놀이를 즐기고 모든 것에 호기심을 가지고 탐구하려는 자세를 지닌 레오나르도 다빈치는 아이디어를 끊임없이 메모했고, 그 아이디어가 서로 융합하여 최고의 걸작품을 만들어 냈다. 현시대에 요구하는 인재는 다빈치처럼 주입식으로 지식을 받아들이는 것이 아닌, 관심 있는 분야를 탐구하고 융합하여 결과물을 만들어 낼 수 있는 사람이다. 레오나르도 다빈치의 일생을 보며 창의 융합적 사고를 지닌 인재가 무엇인지를 느낄 수 있기에 작은 거인으로 추천하고자 한다.

창의력을 만드는 습관: 메모

레오나르도 다빈치는 메모광으로 알려져 있고, 머리에 있는 메모를 아이디어로 던져 놓으면 후에 아이디어가 지속적으로 발전할 수 있도록 하였다. 실제로 애플의 스티브 잡스가 수백억의 돈을 지불하고 구매하고 싶다고 말할 만큼 그의 메모장은 아이디어의 결합지라고 할 수 있다. 아이디어를 서로 연결하여 마인드맵으로 연관성을 찾았고, 그 아이디어가 융합하여 창조물을 만들어 낸 것이다.

레오나르도 다빈치처럼 생각하고 메모하는 습관을 기르는 것은 현시대의 뛰어난 인물에게도 보이는 습관과 일맥상통한다. 역사상 천재라고 불렸던 인물들은 대부분 메모하는 습관을 지녔다. 모자 속에 항상 종이와 연필을 가지고 아이디어를 기록했던 링컨, 악상이 떠오를 때마다 장소에 상관없이 악보를 그리며 메모를 했던 슈베르트, 에디슨, 뉴턴, 빌 게이츠, 아인슈타인 등은 메모하는 습관이라는 공통점을 가지고 있다.

나는 '창의 융합형
전문성의' 인큐레이터

'진정한 나'를 만드는 융합

요즘 MZ 세대 사이에서 다시금 유행하는 성격 유형검사 MBTI에서 나는 'ESTJ' 형이다. 특히 마지막 J는 계획을 세우고, 목표를 정하면 이룰 때까지 한 우물만 파며, 규정과 절차를 철저하게 이행하는 것을 좋아하는 효율적인 일 처리를 선호하는 사람으로 나타난다. 물론 MBTI가 나의 모든 것을 설명해 주지는 않지만, 어느 정도 내가 선호하는 경향을 나타낸다고 할 수 있다. 학교나 회사에서 일할 때 나는 계획을 세우는 것을 매우 좋아하며, 계획이 없는 경우 시작이 되지 않는다는 특성을 가지고 일을 하고 있다. 그러다 보니 항상 메모하는 습관이 있고, 일정 메모를 통해 내가 해야 하는 일에 대해서 우선순위를 정하게 되는 것 같다.

유아교육을 10년간 전공하고 지금은 숭실대학교 문화콘텐츠학과 문화치유전공 박사과정에 있다. 때문에 '융합'이 저 먼발치에 있는 것이 아니라 이미 내가 실천하고 있다는 생각을 한다. 유아교육을 베이스에 두고 미디어 콘텐츠를 제작하며 문화 치유를 하기 위한 연구를 진행하고 있기 때문이다. 유아교육과 문화 콘텐츠, 두 가지 학문의 전문성을 계속 쌓아나가며 '나만의 특별한 융합'을 완성해 나가고 싶다.

창의 융합을 가르치며

대학에서 유아교육 학생들에게 '창의 융합 과목'을 맡아 강연을 한 적이 있다. 창의 융합 과목이 대학 측면에서도 새로 생긴 학문이기도 했고, 창의융합에 대한 개념 정립이 덜 되어 있다고 판단이 되었을 때 강의 과목 의뢰가 와서 사실 많이 떨렸다. '혹시나 내가 예비 교사가 되는 학생들의 창의 융합적 사고를 확장시켜 주지 못하면 어쩌지?'라는 시작도 전에 스스로를 가두는 부정적인 생각이 커져만 가려 했다. 그러나 예비 교사가 되는 유아교육과 학생들을 위해서, 현시대가 요구하는 창의 융합적 사고를 지닌 인재를 키워내는 것이 중요한 사안임에는 틀림없었다.

강의를 기획하기 위해 과목 분석과 공부부터 먼저 시작하기로 하였다. 창의 융합이라는 개념을 알기 위해 교육 과정부터 분석하였다. 교육 과정에서 어떤 기조로 창의 융합을 추구하고 있는지 유아교육뿐만 아니라 밀접한 연계성을 지니고 있는 초등 교육과정까지 살펴보았다. 창의 융합을 논문에서 찾아보았을 때 STEAM, 미디어 융합 교육, 디자인 싱킹, 트리즈 기법 등의 다양한 프로그램이 제시되었고 하나씩 살펴보고 분석하였다.

창의 융합 과목 수업을 처음 시작하며 학생들에게 창의 융합 개념에 대해서 물어 보니 융합이라는 것은 많이 들어봤지만 제대로 설명하기에는 부족하다는 의견이 많았다. 따라서 생각의 정리를 위해 유아교육과 학생들이 생각하는 창의 융합과, 이를 유아들에게 실천할 수 있는 방법에 대해서 브레인스토밍하도록 안내했다. 또한, 개념에 대해서 요약하고 현장에 실천할 수 있는 방법 위주로 함께 토의하는 시간을 통해서 지식의 확장이 일어나도록 지도하였다. 특히 이론적인 책뿐만 아니라 인문학 책을 부교재로 활용하여 인문학과 교과목의 융합이 일어날 수 있도록 지도했다. 마지막으로는 창의 융합 프로그램을 조별로 제작하는 활동을 하였는데, 이때에도 식품과 과학, 과학과 예술, 수학과 공학 등의 두 가지 이상의 학문이 융합하여 유아들을 위한 프로그램이 제작될 수 있도록 하였다.

이러한 과정을 통해 유아교육과 학생들도 수업 평가에서 창의 융합에 대해서 제대로 알게 되었고 직접 적용하는 프로그램을 제작해 보니 뜻깊은 순간이었다는 긍정적 평가를 많이 받았으며 그로 인해 2022년 강의 평가 우수 교원으로 선정되었다.

나의 노력들은 작은 거인 레오나르도 다빈치의 학문 간 융합을 시도한 점과 비슷하다고 할 수 있다. 레오나르도 다빈치는 융합적인 결과물을 창조하기 위해 호기심을 바탕으로 집요한 탐구력을 지닌 인재이다. 모르는 것에 대해서도 다른 지식인들에게 물어보는 것을 어려워하지 않고 배우려는 자세를 지닌 레오나르도 다빈치처럼 인큐레이터로서 다방면에 지속적인 탐구를 지속해 나가야겠다는 다짐을 한다.

유연성과 호기심을 무기로

"거울처럼 뒤집어서 생각하라!"

왼손잡이였던 다빈치는 오른쪽에서 시작해 왼쪽에서 끝을 맺게 메모를 하였다. 글씨 자체도 좌우로 뒤집혀 있어서 거울에 비춰야만 그 내용을 제대로 파악할 수 있을 정도였다. 나는 이러한 메모 자체가 그를 잘 나타낸다고 생각한다. 전형적인 것에서 틀을 깨는 자세가 드러나기 때문이다.

우리는 '보통'이라는 말을 참 많이 사용한다. '보통의 사람들은 그래, 보통 그렇게 생각하지.' 등으로 보편적인 생각을 정형화한다. 하지만 이렇게 정형화된 틀은 오히려 우리의 사고를 경직되게 만들고 유연하게 아이디어를 산출하지 못하게 하며 생각의 확장을 막게 된다.

앞으로 나는 레오나르도 다빈치처럼 생각하고 사고하는 습관을 길러 보려 노력할 것이다. 다양한 방면에 관심을 가질 것이며 호기심을 발동하여 탐구하고 파고들어 집중하는 시간을 가지고 싶다. 비록 부족한 부분이 있어도 탐구하고 분석하는 자세로 지식이 쌓이면 그것은 나의 지식 무기가 될 것이다. 다양한 방면의 지식 무기를 서로 엮을 수 있도록 지금껏 해오는 메모 습관을 살려 아이디어가 실현될 수 있도록 해야 한다.

거울처럼 뒤집어서 생각하라는 명언처럼 강직된 사고방식에 갇혀 유연성을 잃으면 인큐레이터로서 제대로 된 교육 치유를 할 수 없다고 생각한다. 유연한 사고를 바탕으로 생각을 자유롭게 만들어 내어 그것을 서로 엮을 수 있는 역량을 키워나가고 싶다.

이은재 초등학교 돌봄전담사, 한국코치협회 KAC 기관 심사위원

이유남 교장 선생님처럼,
학부모를 지원하는 교육자

저의 작은 거인 이유남 교장 선생님은, 학
부모교육의 초석을 열어 많은 학부모들에
게 영감을 주는 삶을 살고 계십니다. 저도
작은 거인의 마음을 떠올리며 밑거름이
탄탄한 학부모교육 및 치유를 통해 나눔
과 감사를 실천하고 싶습니다.

나의 작은 거인,
이유남 교장 선생님

나락의 삶에서 만난 인연

나의 작은 거인은 삶을 다시금 꿈꾸게 해 주신 이유남 교장 선생님이다. 큰 아이가 초등학교에 입학했을 때 만나게 된 교감 선생님이며, 지금은 영등포에 있는 한 초등학교의 교장 선생님으로 계신다.

교장 선생님과의 만남은 11년 전, 삶이 나락으로 떨어진 것만 같은 힘든 상황에서 학부모교육으로 인연이 시작되었다. 학교에서 학부모교육을 해준다는 것은 나의 상식으로 있을 수 없는 일이었다. 그래서 호기심 반, 의심 반의 마음으로 가서 수업을 듣게 되었다. 그런데 교장 선생님을 만나고 나니 의심의 마음은 눈 녹듯이 사라졌다.

이유남 교장 선생님의 가르침은 단순한 강의를 넘어 삶을 생각하고 돌아보게 해주었다. 그는 부모가 달라져야 아이들이 달라질 수 있다는 믿음으로 학부모교육의 필요성을 알리고 강조하셨다. 학교 현장에서 학부모교육의 초석을 열어주신 분이라고 해도 과언이 아닐 정도이다. 선생님은 본인의 삶 속에서 배운 교육을 몸소 실천하시고, 다른 이들을 이끌어 주시는 멘토이자 참된 교육자의 인생을 살고 계신다. 이유남 교장 선생님이야말로 나의 작은 거인이 아닌 큰 거인이라고 말할 수 있다.

살아있음에 감사하라

이유남 교장 선생님은 학교 예산으로 보여주기 위한 시설 공사를 하지 않는 대신, 학부모교육을 끊임없이 해 주셨다. 우리나라 공교육에서는 상상도 할 수 없는 일을 하신 것이다. 여러 가지 말도 안 되는 힘든 상황 속에서 삶을 놓으려 고민하고 있던 그 시기에 이유남 교장 선생님의 강의 속 "살아있음에 감사하라."라는 말을 듣고 '어떻게 살면 살아있는 것에 감사할 수 있을까?'라는 생각이 들어 살고 싶어졌다. '나 같은 사람도 삶을 살면서 감사하다고 생각하면서 살 수 있을까' 하는 마음으로 하루하루 살아내다 보니 지금까지 죽지 않고 지금 이렇게 나의 이야기를 글로 쓰고 있다.

알고 보니 이유남 교장 선생님도 많은 아픔이 있는 분이셨다. 그 아픔을 책으로 담은 것이『엄마 반성문』이다. 강의와 책 속에서 본인의 삶을 본보기로 보여주셨고, 코칭을 통하여 반성하고 더 나은 삶을 살고 계신 것이다. 이러한 교장 선생님의 모습을 보면서 배움을 통해 삶이 변화할 수 있다는 것을 알게 되었고, 나는 꿈을 꿀 수 있게 되었다.

나는 '학부모를
살려내는' 인큐레이터

나눔을 위한 밑거름 만들기

인큐레이터의 밑거름을 만들기 위해 스티브 코비 박사의 '성공하는 사람들의 7가지 습관' 공부를 했고 FT까지 가지고 있다. 그리고 코칭에 관련된 공부도 학부모교육을 통하여 많이 하게 되었다. 조벽, 최성애 박사님의 감정 코칭, 우리나라 최초의 MCC인 박창규 교수님의 임파워링 코칭, 한국리더십센터의 교육 코칭, 아시아코치센터의 감성 리더십 코칭 등 다수의 코칭 교육을 수료하고 한국코치협회 KPC 자격인증도 취득했다.

학사 공부를 마치고 나서 주위 사람들에게 더 많은 것을 나누어주기 위해 석사 진학을 결정하였고, 숭실대학교 상담교육심리를 전공하였다. 이후에는 나를 찾아가기 위해 부족한 부분을 메꾸고자 박사과정을 선택하였고, 지금은 문화치유전공을 공부하고 있다.

이렇듯 인큐레이터로 성장하기 위한 학문적 지식에 있어서 부족함이 없고자 하는 마음에 열심히 노력하고 있다. 이 또한 이유남 교장 선생님의 말씀처럼 말이다.

"나 혼자만의 만족이 아닌 다른 사람들에게 같이 나누기 위한 밑거름이 될 수 있다고 생각한다."

더욱이 지도 교수님이신 태진미 교수님께서도 교육이 교육에만 그치지 않고 삶에 적용하여 누군가를 변화시키고 위안이 될 수 있게끔 노력해야 한다고 말씀을 하셨다.

인큐레이터를 거창한 단어라고 생각하였으나 인큐레이터가 되기 위한 노력을 정리하다 보니 작지만 꾸준하게 실천하는 모습의 나를 보게 되었고, 나의 큰 거인 이유남 교장 선생님에게 자랑할 수 있을 것 같다.

나눔을 통한 거듭남

7년 전 한국코치협회에서의 KPC 자격인증을 받은 후, 교장 선생님께서 학부모가 KPC 자격인증을 받기가 쉽지 않고 힘든 과정이었을 텐데 경험을 다른 학부모들에게 나누어보라고 하셔서 처음으로 학부모 대상으로 사례 나눔 강의를 하게 되었다. 이를 계기로 학부모들을 대상으로 한 본격적인 코칭 강의를 시작하게 되었고, 어느 순간에는 교사 연수에도 코칭 분야의 한 부분을 담당하여 강의하고 있다.

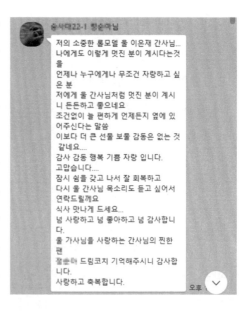

인큐레이터로서의 마음가짐과 정체성을 찾아가면서 강의를 준비하고 진행하다 보니 학부모님들에게 단순한 사례를 나누고 강의하는 것이 아닌 단어 하나, 문장 하나에도 더 깊은 의미를 부여하고자 노력한다. 이렇게 인큐레이터 코치로서 교

육과 나눔들을 실천하다 보니 교장 선생님께서 나의 롤모델이었던 것처럼, 나를 롤모델이라고 생각해 주시는 분들도 생기게 되었다. 내가 누군가의 본보기가 될 수 있다는 것이 너무 감사하고 감동될 따름이다. 코칭과 함께 사람책모델학교를 통하여 인큐레이터로 거듭나고 있음을 실감하고 있다.

앎이 삶이 될 때까지

"살아있음에 감사하라."라는 문장은 이유남 교장 선생님의 강의 멘트 중 하나이다. 본인의 힘든 경험을 통하여 내놓으신 이야기와 교육들이 여러 사람을 살리고 있고, 나 또한 거기에 포함되는 사람이다. 매일매일 죽음을 생각했던 나에게 교장 선생님의 이 말씀은 삶에 다시 희망을 주셨고, 지금은 행복한 마음으로 제2의 인생을 살고 있다.

이유남 교장 선생님을 만나지 않았다면, 코칭을 만나지 않았다면, 사람책모델학교의 태진미 교수님을 만나지 않았다면 나는 과연 이러한 꿈을 꿀 수 있었을까? 주위에 이러한 선한 영

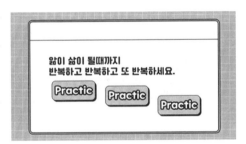

향력을 행사하고, 그것을 실천하시는 분들을 만남으로써 나도 함께하고 싶다는 생각을 하게 된 것이 아닐까 한다.

마지막으로 이유남 교장 선생님이 늘 강의 끝에 하시는 말씀이 있다.

"앎이 삶이 될 때까지 반복하고 반복하고 또 반복하라."

이 말을 가슴에 새기면서 오늘도 나는 또 다른 하루를 시작하고 있다.